Descubre a tus Ángeles

Alma Daniel, Timothy Wyllie y Andrew Ramer

Descubre a tus Ángeles

Javier Vergara Editor
GRUPO ZETA

Barcelona / Bogotá / Buenos Aires
Caracas / Madrid / México D.F.
Montevideo / Quito / Santiago de Chile

Título original: *Ask Your Angels*
Edición original: Ballantine Books
Traducción: Edith Zilli

© 1992   Alma Daniel, Timothy Wyllie and Andrew Ramer
© 1993   Ediciones B Argentina S.A.
          Paseo Colón 221 - 6° - Buenos Aires - Argentina

ISBN 950-15-1624-5

Impreso en la Argentina / Printed in Argentine
Depositado de acuerdo a la Ley 11.723

Esta edición se terminó de imprimir en
VERLAP S.A. Comandante Spurr 653
Avellaneda - Prov. de Buenos Aires - Argentina
en el mes de mayo de 2000.

Indice

Lista de ejercicios

Agradecimientos

Nunca es sólo el autor (o en este caso, tres autores) el que escribe un libro. Estamos en deuda con muchas personas cuyos nombres no podemos mencionar, sobre todo con quienes han asistido a nuestros talleres de trabajo y ayudado a refinar las técnicas que te ofrecemos en *Descubre a tus ángeles*. Queremos expresar nuestro sincero agradecimiento a cada uno de vosotros, así como a todos los ángeles, nombrados o no, que han participado en esta obra.

Dos ángeles que merecen, ciertamente, el primer reconocimiento son Barbara Bowen, quien proporcionó un inestimable asesoramiento estructural, y Barbara Shor, que nos dio claridad en el flujo y el sentimiento de este libro, además de ayudarnos a entretejerlo todo.

Muchas gracias también a Jeff Doctoroff, que coordinó la intrincada danza entre corrector, autores, producción y ángeles.

Por las caprichosas y alegres ilustraciones que adornan estas páginas, estamos profundamente agradecidos a Yanni Posnakoff. Tenemos una deuda con Malachi McCormick por autorizarnos a utilizar su dibujo del ángel que anuncia cada uno de los ejercicios.

Una gratitud especial a Mona Brookes, de Monart

Schools. Ella inspiró a sus estudiantes de Arte para que realizaran deliciosas representaciones de ángeles que, lamentablemente, no pudimos utilizar. Y a Christopher Castle, William Giese, June Atkin Sanders y todos los artistas que compartieron con nosotros sus dibujos de ángeles, nuestro profundo agradecimiento.

Muchos individuos nos proporcionaron el material anecdótico utilizado en *Descubre a tus ángeles*. En algunos casos se han alterado los nombres y los detalles identificatorios.

Por sus contribuciones mediante transmisiones, experiencias y experiencia angélica, generosamente compartidas con nosotros, queremos agradecer especialmente a Hilda Brown, Mimi DeMirjian, Lee Ellis, Carolina Ely, Anne Entus, Deborah Hicks, Dorothy Maclean, Mercury, Sara Michaels-Smith, Monte Morris, Patricia Powell, Joe Rodriguez, Gail San Filippo, Michael Schwager, Paul Selig, Carolyn Short, Solara, David Spangler, Betsy Stang, Elsita Sterling, Felicia Telsey, Lili Townsend, Martha Wakefield y Paul Waterman.

Por proporcionarnos el gracioso escondrijo que incubó y alimentó una parte sustancial de este libro, nuestro profundo agradecimiento a Jackie Sideli y John Sideli.

Hemos sido bendecidos con la amistad y la fe de individuos que organizaron talleres de trabajo sobre el ángel o nos ayudaron con ellos en Estados Unidos, Canadá y Europa: Mary Bohaychuk, Carmel Bouzane, Andy Cox, Cathy Deutsch, Mary Donker, Elana Freeman, Glenn of Trees, Liane Haynes, Carol Horne, Karen Malcolm, Cynthia O'Neal, Ralph Pittman, Ann Seamster, Ellen Sokolow, Emerald Star, Jill Steiner, John Stowe, David Tenerowicz, Ruth Terry, Laura Watts y Mindy Yanish.

Por su orientación en la investigación de los ángeles, agradecemos a Abi'l-Khayr, Rabbi Steve Blumberg, Elder Eldon Cooley, David Gitomer, Menachem Kallush, Herman

Mills, dr. Abdel-Rahman Osman y a los bibliotecarios de la sección religiones de la Biblioteca Pública de Brooklyn, en Plaza Grand Army.

Hay muchos otros que nos ayudaron y alentaron en todo el trayecto: Elli Bambridge, Jean Barrett, Teza Bates, Nelson Bloncourt, Judith Borg, Gail Brudny, Ivan Chelnick, Jyori Chrystal, Connie Costa, Valerie de Montvallon, Anjani DiBello, P.R. D'Or, Ruth Drayer, Annette y Ed Eckart, Robert Faust, Marilyn Ferguson, John Fletcher Harris, Kamala Hope-Can pbell, Cher Jung, Samuel Kirschner, Linda y Rob Leahy, Frederic Lehrman, Susan Lorette, Susan Meadowcroft, Steve Milkis, Rita Mal ney, Michael Morrison, Rosie Murray, Tom Patrick, Maryanne Quinones, Richard Ramer, Gerard Rizza, Lilith Rochas, Prudence See, Joan Sexton, Don Shewey, Peter Sonnenberg, Marty Spiegel, Anya Sprinkle, Starheart, Ruth Strassberg, Linda Tellington-Jones, Simon Vinkenoog, Teddy Vitchell, Jeff Wadlington, Ingrid Wagner, Anne Walsh, Bill Walsh, Robert Windslow, Ora Yemini y las "Mujeres del Poder"; vosotras sabéis quiénes sois.

Por el don de la vida y por su amante apoyo y confianza en nosotros, agradecemos a nuestras madres, Rita Sachs, Gerry Shields y Diana Wyllie.

Por fin, *Descubre a tus ángeles* no estaría en tus manos si no fuera porque una mujer tuvo la visión de un libro que pudiera enseñar a la gente a hablar con sus ángeles. Por su inalterable determinación al dar forma a este libro y, sobre todo, por creer que tres personas y cuatro ángeles podían escribirlo, nuestro agradecido reconocimiento a nuestra devota correctora, Cheryl Woodruff.

Prólogo

Vas conduciendo por la autopista interestatal, cruzando el gran desierto del sudoeste norteamericano. Es de noche. A la luz concentrada de tus faros ves que un gran desmontador de neumáticos cae de un camión de remolque, treinta metros por delante de ti. Rebota una vez y sale disparado en línea recta hacia tu parabrisas. A treinta centímetros de distancia desaparece, simplemente.

Eso le ocurrió a Carolina.

Viajas en tu camioneta con una amiga a tu lado. Es tarde, estás cansada y llevas horas al volante. Ha dejado de nevar, pero en la ruta hay zonas resbaladizas por el hielo. De pronto, mientras las dos miráis petrificadas de horror, el camión de doble remolque que va delante de ti se desvía bruscamente hacia un costado. Todo parece ocurrir a cámara lenta. Tú, tu aturdida compañera y tu camioneta, muy cargada, pasáis por encima de la línea central, cruzando las dos vías opuestas, donde el tránsito viene en dirección contraria. Y os paráis al otro lado de la autopista, con tanta suavidad que nada ni nadie sufre daño alguno, en sentido opuesto al que llevabais.

Les ocurrió a Sara y a su amiga.

Joe jamás pudo explicarlo, por muchas veces que lo

repasó después mentalmente. En todo el suceso había algo que lo hacía sentir agudamente incómodo, como si hubiera sido completa e irrazonablemente privilegiado. Salvado para un destino no especificado.

Sucedió en Vietnam. Mientras Joe trabajaba en un cobertizo, en el depósito de municiones del campamento, un proyectil enemigo hizo blanco allí. La bala de mortero demolió el depósito. Murieron ciento ochenta y cuatro hombres, pero Joe salió de allí intacto.

Tres ejemplos auténticos de hechos misteriosos, incidentes que desafían toda explicación lógica y racional. Nuestra cultura quiere hacernos creer que los ángeles no existen. Pero Carolina, Sara y Joe saben que los ángeles existen, sí. Los ángeles les salvaron la vida.

Los ángeles no se presentan sólo en situaciones de peligro mortal. Están con nosotros constantemente. Polly vio a un ángel en su cocina, una tarde soleada, mientras amasaba galletitas para sus hijos. Y Ben habla con los ángeles desde que su abuela le habló de ellos por primera vez, en 1957.

Quizá cuando eras pequeño estabas en contacto con tus amigos invisibles, pero no te creyeron; entonces aprendiste a guardar silencio... y olvidaste. Casi todo el mundo ha tenido en su vida un acontecimiento misterioso y sin explicación. Tu historia puede no ser tan dramática como los tres primeros ejemplos que hemos dado. Tal vez no creas siquiera tener algo que contar. Pero los ángeles se presentan en nuestras vidas de diferentes maneras. Si has elegido este libro, los ángeles ya te han tocado. Y este es el comienzo de tu historia.

Qué encontrarás en este libro

Hay muchos libros sobre los encuentros entre personas y ángeles. También existen muchos sobre la historia de los ángeles en el arte y la literatura. Este es diferente de todos los demás. Te enseñará a hablar con tus ángeles. El sencillo método de cinco pasos que utilizarás se llama Proceso de GRACIA.

Descubre a tus ángeles es una guía para establecer una nueva forma de relación con tus compañeros celestiales: ellos serán tus mejores amigos. Nace como parte del proceso del gran redespertar a los ángeles que está actualmente en marcha. No importa lo que hayas creído hasta ahora sobre ellos: aplicar lo que vas a aprender aquí te abrirá a una nueva manera de ser con estos bienaventurados mensajeros.

En la Primera Parte compartiremos algo de la historia de los encuentros angélicos con la especie humana. Luego veremos cómo evolucionó la percepción que las personas tenían de los ángeles y el impacto de los celestiales en la Mente Mundial. Y para darte una idea de lo que nos ocurrió a nosotros, te contaremos cómo conocimos a nuestros propios ángeles. Confiamos en que nuestros relatos personales te allanen el camino para que puedas, por tu parte, entrar en un nuevo compañerismo espiritual .

Cualquiera puede hablar con los celestiales; nosotros tres lo hemos hecho por años enteros. Y con la colaboración directa de nuestros bienamados compañeros hemos enseñado a muchísimos otros cómo hacerlo también. De todas estas experiencias destilamos el Proceso de GRACIA, por el que te guiaremos en la Segunda Parte del libro. Si encaras con honda sinceridad los ejercicios y las meditaciones que te ofrecemos, establecerás un contacto pleno y gozoso con tus propios ángeles guardianes.

Existen muchas herramientas adivinatorias diferentes, tales como el tarot, las runas y el *I Ching*. En este libro compartiremos contigo una nueva: El Oráculo del Angel. Su utilización es un modo agradable de abrirte a la sabiduría de una amplia variedad de ángeles y te ayudará a servirte de tu conocimiento intuitivo.

Una vez que establezcas relación con tus divinos asistentes se desplegarán nuevos panoramas. En la Tercera Parte vas a entrar en sociedad activa con los ángeles, con la finalidad de una transformación personal y global. Aprenderás a afinar tus relaciones y a formar un equipo con los ángeles para alcanzar tus objetivos. Te enseñaremos cómo incluir a los seres alados en todas tus relaciones, en tus sueños, en las curaciones y en la recuperación. Nuestros ángeles ponen fin al libro con sus inspiradoras visiones de nuestro ingreso en el siglo XXI, danzando con ellos.

¿Quiénes (o qué) son los ángeles?

Los ángeles son seres inteligentes, capaces de sentir, pero de una especie diferente; existen en una frecuencia vibratoria levemente más fina que aquella con la que nuestros sentidos físicos están afinados. Esto significa que no podemos percibirlos comúnmente, con los ojos o los oídos, pero ellos pueden percibirnos a nosotros. Nuestras realidades se interpenetran mutuamente... y la de ellos abarca y envuelve a la nuestra.

La palabra "ángel" es el nombre genérico de un grupo colectivo de seres, ciudadanos del *espacio interior,* cuyas responsabilidades incluyen la organización armoniosa del universo habitado. Algunos creen que los ángeles son los pensamientos de Dios; otros sostienen que son la creación del Divino Espíritu Madre. Un número relativamente pequeño de esta vasta multitud está inmediatamente relacionado con la humanidad y con nuestro planeta. Entre ellos figuran nuestros compañeros más íntimos: nuestros ángeles guardianes, y también los muchos millones de ángeles que se ocupan de nuestra realidad planetaria. Por nuestra investigación sabemos que existen ángeles que vigilan prácticamente todos los aspectos de la actividad humana.

Por ejemplo: se nos dio a un ángel para que nos ayudara en la creación y la redacción de este libro. Cuesta imaginar que todo esto hubiera podido funcionar sin la hábil mediación de Abigrael. Abigrael es su nombre, en verdad, lo cual nos trae inmediatamente a la primera cosa extraña con la que tropezamos al comunicarnos con un ángel. Los ángeles no tienen sexo. Dos de nosotros, por ejemplo, percibimos a Abigrael como femenino, mientras que para el tercero es incuestionablemente masculino. Los ángeles son andróginos. Tienen tanto cualidades masculinas como femeninas junto con sus características individuales.

Esto subraya un hecho muy importante a tener en cuenta mientras se lee este libro: no hay manera correcta de percibir a los ángeles. Se nos presentan en condiciones muy suyas, con apariencias que son sumamente personales según cada individuo. Están aquí para ayudarnos a elevar nuestra amante comprensión y se vinculan con nosotros en el plano más alto en el que podamos funcionar.

El contacto y la conversación con el propio ángel está llena de la ternura, el amor, la maravilla de descubrir a un íntimo amigo, conocido desde siempre, al que no hemos visto en años. Hablar con los ángeles es una relación completamente natural, aunque con el correr de los siglos ha quedado empañada por la creencia de que, si algo no se puede ver ni tocar, no es real.

No obstante ahora, en un momento en el que necesitamos ayuda más que nunca, los ángeles vuelven a adelantarse. Cosa interesante: nos dicen que por reorganizaciones dentro de su propio dominio están recibiendo instrucciones de establecer con nosotros un contacto más estrecho. Así como nosotros nos preparamos para los enormes cambios venideros, así los ángeles nos dicen que también ellos están evolucionando. Así como es arriba, así es abajo.

Su presencia más cercana es profundamente alentadora, justamente la ayuda por la que tantos de nosotros estábamos orando. *Los ángeles están aquí.* Están con nosotros, lo creamos o no. El universo funciona sobre la base de la necesidad de saber; cuando preguntamos, se nos responde. Al hablar con nuestros ángeles, extendemos y expandimos nuestra capacidad de crecimiento y transformación... y nos acercamos más a nuestro destino.

¿Cómo funcionan los ángeles?

Hay una clave en la misma palabra "ángel", derivada del griego *angelos,* que significa "mensajero". Los ángeles son mensajeros de nuestro Creador. Contienen en sí los patrones básicos de la Creación, que se tornan manifiestos en nuestro mundo tridimensional. Son literalmente mensajeros, y ellos mismos son el mensaje.

Los ángeles obran con nuestras almas, en conjunción con la Mente Universal, para ayudarnos a elevar la visión y el espíritu, recordándonos la verdad, la belleza y la bondad que existen dentro de todo. Al invocar a nuestros ángeles para que nos ayuden a ejecutar tareas tanto mundanas como inspiradas, podemos confiar en que todo sucederá de acuerdo con la Voluntad Superior y no sólo con la nuestra. Mediante este acto de cooperación perdemos nuestra sensación de aislamiento. Empezamos a comprender realmente que no estamos solos y carentes de apoyo; que en nuestro derredor hay ayuda y guía por doquier. Y comenzamos a abrirnos al estado de gratitud en el que pueden ocurrir los milagros.

Cómo utilizar este libro

Tal como pasaste de los balbuceos infantiles a la utilización de palabras y después de oraciones, aprender a hablar con tu ángel es un proceso que va paso a paso. Se expande y profundiza según las líneas de comunicación se abren más y más y según crece tu confianza.

Para cosechar el mayor beneficio de *Descubre a tus ángeles*, te sugerimos que utilices un grabador para registrar previamente los ejercicios y meditaciones. Al oír las instrucciones pronunciadas por tu propia voz se crea una sensación de seguridad que aumentará mucho el potencial de contacto angélico.

Un diario o una libreta de anotaciones es también un compañero vital para esta aventura. Nosotros tres hemos descubierto que dedicar tiempo a anotar lo que oímos y decimos es una herramienta inapreciable, sobre todo para referencias futuras.

Poder oír y decir la verdad es un valioso aliado en tus relaciones con tus ángeles. Hacerlo puede ser un verdadero desafío, pero en último término resulta siempre bueno y, con frecuencia, sumamente divertido.

También es importante el entusiasmo. Y la gratitud.

A medida que reconozcas y liberes cualquier opinión que pueda surgir, te será más fácil abrirte a la realidad de los ángeles. Aunque resulte muy divertido, conversar con tus ángeles no es un juego de salón, como la tabla Ouija, ni otra forma de leer el futuro. Es mucho más hondo que eso. Desarrollar una relación con los ángeles requiere ser un estudiante de la vida y haberse fijado metas, no sólo para el más elevado bien tuyo, sino para el mejor de todos.

Nuevas maneras de trabajar
en los nuevos tiempos

Nosotros tres conocimos a nuestros compañeros celestiales en el curso de nuestra vida cotidiana y desarrollamos de diferentes maneras nuestra amistad con ellos. Ya éramos buenos amigos de ellos cuando nos reunieron para escribir este libro.

Nuestros ángeles nos han expresado claramente que deseaban tres personas diferentes, con tres voces distintas, para que colaboraran en el delicado asunto de escribir *Descubre a tus ángeles*. Esto era tanto para demostrar la calidad del trabajo hecho con asistencia angélica como para asegurarse de que no se impusiera un solo punto de vista. Existen muchas maneras de hablar con los ángeles; buscar su amistad no es algo que se limite a un solo sistema de creencias, cualquiera que sea. Vincularse con ellos es el paso siguiente en nuestra evolución como especie de seres conscientes. De hecho, según nos dice Abigrael, es también el paso siguiente en la evolución angélica. Por ende, el intercambio va y viene, como en cualquier buena relación.

El valor de la intuición

La intuición se basa en sensaciones sutiles. Se puede atrofiar cuando pones demasiado énfasis en la mente lógica y en las preocupaciones materialistas. ¿Cuántas veces tuviste una corazonada y te persuadiste de que no debías escucharla, sólo para descubrir, más adelante, que las cosas te habrían salido mucho mejor si hubieras seguido a tu intuición y no a tu mente?

Todos tenemos esa facultad intuitiva; *Descubre a tus ángeles* te ofrece una manera poderosa de sintonizar la

Fuente de esa sapiencia interior. Cuando consultamos a nuestros ángeles, nos abrimos a un plano de sabiduría y entendimiento que rara vez alcanzamos en la conciencia ordinaria. El yo nos limita a lo que *yo* sé, pienso o hago. Al abrirnos a la voz angélica comprobamos que no es preciso hacerlo todo solos, pues podemos recurrir a una base de conocimientos más grande. A medida que descartaemos las ideas de que sólo nosotros debemos saber, pensar o hacer y desechamos las limitaciones que estas ideas engendran, podremos entrar en el depósito, inestimablemente rico, de información y guía disponibles mediante la Mente Universal.

Preguntar es...

Preguntar es siempre un buscar, un abrirnos de nuestra parte. Y cuando nos abrimos nos preparamos a recibir. Esto nos lleva más allá de las restricciones y limitaciones inmediatas que hemos adquirido en esta vida, las transmuta y nos revela las maravillas de la vida a nuestro alrededor.

Preguntar no es exigir. Ni tomar codiciosamente. Es permanecer abierto, sin opinión ni crítica, mientras los fragmentos de información se van agrupando. Preguntar significa, simplemente, aceptar lo que se presente y confiar en que, en el momento debido, el entendimiento correcto y destacado se hará conocer para el bien de todos.

El verdadero preguntar no proviene del miedo ni de la agresión; surge del profundo deseo de saber, de la voluntad de escuchar y recibir. Estar con tus ángeles no es sentarse en una habitación a oscuras, con música misteriosa, una bola de cristal y velas parpadeantes. Es conversación, simplemente. Todos somos capaces de caminar por la calle conversando con nuestros ángeles, no como síntoma de esquizofrenia, sino como parte de lo que significa estar íntegro y saludable, eminentemente cuerdo. Hablar con los ángeles es la cosa más natural del mundo. Cualquiera puede hacerlo. Y hace bien. Hace bien al sentido del humor. Al alma. Al cuerpo. Hace bien a todos aquellos con los que entras en contacto.

Cuando preguntes a tus ángeles, puedes estar seguro de que obtendrás respuesta.

PRIMERA PARTE

Angeles, ángeles por doquier

Estás a punto de embarcarte en una aventura con los ángeles. Tu pasaporte es un corazón abierto... y te sugerimos que lleves poco equipaje.

Puesto que el territorio no es físico no te hará falta un mapa; empero, como a cualquier buen explorador, te será útil saber dónde han ido otros antes que tú y qué han encontrado. Cada uno de sus encuentros ilumina un aspecto más del territorio. Saber de ellos te dará una base para tu cita.

En el capítulo 1 tendrás un panorama general del modo en que se ha percibido a los ángeles en las distintas épocas, además de información sobre los rangos y categorías de los ángeles. Sabrás por qué las técnicas para comunicarse con ellos ya no son un secreto, como en otros tiempos. ¿Cómo son los ángeles? ¿Cuál es su naturaleza? ¿Qué diferencia hay entre un ángel y un espíritu natural? Te daremos las respuestas a estas preguntas, junto con prácticos esbozos de nuestros *Diez Primeros Celestiales*: algunas de las celebridades aladas más conocidas del mundo occidental.

En el capítulo 2 veremos cómo se despliega el relato de los encuentros angélicos y su influencia en la historia, desde la Biblia hasta la Segunda Guerra Mundial.

Y, para traer todo esto a la corriente principal de la vida contemporánea, en el capítulo 3 te contaremos cómo conoció cada uno de nosotros a sus propios ángeles. Nosotros no somos personajes históricos, sino personas reales, igual que tú. Y, si a nosotros nos ha ocurrido, bien puede ocurrirte a ti también.

¡Buen viaje!

1

Los ángeles que nos vigilan

Los ángeles han estado siempre con nosotros, en todas las épocas y todas las culturas. Desde que emergimos del pasado difuso y distante, existen crónicas y representaciones de otra raza de seres que comparten este mundo con nosotros. En pictogramas y pinturas, en la poesía y en los cuentos para niños, nuestros antepasados trataron, a lo largo de siglos, de transmitir lo que sabían de estos seres.

En las últimas centurias hemos llegado a creer que algo es real sólo si podemos verlo por un microscopio o un telescopio. Pero ningún telescopio será jamás tan potente como para ver los reinos angélicos. Esto no aflige en absoluto a los ángeles. ¡El hecho de que nuestra época no suela reconocer su presencia no significa que hayan dejado de existir!

Pero todo eso está cambiando, como verás en el breve estudio siguiente de los ángeles a través de los siglos. Según madura nuestra especie, según cada uno de nosotros despierta individualmente a las asombrosas dimensiones de lo que somos en realidad, así los ángeles se nos van haciendo más accesibles. A todos, constantemente. No sólo a algunas personas especiales en momentos especiales.

Visiones tradicionales de los ángeles

¿Qué es lo primero que te viene a la mente cuando piensas en ángeles? Jacob y su escalera; el ángel que impidió a Abraham matar a su hijo Isaac; los ángeles que acompañaban a Daniel en la madriguera de los leones; Gabriel, dando a María la asombrosa noticia de su inminente embarazo o, seiscientos años después, ese mismo arcángel arrebatando al profeta Mahoma, en un viaje al cielo por la noche estrellada. Estos son sólo unos pocos de los seres que moran en los reinos angélicos.

Las tres principales religiones del mundo occidental (el cristianismo, el judaísmo y el Islam), así como casi todos los sistemas de creencias religiosas en el mundo entero, incluyen a seres celestiales en sus cosmologías. Todas las escrituras contienen referencias a intervenciones angélicas.

Los ángeles, como las personas, pertenecen a familias o clanes. Se les han dado muchos nombres, pero, según la opinión de varios historiadores de ángeles, los más conocidos se pueden disponer en tres categorías o esferas, comenzando por lo alto, con los más próximos a Dios, y descendiendo hasta aquellos que están vinculados con el mundo físico.

Información sobre las categorías de ángeles

Todos los que escriben sobre ángeles están de acuerdo en que hay muchos tipos diferentes de seres celestiales que sirven de puente entre los reinos espiritual y físico. Existen numerosas opiniones en cuanto al número de categorías, sus nombres y las funciones de cada uno. El sistema de organización más comúnmente seguido en el mundo occidental proviene de un libro que apareció en el siglo VI. Se supone que fue escrito por Dionisio *el Areopagita*, discípulo de San Pablo. En él figuran tres esferas de ángeles, con tres categorías en cada uno.

La palabra "ángel", en sí, se utiliza como término genérico para referirse a todos los seres celestiales, pero también para designar a los miembros de la tercera esfera, los más próximos a lo físico. Así, también la palabra "arcángel" se utiliza con frecuencia como término genérico para referirse a todos los órdenes elevados de seres celestiales, aunque en realidad no sean sino uno de órdenes más altos.

Ordenes de seres angélicos

La Primera Esfera: ángeles que sirven como consejeros celestiales:

1. Serafines
2. Querubines
3. Tronos

La Segunda Esfera: ángeles que trabajan como gobernadores celestiales:

4. Dominios
5. Virtudes
6. Poderes

La Tercera Esfera: ángeles que funcionan como mensajeros celestiales:

7. Principados
8. Arcángeles
9. Angeles

Los números hacen referencia a la ilustración de las páginas 36 y 37.

Dado que este no es, por cierto, el único sistema de clasificación en la larga historia de la observación de ángeles, pedimos a Abigrael, nuestro coordinador angélico, que explicara y simplificara.

Angeles

ABIGRAEL: Los ángeles con los que estáis más familiarizados son los del último orden. Son los más próximos a la humanidad, los que más se ocupan de los asuntos humanos. Dentro de la categoría de ángeles los hay de muchas clases diferentes, con distintas funciones. Más avanzado el libro encontraréis información sobre ellos. Los que mejor conocéis, aquellos de los que trata *Descubre a tus ángeles*, son los ángeles guardianes. Debido a cambios en sus funciones y en vuestra conciencia, es útil considerar a estos seres celestiales como ángeles acompañantes. Según entréis en una época de mayor luz y amor en el planeta, ellos no necesitarán guardaros, sino ser vuestros guías hacia una conciencia cada vez mayor.

Arcángeles

Más allá de los ángeles están los seres que acostumbráis a llamar arcángeles. Pero os sugerimos que los llaméis ángeles superlumínicos, pues se ocupan de las zonas más amplias del quehacer humano. Estos seres pertenecen a una familia diferente de los ángeles. Hay muchos tipos de ángeles superlumínicos en esta familia mayor. Los cuatro que más conocéis son Gabriel, Miguel, Rafael y Uriel.

Principados

Más allá de los arcángeles están los principados. Son los ángeles guardianes de todos los grandes grupos, desde ciudades y naciones a creaciones humanas recientes, como las corporaciones multinacionales. Ahora sería más adecuado llamarlos ángeles integradores. Hay muchos de estos seres dedicados a vuestro planeta. Más avanzado el libro conoceréis a un ángel integrador en especial, que lleva en su corazón el diseño de un orden global unificado.

Poderes

El primer orden de la segunda esfera está compuesto por los seres conocidos como poderes. Son los portadores de la conciencia de toda la humanidad, los que conservan vuestra historia colectiva. A esta categoría pertenecen los ángeles del nacimiento y de la muerte. Ellos pueden atraer y retener la energía del plan divino, tal como los árboles absorben la energía del sol. De este modo, los poderes pueden enviaros a todos una visión de una red espiritual mundial. Así como tenéis en el cuerpo corazón, hígado, riñones y otros órganos, todas las religiones del mundo son órganos diferentes del cuerpo espiritual emergente de este planeta.

Virtudes

Más allá de los poderes existe otro grupo de seres: las virtudes. Ahora son de especial importancia para vosotros, porque pueden proyectar grandes niveles de energía divina. A medida que más grupos humanos aprendan a trabajar con las virtudes, habrá una mayor infusión de energía espiritual disponible para vuestro planeta.

Dominios

Los dominios son los seres celestiales que gobiernan las actividades de todos los grupos angélicos inferiores a ellos. Como burócratas divinos, también sirven para integrar los mundos espiritual y material. Aunque reciben órdenes de Dios y rara vez se ponen en contacto con los individuos, su trabajo sigue vinculado con vuestra realidad.

Tronos

El primer orden de la tercera esfera es el de los tronos. Son ángeles acompañantes de los planetas. En este momento de vuestra historia es importante que tengáis conciencia de un trono en especial, el Angel de la Tierra, que es el guardián de vuestro mundo, a quien conoceréis más adelante.

Querubines

Más allá de los tronos están los querubines. Son los custodios de la luz y de las estrellas. Aunque alejados de vuestro plano de realidad, su luz toca vuestras vidas, la luz divina que ellos filtran desde el Cielo.

Serafines

El orden más alto de la jerarquía más elevada es el de los serafines, seres celestiales de quienes se dice que rodean el trono de Dios, cantando la música de las esferas y regulando el movimiento de los cielos según emana de Dios.

Según Abigrael, hay cuatro órdenes dentro de las huestes celestiales que, en la actualidad, nos interesan especialmente: ángeles, arcángeles, principados y tronos. En el capítulo 14 encontrarás más detalles.

Si bien parecería que existen rangos inferiores y superiores, es más apropiado visualizar todos estos órdenes en un gran círculo, en el que *lo más alto* y *lo más bajo* se dan la mano. Los serafines, por ejemplo, que parecen los más próximos al Creador, también sirven al Dios que hay en nosotros.

Conocimiento secreto a través de los siglos

Los ángeles vienen a todos nosotros en variedad de formas. Algunos los ven directamente, en persona o en visiones o sueños. Otros han sentido su refulgente presencia o los han oído hablar o cantar. Hay quienes los han experimentado como musas que los inspiran creativamente. Y algunos, a lo largo de los siglos, han dedicado su vida a estudiar a los ángeles desde una perspectiva puramente filosófica o teológica.

Además de las informaciones sobre ángeles que contienen las escrituras hebreas, el Nuevo Testamento y el Corán, cada una de estas tradiciones religiosas tiene una vasta literatura *clandestina* sobre los seres celestiales y sobre cómo establecer contacto con ellos.

La técnica de este libro proviene del camino común en Occidente para el encuentro angelical, con una gran diferencia. En el pasado, los métodos utilizados para comunicarse con los ángeles se mantenían en estricto secreto. Sólo a ciertos iniciados de sectas espirituales, los de más edad, bien establecidos en la vida y generalmente del sexo masculino, se les enseñaban las meditaciones y técnicas para el desplazamiento de conciencia necesarios para abrirnos a nuestros acompañantes invisibles. La mayor parte de este conocimiento sólo se podía transmitir verbalmente, de maestro a discípulo. En tiempos más supersticiosos, había buenos motivos para que esta información se atesorara con cuidado; lo que se registraba por escrito estaba con frecuencia codificado o se presentaba deliberadamente ininteligible, salvo para quienes ya estaban en el sendero.

El fin de la era de los secretos

Pero estamos viviendo en otro momento de la historia. Las tradiciones secretas son compartidas en la actualidad por todo el planeta. Estamos en el umbral de un gran cambio. Por una parte nos enfrentamos a un aparente desastre global; por la otra, hay potencial para la más gloriosa transformación espiritual que nuestra especie haya visto nunca. Parecemos estar más desequilibrados que nunca. Sin embargo, también estamos más entretejidos globalmente, más abiertos, interesados y evolucionados. A esta altura de la aceleración personal y planetaria se están descartando reglas previas y formas antiguas. El contacto con los ángeles, que solía requerir años de meditación y dedicación, está ahora a disposición de todo el que lo busque, porque los ángeles están más próximos a nosotros, y más dispuestos a trabajar con nosotros en un plano consciente, de lo que estuvieron en miles de años.

Por el interés generado en los talleres de trabajo y los seminarios que los tres hemos dado, es obvio que los ángeles están llegando cada vez a más personas, trayendo el mismo mensaje: es hora de cambiar, hora de crecer, de curar nuestra vida y nuestro bienamado planeta. Y los ángeles no establecen contacto sólo con personas especiales o de un modo secreto. Lo hacen abierta y gozosamente, trayendo buen humor y buenas nuevas.

Los ángeles y los espíritus naturales

Una vez abierto a tus ángeles (y en algunos casos, tal vez antes) quizá tropieces con sus primos, los espíritus de la naturaleza. Los espíritus de la naturaleza son en sí un orden angélico, pero están literalmente en una longitud de onda diferente de la de nuestros acompañantes espirituales.

He aquí algunos de los nombres que diferentes culturas han asignado a los espíritus de la naturaleza: devas, elfos, hadas, ondinas, sílfides, salamandras, faunos, duendes y gnomos. Son los patrones imperantes que controlan todo lo viviente: lo que crece, las cosechas y los jardines, selvas y lagos, peces, aves y animales. Vemos su sombra en configuraciones tales como las bandadas de pájaros y los cardúmenes de peces, así como en el trazo inigualable y delicado de una simple hoja.

Los espíritus de la naturaleza *co-crean* y nutren el ambiente físico, cosa que hacen con independencia de los esfuerzos humanos. Sin embargo, en Findhorn, Escocia, y en Perelandra, Virginia, dos lugares de maravillas hortícolas, puedes ver y apreciar personalmente el enorme beneficio mutuo de una colaboración consciente entre humanos y espíritus de la naturaleza. Las personas sensibles que trabajan con la tierra siempre han tenido cierta percepción de la existencia de ese reino invisible. Lo sepas o no, te pones en contacto con los espíritus naturales cada vez que atiendes tus plantas, cuando respondes al impulso de abrazar un árbol, cuando caminas por un jardín o comes cualquier cosa cultivada.

Nuestro cuerpo humano también tiene espíritus naturales o devas, tal como los llamamos. Los devas de nuestro cuerpo son los principios organizadores que coordinan la inmensa cantidad de información que fluye constantemente por el cuerpo físico. Son el equivalente espiritual de la miríada de células, organismos y microorganismos que han acordado cooperar en conglomerados tales como nuestros riñones, el hígado, los pulmones, el corazón y el páncreas.

De todos los seres angélicos, los espíritus de la naturaleza son los más afines a nuestra realidad humana. Son un reino que merece gran respeto, pues ha sido el más afectado por nuestras locuras ambientales. Sin embargo, continúan sirviendo de buen grado. Abrirnos ahora a ellos es muy importante, pues poseen mucha información vitalmente necesaria en esta época de transformación planetaria.

La naturaleza angélica

Los ángeles no tienen naturaleza humana, aunque los humanos continuemos proyectando sobre ellos nuestras características. Ven y entienden las cosas desde una perspectiva muy diferente a la nuestra. Si bien tenemos mucho en común, sobre todo con respecto a nuestras metas más elevadas, son esas mismas diferencias las que pueden llevar a diálogos fascinantes.

Las creencias sobre los ángeles contienen todo tipo de informaciones contradictorias. Algunos los consideran inmortales; otros aseguran que han sido creados sólo por un tiempo específico y una función determinada. Durante largo tiempo se ha discutido mucho sobre cuestiones tales como: ¿Cuándo se crearon los ángeles? ¿Tienen libre albedrío? ¿Son por completo criaturas de mente y espíritu o tienen algún tipo de cuerpo físico? ¿Pueden las personas convertirse en ángeles o son especies totalmente distintas? ¿Pueden venir los ángeles a la Tierra y adoptar forma humana? ¿Están por encima de los humanos en la gran cadena del ser y, por lo tanto, son nuestros potenciales maestros? ¿O son, antes bien, nuestros servidores espirituales?

Y esta viejísima pregunta: ¿son realmente criaturas externas? ¿No será que los ángeles son aspectos de nuestra alma? ¿O reflejos del ser futuro hacia el cual evolucionamos?

En los últimos tres mil años, una variedad de eruditos y estudiosos espirituales han sostenido todas estas ideas en conflicto. Pero no hay dos encuentros angélicos que sean iguales y, como hemos destacado, no existe un modo correcto de conocerlos.

Aunque ahora vienen a nosotros de un modo nuevo y diferente y establecen contacto con más facilidad, es útil e instructivo saber algo de cómo veían nuestros predecesores a los ángeles. Al leer algunos de estos relatos, recuerda que casi todo lo escrito sobre ángeles nos muestra un aspecto más de su realidad fluida y encierra, sin duda, otro fragmento de una verdad mayor. Al mostrarte lo diferente de los diversos encuentros, confiamos en que te sea más sencillo embarcarte en tu propia y gozosa aventura.

¿Cómo son los ángeles?

Así como no hay un modo correcto de experimentar a los ángeles, tampoco hay una forma correcta de verlos. Se manifiestan de mil modos diferentes a diferentes personas. A medida que veamos algunas de sus apariciones a través de los siglos y cómo decidieron presentarse a algunos de nuestros antepasados, comenzarás a apreciar su maravillosa fluidez.

Puesto que dependemos tanto de la información proporcionada por nuestros cinco sentidos, pedimos a Sargolais, el ángel acompañante de Andrew, que nos dijera qué aspecto tendría un ángel, si pudiéramos verlo.

SARGOLAIS: —Es difícil responder. Los físicos encuentran el mismo problema para determinar cómo es un electrón. ¿Es una partícula o una onda? ¿Está en un solo sitio en un momento dado o en varios? Lo mismo ocurre con los ángeles.
Nuestro cuerpo existe en varios sitios a un mismo tiempo o en todos ellos. ¿Cómo, pues, podríais dibujar el retrato de un ángel o tomarle una foto? No se puede. Podemos retrasarnos lo suficiente para aparecer en un solo sitio y tiempo, pero lo hacemos por vosotros.
Si vuestros sentidos sutiles estuvieran plenamente

desarrollados, como lo estarán en vuestra historia futura, podríais comenzar a vernos como seres de radiantes pulsaciones lumínicas. Esa luz no es como la que proviene del sol, el fuego o una bombilla eléctrica. Es una luz mucho más sutil, que todo lo penetra.

Nos veríais así, pero también nos veríais en muchos sitios diferentes al mismo tiempo. Sería como sostener muchas diapositivas de la misma persona contra una luz intensa para poder verlas a todas al mismo tiempo. En medio de esta superposición de cuerpos veríais una intrincada trama de fibras, como filigrana o, más correctamente, como los meridianos, esas fibras de energía en flujo por el sistema de acupuntura de vuestro cuerpo. Algunas de esas fibras estarían dentro de nuestro cuerpo, pero muchas se extenderían también hacia afuera, sin tiempo ni espacio, hacia todos los rincones del universo. Son esas fibras lo que algunos han percibido como alas, así como es nuestra luz lo que ha inspirado en otros la idea de que tenemos halo.

Hay muchos tipos diferentes de ángeles. Algunos podríamos parecernos a esferas multidimensionales; otros, a rayos de luz, espirales de luz, conos de luz, y el tamaño variaría desde una mota hasta una galaxia. Aunque nuestro tamaño es filtrado por vuestras percepciones, guarda alguna relación con nuestra función y nuestra naturaleza. Cuanto más grandes parecemos, más colectiva es nuestra función. Así, algunos de los que llamáis "seres superiores" se os presentarán como más grandes.

Tranformación entre los ángeles

En los últimos años, los observadores de ángeles han notado que se están produciendo profundos cambios en los reinos de nuestros primos celestiales. Pedimos a Abigrael, nuestro ángel narrador, algunas informaciones internas.

ABIGRAEL: Lo que está en reorganización es la relación de ciertos ángeles que trabajan con vuestro mundo. Esto se debe a cambios en vuestra conciencia colectiva, que ahora nos permiten acercarnos más que nunca.

Lo que se me ha encomendado compartir con vosotros, para este libro, es cómo son ahora las cosas. De lo que existía antes, algo fue mal registrado, mal recordado o alterado con deliberación, para conformarlo a los sistemas de creencias humanas existentes en diferentes épocas.

Por ejemplo, existen cuatro ángeles superlumínicos mayores, que se ocupan de la vida humana sobre la Tierra. Cuando pensabais que la Tierra era el centro del Universo, esos cuatro parecían muy importantes en el Cielo. No lo son. Hay millones de arcángeles. Sin embargo, esos cuatro son muy importantes en la Tierra. Antes eran necesarios en mayor número para haceros llegar información, porque erais menos receptivos. Pero como habéis evolucionado se necesitan menos arcángeles.

En la actualidad, para la Tierra son importantes los arcángeles Gabriel, Miguel, Rafael y Uriel. Más avanzado el libro os daré información actualizada sobre cómo trabajan ahora para vosotros. No es la misma información que tenéis de tiempos pasados, porque ya no operan de la misma forma. Miguel, por ejemplo, era siempre visto con una espada amputando el mal. Pero, como estáis dominando la dualidad, Miguel ya no necesita hacer eso. Sus funciones han variado y ahora es el Custodio de la Paz. Otro ejemplo: a Gabriel se le ha visto siempre como el Angel de la Revelación, pero, como ahora estáis más próximos a nosotros, cambia la naturaleza de la revelación. Ya no es necesario revelaros cosas que podéis captar de otras maneras. Por eso Gabriel está adoptando funciones diferentes; experimenta cambios en la descripción de su trabajo y se va convirtiendo, simplemente, en el Angel de las Relaciones.

Vais viviendo más en armonía con Todo Lo Que Es, aunque superficialmente no lo parezca. Por eso *Descubre a tus ángeles* puede surgir ahora a la existencia, mientras que en el pasado habrían hecho falta veinte años de práctica para lograr la misma posibilidad de establecer comunicación.

Felicitaciones por vuestra evolución como especie sensible, aunque la evidencia aún no esté a la vista.

Lucifer: un estudio de luz y oscuridad

No puede haber una comprensión real de nuestros colegas celestiales sin abordar el tema de los ángeles *caídos*. Hay opiniones diferentes en cuanto a lo que pudo ocurrir en el pasado para que algunos ángeles cayeran, pero lo indiscutible es la persistencia con la que esta idea ha surgido en casi todos los sistemas de creencias del planeta. El cristianismo y el judaísmo tienen a Satanás, a Lucifer y, según las diversas sectas, un sinnúmero de ángeles caídos. El Islam tiene a su Eblis o Shaytan, como se le llama a veces, obvio equivalente de Satanás.

Aun en la actualidad, películas tales como *La profecía*,

El bebé de Rosemary y *El séptimo signo* provocan horror, porque muestran la posibilidad de que podamos recibir alguna influencia de los mensajeros universales del mal.

Sin embargo, según nuestros informantes angélicos, la situación no es así en absoluto, gracias a Dios.

Lucifer, dice una tradición, era uno de los siete grandes arcángeles de nuestro sistema solar, que actuaba como custodio del planeta Venus. Dios pidió un voluntario, entre Sus principales ángeles, que estuviera dispuesto a descender a la Tierra para fortalecer la resolución espiritual de la humanidad mediante una tentación constante. Lucifer se ofreció para la tarea. Pese a sus amorosas intenciones, con el correr de los siglos nuestra mente fue identificando poco a poco a Lucifer con el demonio, en vez de verlo como un aspecto de Dios que nos ayuda a crecer, fortaleciendo nuestros músculos espirituales. "El demonio me llevó a hacerlo" es una excusa tentadora para justificar cualquier cosa; nos hemos dejado cegar por ella, al punto de retratar a Lucifer como fuente de todo lo que consideramos "maligno" en el mundo.

Una de las tareas celestiales de Lucifer, cuyo nombre mismo significa "dador de luz" o "portador de luz", es enseñarnos el necesario lado oscuro de la vida. Lucifer es la sombra que revela la luz por contraste. En muchos sentidos, no podemos ver la verdadera luz sino después de experimentar la oscuridad. Tendemos a no valorar algo hasta que lo perdemos y volvemos a recuperarlo mediante nuestro propio esfuerzo. La parábola del hijo pródigo señala esta peculiaridad de la naturaleza humana.

Esta interdependencia de luz y oscuridad, de alegría y pesar, de bien y mal, así como todos los opuestos de nuestro dual sistema de realidad, cede a la comprensión de que, dentro de un contexto más amplio, Cristo y Lucifer son, si no exactamente complementarios, miembros de un mismo bando y partes integrales de un todo.

Muchos cristianos contemporáneos comienzan a abandonar el concepto de que existe un verdadero demonio. Reconocen, una vez más, que sólo hay una fuerza omnipotente en el universo. Tal como escribió el poeta y filósofo William Blake, "El mal es sólo la privación del bien, y cuando el alma emerge de esta ilusión de mal, Lucifer retoma su puesto original entre los grandes arcángeles de Dios."

El fin de la ilusión

Lentamente, con seguridad, vamos emergiendo colectivamente de esta ilusión de mal. Hacerlo significa aferrarse con firmeza a la concepción de Dios como Poder Único, Principio Vital Último, del que todo lo demás emana. Naturalmente la ilusión del miedo y el odio aún acecha en nuestras ciudades y, a veces, puede convencernos, si prestamos demasiada atención a los medios, de que tiene cierto grado de realidad objetiva.

Pero ¿no es justamente ese el desafío que se nos ha presentado, lograr un entendimiento más pleno con el lado oscuro de nuestra propia naturaleza? Según aprendemos a liberar y, finalmente, deshacernos de la conducta negativa y autodestructiva, también cesamos de proyectar nuestra propia negatividad sobre un demonio ficticio, ángeles caídos u otras personas. Cuando llegamos a este punto no tenemos más necesidad de aferrarnos a la ilusión del mal.

Al reconciliar estas características aparentemente opuestas demostramos también esas cualidades que los ángeles tanto aprecian en nosotros. Y, a nuestra vez, podemos liberar a los supuestos ángeles caídos de la negatividad que hemos ido exteriorizando sobre ellos a través de tan largos milenios. Al hacerlo así podemos permitirles, una vez más, cumplir con las funciones para las que fueron creados en un principio.

Algunos ángeles famosos

Nosotros tres hemos tenido la espontánea buena suerte de que los ángeles aparecieran en nuestra vida. Dado que habíamos afrontado este tema desde el punto de vista histórico o académico, sólo después de iniciar las investigaciones para este libro tuvimos alguna idea de la enorme cantidad de material disponible sobre los ángeles y de que parecíamos estar siguiendo una tradición muy venerable. No sólo las culturas occidentales judía, cristiana e islámica, sino prácticamente todas las sociedades que estudiamos han sostenido creencias profundamente arraigadas en los ángeles de la guarda o en espíritus acompañantes de un tipo u otro.

Las religiones monoteístas de Occidente han utilizado a los ángeles para ayudar a distinguir a los buenos de los malos, los espíritus benévolos de los malévolos demonios. En las culturas politeístas, las tareas que los ángeles realizan para nosotros corren por cuenta de los mismos dioses. Las funciones se tornan difusas. Entre las grandes religiones de Oriente y en casi todas las culturas chamánicas, por ejemplo, existe un gran grupo de seres a los que se invoca para atender los detalles de la vida cotidiana: las cosechas, el clima, la fertilidad y otros temas de importancia. Sin embargo, rara vez se les percibe como guardianes personales. Estos seres se ocupan más de asuntos que de individuos. En la India, por ejemplo, los *pitarah* son deidades domésticas, algo así como espíritus guardianes, quienes cuidan que el hogar esté protegido contra la enfermedad, el hambre, la sequía u otros desastres. Entre las tribus pueblas del sudoeste norteamericano, el *kachina* es un espíritu vital que guía y beneficia, tal como el *wajima* es, para el aborigen australiano, algo próximo a un espíritu antecesor.

Todos estos seres son angélicos, de un modo u otro. El hecho mismo de que los ángeles puedan aparecer de maneras tan diferentes, en distintos lugares y tiempos, emergiendo en culturas con frecuencia totalmente disímiles, sugiere que son una especie dotada de paciencia, perseverancia y un afinado sentido del absurdo.

Los diez primeros celestiales

En el caso de los ángeles más conocidos de Occidente (Gabriel, Miguel, Rafael, Uriel y algunos otros que forman nuestra lista de *Diez Primeros*), se nota su presencia influyente a lo largo de los siglos, afectando el proceso humano de manera que, invariablemente, nos cambia. Es fascinante ver que a veces un mismo ángel (Samáel, por ejemplo) ha sido considerado como fuerza del bien en una época y como demonio en la siguente. Pero, en general, el tono de las relaciones angélicas ha sido de buen humor, exploración mística, elevada aventura y un nivel maravilloso, casi sobrecogedor, de amor incondicional.

Conozcamos, pues, a nuestra selección de ángeles más conocidos en el mundo occidental. Antes de cada encuentro, quizá te convenga repetir el nombre del ángel unas pocas veces, lentamente y con los ojos cerrados. Después, mientras lees, aspira profundamente y retrasa deliberadamente el ritmo de tu respiración. Concédete tiempo para observar, simplemente, cómo te sientes cuando empiezas a saber de cada uno de estos seres y ábrete al posible contacto con ellos.

Miguel, cuyo nombre es una pregunta ("¿Quién es como Dios?"), es sin duda el más conocido de los arcángeles superlumínicos. Miguel es reconocido en las tres tradiciones sagradas de Occidente. Se cree que fue él quien se apareció a Moisés ante el fuego de la zarza ardiente y quien rescató a Daniel y a sus amigos de la madriguera de los leones. Para los cristianos él es el ángel que informó a María de su muerte próxima. La tradición islámica nos dice que sus alas son del color de la "verde esmeralda, cubiertas de pelos azafranados, cada uno de los cuales contiene un millón de rostros y bocas, y otras tantas lenguas que, en un millón de dialectos, imploran el perdón de Alá". El Corán también pinta la conmovedora imagen de los querubines formados por las lágrimas de Miguel.

En los Pergaminos del Mar Muerto, Miguel emerge como el Príncipe de la Luz, que libra una guerra contra los Hijos de la Oscuridad, en la cual encabeza la batalla angélica contra las legiones de Belial, el ángel caído. Recientemente, en 1950, el papa Pío XII declaró a Miguel patrono de todos los policías.

Gabriel, cuyo nombre significa "Dios es mi fuerza", parece ser nuestro más frecuente visitante de los reinos elevados. El dejó atónitas a María y a su prima Isabel, madre de Juan el Bautista, con sus pronunciamientos relativos al nacimiento de sus respectivos hijos. Para los seguidores del Islam, Gabriel es el Espíritu de la Verdad, que dictó el Corán a Mahoma. En la leyenda judía, fue Gabriel quien dividió las aguas del mar Rojo para que los hebreos pudieran escapar de los soldados del Faraón.

Según los testimonios judiciales de la época, fue Gabriel quien se presentó ante Juana de Arco y la inspiró para que auxiliara al Delfín. El aparente interés de Gabriel por el planeta se debe muy probablemente a su función de despertador celestial, el ángel de la transformación vibratoria.

Metatron, según los místicos judíos, llegó a detentar el rango del más alto de los ángeles, pese a no estar mencionado en las Escrituras. El significado de su nombre nunca ha recibido una explicación satisfactoria, aunque una interpretación es: "El que ocupa el trono vecino al trono divino". También podría derivarse del latín *metator*, encargado de guiar o medir.

Varias fuentes tradicionales aseguran que Metatron ha sido el profeta Enoch, que fue llevado al cielo y transformado en un ángel de fuego, con treinta y seis pares de alas, para continuar sus días como escriba celeste. Metatron ha sido identificado también como el ángel Liberador y el que luchó con Jacob, el que detuvo la mano de Abraham, cuando iba a sacrificar a su hijo Isaac y el que guió a los hebreos durante los cuarenta años en el páramo. En ciertas escuelas de misticismo, Metatron, al que se considera el más alto de los seres celestes, llegó a recibir el nombre de YHWH menor. En hebreo, las letras YHWH representan el nombre más sagrado e impronunciable de Dios.

Así como Dios tiene muchos nombres, también Metatron parece haberlos tenido; se creía que el uso de esos nombres proporcionaba protección y acceso a los poderes de este gran ángel. Yahoel, Yofiel, Surya y Lad son sólo algunos de sus otros apelativos.

Uriel significa "fuego de Dios"; es clasificado diversamente como serafín, querubín, regente del sol, llama de Dios, presidente del Hades y, en su papel más conocido, Arcángel de la Salvación. Al igual que Metatron, se dice que Uriel es uno de los Angeles de la Presencia, puesto muy elevado, pues sólo los ángeles de más elevado voltaje pueden sostener la presencia de Dios.

Se cree que Uriel ha sido "el espíritu que permanecía a las puertas del Edén perdido con la espada feroz". El

Libro de Enoch nos dice que fue a Uriel a quien Dios envió para que advirtiera a Noé de la inminente inundación; también está escrito que él reveló a Ezra los misterios de los arcanos celestiales; también condujo a Abraham fuera de Ur hacia la región caldea.

Algunos aseguran que el divino arte de la alquimia fue traído a la Tierra por Uriel y que también fue este ángel quien dio a la humanidad la Cábala, esa tradición mística de los hebreos. John Milton describe a Uriel como "el espíritu de vista más aguda de todo el Paraíso". También apareció para reprochar a Moisés el no haber hecho circuncidar a Gershom, su propio hijo. ¡Vista aguda, en verdad!

Moroni. Es el Angel de los Santos de los Ultimos Días. Aunque parece haber falta de ángeles americanos indígenas, en 1823 Moroni se presentó a Joseph Smith, en el Estado de Nueva York, y le hizo descubrir unas tablas de oro sepultadas, cubiertas de densas inscripciones. Traducidas por Smith, nuevamente con la ayuda de Moroni, ese texto se convirtió en *El Libro del Mormón*, donde se nos dice que, alrededor del 600 a. de C., antes de la destrucción de Jerusalén, una familia judía huyó de la ciudad y llegó por barco hasta lo que es actualmente América del Norte. Sus descendientes se transformaron en dos naciones: una, los antepasados de los nativos norteamericanos; la otra, perdida y desaparecida. Sin embargo, los registros llevados por uno de los últimos sabios de ese pueblo desaparecido nos dicen que Jesús se presentó a ellos después de su muerte en la cruz. El nombre del anciano era Mormon, y fue su hijo Moroni quien sepultó las tablas con los registros de su padre, alrededor del año 400 de la Era Cristiana. Según el relato, Moroni se une así a las filas de Enoch y Elías, transformados en ángeles, y sigue la tradición de Gabriel al ser el donante angélico de un libro de revelaciones.

Hay una estatua de doce metros de altura que representa a Moroni; se levanta en la cumbre de una colina, cerca de Palmyra, Nueva York, donde Smith descubrió las tablas enterradas. Muestra al ángel tal como se presentó ante Smith, sin alas y vestido con una larga túnica. Smith, que pasó a fundar la Iglesia de Jesucristo de los Santos de los Ultimos Días, describía a Moroni como "un ser de luz con un rostro como el rayo".

Melquisedec, el *Sabio de Salem*, es otro de los pocos casos conocidos en que un ángel elevado tomó un cuerpo humano, muy masculino. Según *El Libro de Urantia*, apareció unos dos mil años antes de Cristo, completamente formado, anunciando que era un servidor de El Elyon, el Más Alto. Luego instaló un centro de enseñanza que dirigió personalmente durante noventa y cuatro años.

Fue Melquisedec quien entregó a Abraham la Alianza de Dios e introdujo el revolucionario concepto de la salvación por la fe pura en el pensamiento del planeta. Estableció un amplísimo programa misionero, con centro en Salem, el antiguo emplazamiento de Jerusalén, desde donde enviaba a miles de misioneros que, literalmente, dieron la vuelta al globo.

Se cree que Melquisedec, llamado Sydik en la mitología fenicia, fue el padre de los siete Elohim, más Angeles de la Divina Presencia. En el siglo III de la Era Cristiana, un grupo de "herejes" que se hacían llamar melquisedecianos aseguraban estar en contacto con "un gran poder llamado Melquisedec, quien era más grande que Cristo". Su venida aquí, como *Sabio de Salem*, parece haber sido un esfuerzo concertado de los celestiales para traer una luz muy necesaria a una época caótica y oscura, y para sembrar la simiente para el advenimiento de Cristo.

Ariel significa "león de Dios". Sin embargo existe cierta confusión en cuanto al bando en que realmente está.

Figura entre los siete príncipes que gobiernan las aguas y también es conocido como el *Gran Señor de la Tierra*. Empero, para el poeta John Milton, Ariel es un ángel rebelde, vencido por el serafín Abdiel en el primer día de la gran guerra celeste.

Los místicos judíos utilizaron Ariel como nombre poético de Jerusalén en la tradición gnóstica, ese crisol de revelaciones de los dos primeros siglos de la Era Cristiana. Ariel es el ángel que controla a los demonios. También se le ha asociado con el orden de ángeles llamados tronos; se sabe que ha asistido al arcángel Rafael en la cura de enfermedades.

John Dee, mago, ocultista y astrólogo cortesano de la reina Isabel I, suponía que Ariel era una mezcla de Anael y Uriel, ¡lo cual lo instala entre los arcángeles superlumínicos!

Ariel hace una aparición en *La tempestad*, de William Shakespeare, que bien pudo haber sido el motivo de que Percy Bysshe Shelley, el poeta del siglo XIX, gustara darse a sí mismo el apelativo de "ángel Ariel".

Israfel, cuyo nombre significa en la tradición árabe, "El Ardiente", es a un tiempo el Angel de la Resurrección y del Canto. Según esos mismos relatos, Israfel allanó el camino a Gabriel, sirviendo durante tres años de acompañante a Mahoma, a quien inició originariamente en el trabajo de ser profeta.

En una variante islámica del relato que hace el Génesis sobre la creación de Adán, Alá envía a Israfel, Gabriel, Miguel y Asrael (el Angel de la Muerte) en busca de siete puñados de polvo, necesarios para hacer al progenitor de la humanidad. Según la leyenda, sólo Asrael regresó triunfante.

Edgar Allan Poe, escritor de poesía y obras de misterio, puso al pie de un poema una críptica referencia al "ángel Israfel, las cuerdas de cuyo corazón son un laúd, y el que tiene la más dulce voz entre todas las criaturas de Dios". Otras descripciones presentan a Israfel como un ángel de cuatro alas que, "teniendo sus pies bajo la Séptima Tierra, su cabeza llega a las columnas del Trono Divino".

De **Raziel**, que significa "secreto de Dios" , se cree que es un "ángel de las regiones secretas y Jefe de los Misterios Supremos". Según una leyenda, Raziel es el autor de un gran libro, "donde está anotado todo el conocimiento celestial y terrestre". Cuando el ángel dio su volumen a Adán, algunos ángeles envidiosos se lo robaron para arrojarlo al océano. Una vez recobrado por Rahab, el ángel demonio primordial de las profundidades, el libro pasó primero a Enoch, quien aparentemente lo presentó como propio, y luego a Noé, que de él aprendió a hacer su arca. Se cree que también Salomón poseía ese libro, el cual le proporcionó sus extraños conocimientos mágicos y dominio sobre los demonios.

El Zohar, la obra principal del misticismo judío, asegura que, en el medio del libro de Raziel, hay una escritura secreta donde "se explican las mil quinientas claves [para el misterio del mundo], que no fueron reveladas siquiera a los ángeles". Otros místicos judíos informan que "todos los días el ángel Raziel, erguido sobre el monte Horeb, proclama los secretos de los hombres a toda la humanidad".

Lo que no sabíamos al comenzar este libro, pero nos fue dicho después por Abigrael, nuestro ángel narrador, es que Raziel es su jefe.

Rafael es quizás, el más querido de todos los ángeles y el más representado por el arte occidental. Su imagen aparece en las telas de maestros tales como Botticelli, Tiziano y Rembrandt. Su nombre significa "Dios ha curado". No sólo parece ser el alto arcángel encargado de curar a la Tierra, sino que, de acuerdo con el Zohar, "la Tierra proporciona una vivienda para el hombre, a quien Rafael cura también de sus males".

Por cierto, la carrera de Rafael parece salpicada de misiones médicas. Curó el dolor de la circuncisión a Abraham, que no había sido sometido a ese procedimiento de niño. Rafael fue luego enviado por Dios a curar el muslo al pobre Jacob, maltratado por Samael. Y también se asegura que él dio a Noé, después del Diluvio, un apreciadísimo "libro médico".

Existe una leyenda según la cual, cuando Salomón pidió ayuda a Dios para construir el gran templo de Jerusalén, Rafael le dio personalmente el regalo de un anillo mágico, con el poder de someter a todos los demonios. Fue con esa "mano de obra esclava" con la que el rey hebreo completó la construcción.

Rafael ha sido llamado también *guía en el infierno*; después de todo, es allí donde la curación resulta más necesaria.

Tus propios favoritos

Ya conoces a nuestros diez primeros ángeles, pero quizá tengas algunos favoritos que nosotros no incluimos. Tal vez sea ese príncipe ángel de nombre sonoro, Sandalfón, en quien se transformó Elías después de su muerte, según algunos. O quizá Belcebú, si te atrae la oscuridad, o Zofiel o Zadkiel. Tal como nos recuerda Abigrael, existen muchísimos ángeles. El más importante para ti será tu propio acompañante. Sin embargo, cuando llegues a conocer mejor a los ángeles y según crezcan tu amistad y tu confianza, quizá disfrutes pidiéndoles que te pongan en contacto con uno de estos elevados príncipes angélicos.

Según nuestra experiencia, a esta altura será escuchada toda sincera solicitud de contacto con cualquier miembro de la familia celestial. Pregunta y se te responderá.

2

Los ángeles a través de los siglos

Como olas que rompen a través de la historia, la presencia de los ángeles en nuestra vida ha avanzado, profundizándose mediante los encuentros celestiales de hombres y mujeres valerosos y la lenta y paciente conjunción de entendimientos que estos han podido retener y transmitir a quienes los siguieron.

Abigrael nos dice que, en la actualidad, estamos ante el surgimiento de la tercera gran ola de ángeles. La primera ocurrió en los tiempos bíblicos, cuando sólo se presentaban a algún profeta o patriarca. La segunda, durante el período medieval, en que aparecían principalmente ante santos y videntes. La tercera ola comenzó a tomar impulso en los siglos XVIII y XIX. Es ahora, en esta tercera ola, cuando los ángeles tienden los brazos a todos y cada uno de nosotros. Visitan a poetas y artistas y, cada vez más, a personas de toda condición. Aparecen en novelas populares, en películas y como estrellas de importantes espectáculos de televisión. En todo el planeta, la gente está recibiendo el mensaje: los ángeles están listos para entrar en la vida de todos, lo cual es posible gracias a nuestra evolución de conciencia, tan duramente ganada.

Los ángeles nos vigilan; esa es, claramente, una de sus funciones. Pero también se nos revelan expandiendo gradualmente nuestra visión del mundo para incluir un universo mucho más grande, tanto en el plano interior como en el exterior. Nos ayudan a ver que no estamos solos y a la deriva en un cosmos vasto y desierto, como simples grupos de moléculas reunidas al azar, sin ton ni son ni propósito.

Todos somos una parte de esa expansiva oleada de conocimiento, y la historia de esta ola es parte de nuestra herencia espiritual global. No pertenece a los miembros de ninguna religión, raza, credo o sexo en particular, sino a toda la humanidad.

Los ángeles en el mundo antiguo: la primera ola

La base de nuestra idea occidental de los ángeles proviene del Antiguo Testamento, que está lleno de relatos de ángeles. El patriarca hebreo Abraham y su familia tuvieron numerosos encuentros con los ángeles. Estos se presentaron ante Hagar, la madre de Ismael, su primer hijo. Y tres ángeles innominados aparecieron ante Abraham y su esposa Sara para decirles que iban a tener un hijo. Por entonces la pareja ya había pasado de los noventa años, pero a los nueve meses les nació un hijo, que se llamó Isaac. Más adelante, cuando Dios ordenó a Abraham que le sacrificara a Isaac como prueba de su fe, otro ángel sujetó en el último instante la mano del patriarca para detenerlo. A lo largo de toda la historia, los ángeles han aparecido en nuestra vida como portadores de milagros.

Sara y Jacob, el nieto de Abraham, tuvieron también varios visitantes celestiales. Se presentaban con frecuencia a Jacob en sueños. En uno vio una escalerilla que se extendía hasta el Cielo, por la cual subían y bajaban los ángeles. En el sitio en donde había tenido ese sueño construyó un altar. Otra noche, solo y despierto, se le presentó un ángel de Dios, quien luchó con él. Combatieron toda la noche y él fue herido en el muslo. Por la mañana, como no había cedido terreno, el ángel lo bendijo. ¿Acaso no debemos todos luchar contra nuestra naturaleza espiritual, de vez en cuando y nos sentimos bendecidos después por lo que parecía tan difícil cuando lo estábamos viviendo?

Los ángeles asistieron a los hebreos cuando vagaban por el desierto, tras el Exodo desde Egipto. Y también se aparecieron ángeles a muchos de los antiguos profetas. Dos de los encuentros más profundos fueron los ocurridos a los profetas Ezequiel y Daniel, que vivieron casi mil años después de Jacob.

Ezequiel había sido deportado, junto con la clase gobernante de su pueblo, cuando el rey de Babilonia conquistó el reino de Judá. Como vivía una de las horas más oscuras de su pueblo, sus palabras estaban llenas de cólera y esperanza. Como todos los profetas, instó a su pueblo a santificar su existencia. Sus visiones del trono de Dios y de los ángeles se convirtieron en modelos para los que exploraron el tema en las generaciones siguientes. En la que es, probablemente, su visión más conocida, Ezequiel vio el trono de Dios como un carruaje rodeado de querubines de cuatro rostros y muchos pares de alas. El batir de sus alas se podía oír de un extremo a otro del Cielo.

Daniel fue el primer profeta que llamó por su nombre a un ángel. (Jacob preguntó su nombre al ángel con quien luchaba, pero no recibió respuesta.) Es en el *Libro de Daniel* donde conocemos por sus nombres a Miguel y a Gabriel, y donde se menciona por primera vez a los ángeles guardianes de las naciones. Gabriel se presentó a Daniel para ayudarlo a interpretar sueños. Cuando el rey hizo arrojar a Daniel a una madriguera de leones, un ángel cerró la boca a las fieras. Por la mañana, al abrirse el cubil, Daniel emergió indemne. En este libro conocemos también a los tres amigos de Daniel: Shadrach, Meshach y Abednego, que fueron salvados, de la abrasadora caldera a la que habían sido arrojados, por un ángel que apareció en medio de las llamas. A lo largo de la historia, los ángeles han salvado a incontables mujeres y hombres de situaciones que parecían imposibles. Ellos traen esperanza en momentos de desesperación.

En el *Libro de Tobit,* de los Libros Apócrifos, uno de los libros posteriores que no llegó a ser incluido en el Antiguo Testamento, encontramos el maravilloso relato de la aparición de Rafael, el Angel de la Curación, ante Tobías, el hijo de Tobit, vestido como un viajero más. En el curso de la narración, Rafael cura a Tobit de su ceguera, salva a Tobías de un demonio y devuelve la felicidad a la familia. Esto fue contado por primera vez hace más de dos mil años, y desde entonces los ángeles han estado acercándose a nosotros con intenciones curativas. ¿Cuántos ángeles disfrazados crees haber encontrado en tu vida?

Relatos del Nuevo Testamento

Tal vez la más famosa de las visitas angelicales haya sido la que recibió una judía llamada María. Tal como se describe en el *Libro de Lucas*, del Nuevo Testamento, el arcángel Gabriel se le apareció para anunciarle que iba a tener un hijo. El nacimiento de ese niño, Jesús, cambió la

63

historia del mundo. Desde su nacimiento hasta su muerte hubo ángeles a su alrededor. Según otra fuente, fueron los ángeles los que apartaron la losa que cubría su tumba vacía.

El último libro del Nuevo Testamento está constituido por las *Revelaciones a Juan*. Como Ezequiel y Daniel quinientos años antes, Juan también estaba exiliado de su patria. Un ángel se le apareció para ordenarle que escribiera a los custodios de varias iglesias cristianas primitivas. En las visiones que Juan tuvo del apocalipsis, encontramos descripciones de los muchos ángeles diferentes que participan en el nacimiento de un mundo nuevo. Juan vivió en épocas difíciles... y también nosotros. Nos rodean parteras celestiales, listas para asistirnos en el nacimiento del nuevo mundo que Juan previó hace tanto tiempo.

Ángeles en tiempos medievales: la segunda ola

Los ángeles aparecen cuando menos se les espera. Y son igualmente imprevisibles en cuanto a lo que dicen y lo que hacen. Durante miles de años, gran parte de su trabajo parece haberse consagrado a mantener un equilibrio espiritual en el mundo de los humanos y, en general, a evitar los peores excesos de los que somos capaces.

En la primera parte de la Edad Media las comunidades cristiana y judía continuaron acumulando un intenso interés por los ángeles. Ciudades e imperios se alzaban y caían. Tal vez era el caos circundante lo que inducía a la gente a tratar de hallar sentido a la organización del Cielo. En los textos medievales se asignaban ángeles a determinados sitios, a los días de la semana y hasta a las horas del día. Se entablaban acalorados debates sobre el número de ángeles, sus rangos, sus funciones, quiénes eran sus gobernantes y la pregunta más crucial de la época: ¿cuántos podían bailar en la punta de una aguja?

Los ángeles como servidores

En tiempos antiguos, los ángeles eran considerados servidores de Dios y guías nuestros hacia los reinos superiores. Sin embargo, hacia la Edad Media hubo una creciente tendencia a considerarlos sirvientes potenciales de cualquiera que conociese sus nombres. Aparecieron tratados sobre cómo invocarlos y dominarlos. No es de extrañar que los ángeles caídos despertaran tanta fascinación en ese período, pues la gente creía que podían ofrecer poderes ilimitados a quienes trabajaran con ellos.

En el año 613 de la Era Cristiana, el arcángel Gabriel volvió a intervenir en la historia humana, en esa ocasión para desempeñar su parte en la creación del Islam. Gabriel comenzó a dictar el Corán al profeta Mahoma, tarea que se prolongó hasta la muerte de Mahoma, en el 632. Este gran emprendimiento, junto con el vuelo nocturno del profeta al Paraíso, en compañía de los ángeles, puso a los celestiales como centro de otra influyente pieza de ingeniería social y religiosa.

En las centurias siguientes, mientras Europa del Norte atravesaba con gran dificultad la era de oscuridad que siguió a la caída del Imperio Romano, se producía un maravilloso florecimiento de las ciencias, las artes y las tradiciones místicas en las comunidades judías y musulmanas, que entraban en contacto mutuo en España, Egipto y el norte de Africa.

Amantes amigos

Fueron los sufíes, los místicos del mundo islámico, quienes pusieron un nuevo énfasis en los encuentros con nuestros amigos invisibles. Ellos veían a los ángeles como compañeros del corazón, reflejos de Dios, *el Bienamado*. Esta profunda percepción, que se basaba en auténticos encuentros con los celestiales, introdujo el inspirador concepto de los ángeles como amigos amantes.

Y en Europa la era oscura cedía paso gradualmente a las sublimes percepciones celestiales del arte gótico. Gráciles catedrales se elevaban a los cielos, con intrincadas tallas de imágenes sacras en sus superficies. Los ángeles que rodean el portal mayor de la catedral de Chartres, por ejemplo, expresan a la perfección algunos de los sentimientos bellos y protectores que la humanidad había llegado a asociar con los reinos celestiales.

Poetas y santos

Al mismo tiempo, dentro de la mente europea comenzaba a desarrollarse un creciente énfasis sobre la belleza ideal y el amor romántico. Esto llevó a la percepción de ángeles femeninos. Durante las Cruzadas, los códigos de conducta caballeresca se unieron a la revelación sufí del ángel como bienamado interior. Ibn Arabi, un gran poeta sufí, sostenía que su más importante obra en prosa, *Revelaciones de La Meca*, le había sido dada por el Angel de la Inspiración. Y Suhrawardi, autor de *El arcángel carmesí* y *El susurro del ala de Gabriel*, nos ha dejado el más rico registro de encuentros angelicales en el mundo islámico.

De los filósofos judíos de ese tiempo excitante recibimos el texto cabalístico primario: el Zohar. Contiene muchos métodos de alteración de la conciencia, destinados a alcanzar los estados místicos en los que es posible conversar directamente con los ángeles. Considerando los peligros que representaba una acusación de herejía, no es de extrañar que la información sea oscura y, con frecuencia, esté sumamente disfrazada.

San Francisco de Asís, más recordado por sus conversaciones con pájaros y animales, tuvo al final de su vida un encuentro con un serafín. El pensamiento cristiano moderno referido a los reinos celestiales sufrió una gran influencia de Tomás de Aquino, el teólogo católico del siglo XIII, cuyo gran tratado *Summa Theologica* contiene toda una parte dedicada a los ángeles. El los visualizaba sin cuerpo, más numerosos que nosotros y superiores en perfección espiritual, pero no tan capaces de un crecimiento espiritual rápido y constante.

Contemporáneamente el místico cristiano alemán Meister Eckhart tuvo varios encuentros directos con los ángeles. Y en Italia el gran poeta Dante Alighieri nos dejaba su *Divina comedia*, uno de los relatos más persistentes de un peregrino en los dominios celestiales. Como los sufíes, Dante hace que su bienamado le inspire poéticas alturas y, junto con el poeta romano Virgilio, lo guíe, por los diferentes reinos de un universo donde pululan ángeles y demonios, hasta el mismo trono de Dios.

No podemos destacar demasiado la importancia de que los sufíes hayan reconocido a los ángeles como amigos bienamados. En su obra encontramos una reconciliación del conflicto entre quienes ven a los ángeles como seres externos y quienes los consideran aspectos de nuestra alma o Yo Superior. Cuando comprendemos que es nuestro ángel, nuestro verdadero yo, el compañero de nuestra alma, quien nos conduce hacia Dios, ya no importa que el ángel esté dentro o fuera: la paradoja ha sido superada. Y se inicia una nueva era de relaciones entre las dos especies.

Un Renacimiento para los ángeles

Fue un maravilloso florecer para nuestros celestes amigos que todos los grandes pintores del Renacimiento pintaran ángeles, y no sólo porque los patrocinara la Iglesia de Roma. La predilección de los artistas por representar la Anunciación ayudó a que la aparición del arcángel Gabriel ante la Virgen María se convirtiera en uno de los más famosos encuentros angelicales. Al pintor Rafael (¿pudo su nombre ser una casualidad?) le encantaba mostrar los reinos celestiales en sus pinturas; con frecuencia representaba esa dimensión junto con la realidad normal y cotidiana. Más adelante Rembrandt, el gran pintor holandés, se vio continuamente inspirado a pintar ángeles, de los que aparecen muchos en sus obras más grandes, aunque hay vistazos conmovedoramente bellos de ángeles entre sus esbozos, sobre todo del arcángel Rafael con Tobit.

Inspiración pictórica

Entre los objetos más sagrados de la tradición artística figuran los iconos, esas bellas obras de yeso y témpera que se encuentran sobre todo en las iglesias ortodoxas rusas y griegas. Aquí se pintan las imágenes como invocaciones directas a santos y ángeles; son meditaciones artísticas que evocan, mediante su simbolismo visual, algunos de los conocimientos duramente ganados que hemos recogido de esos seres.

Al iniciarse la tercera ola de encuentros celestiales, los ángeles comienzan a hacerse conocer por muchos artistas, científicos y santos. Anteriormente Teresa de Avila, una monja española, escribió a un ángel que le atravesaba el corazón con una espada, llenándola con el amor de Dios. Su relato inspiró en este período muchas obras de arte.

Inspiración literaria

Menos cruentas son, quizá, las visiones celestiales de Jacob Boehme, el místico alemán protestante. Y las investigaciones seminales de los reinos celestiales hechas por dos sabios judíos, Moisés Cordovero e Isaac Luria, contribuyeron ricamente a la Cábala. Luria, por ejemplo, fue uno de los primeros en señalar el importante papel que tenemos los humanos en el equilibrio del bien en el mundo.

En Inglaterra, el poeta John Milton asumió la formidable tarea de desentrañar la verdad de los ángeles caídos y su impacto en el destino humano. La obra de su vida nos dio las epopeyas *Paraíso perdido* y *Paraíso recobrado*.

Un siglo después, en Suecia, el eminente científico Emanuel Swedenborg tuvo una serie de encuentros visionarios con los reinos celestiales desde 1747 hasta su muerte, acaecida en 1772. Su notable relación se nota en varios incidentes de su vida, en los que predijo acertadamente sucesos tales como incendios que ocurrieron a muchos kilómetros de distancia.

Escribió una obra voluminosa sobre sus experiencias con los ángeles y tuvo una profunda influencia en muchos grandes pensadores de su tiempo, incluido William Blake, el inglés místico, poeta y pintor, que nos dejó como herencia algunos de los ángeles más apasionadamente involucrados que hayan sido representados.

Imágenes populares

Las imágenes de ángeles más conocidas de las últimas centurias, aquellas en las que pensamos inmediatamente al conjurar representaciones de ángeles, son quizá las que surgen de los grabados del ilustrador francés Gustavo Doré. ¿Quién puede olvidar sus magníficas y sombrías ilustraciones para la *Divina Comedia* de Dante? ¡Demonios en los pozos del infierno y las huestes celestiales, ángeles que se despliegan hasta el infinito!

Más o menos desde 1850 hasta finales de siglo, en un intento para contrarrestar lo que se apreciaba como el invasor espectro del materialismo industrial, los pintores prerrafaelistas (¡otra vez ese nombre!) centraron gran parte de su atención en los reinos sutiles. Artísticamente, en cuanto a lo que mueve a un buen artista a producir obras importantes y auténticas, fue un último suspiro. Los ángeles se vieron pronto casi enteramente eclipsados por el chispeante mundo nuevo de la tecnología, como potente símbolo de la Edad Moderna. Sin embargo, aunque a esa altura desviamos nuestra atención de ellos, los ángeles no desaparecieron, por cierto.

En realidad, aún siguen apareciendo por todas partes. Sus imágenes aparecen en casi todas la ciudades del mundo occidental: en estaciones ferroviarias, en monumentos bélicos, en murales y frisos de bibliotecas, en las fachadas de museos, hospitales, cines y grandes tiendas. Los vemos vestidos de bronce, en medio de las fuentes, flotando en las cúpulas y en los frescos de nuestras alcaldías, pintados en los muros de los corredores del poder. Mira a tu alrededor y los verás doquiera vuelvas la cabeza.

Los ángeles en tiempos modernos

Estados Unidos no quedó exluido de la intervención angelical. La Iglesia Mormónica de los Santos de los Ultimos Días fue fundada, como hemos visto, por Joseph Smith tras una visitación del ángel Moroni. En las décadas de 1840 y 1850 se produjo un torrente de actividad espiritual en las comunidades Shaker, iniciada por la madre Ann Lee. Los integrantes de la secta Shaker recibían palabras y visiones de los ángeles, muchas de las cuales han sido conservadas y forman una rama importante de la sabiduría angelical. Algo más tarde, en Europa, el poeta alemán Rainer Maria Rilke florecía como artista, constituyéndose en uno de los pocos escritores de esa época que trabajaba con los ángeles como musas. ¡Ejemplo muy inspirador, por cierto!

Renacimiento del interés

La última parte del siglo pasado y los comienzos del xx, tanto América como Europa vieron un vivaz renacimiento del interés por los asuntos trascendentes, aunque la tendencia era más hacia lo psíquico que hacia lo espiritual. Tanto Helena Petrovna Blavatsky, fundadora de la teosofía, como el místico alemán Rudolf Steiner escribieron extensamente sobre los ángeles y analizaron la importancia de su papel en los asuntos humanos. El orden celestial de Steiner recoge los nueve coros angelicales originales y agrega un décimo grupo en evolución: la humanidad. También se produjo un reavivamiento del interés por los ángeles en el mundo musulmán, cuyo mejor ejemplo son los luminosos libros de Henry Corbin.

Nuevamente en Estados Unidos, entre 1905 y 1935, surgió una de las revelaciones angelicales más notables hasta la fecha. Transmitido en su mayor parte por la boca de un hombre dormido, el *Libro de Urantia* es un gran compendio de información sobre Dios, el universo, los ángeles y su obra. Ofrece una visión de la vida en nuestro planeta desde la perspectiva de un universo que llenan millones de mundos inhabitados y billones de ángeles.

Los ángeles en la Segunda Guerra Mundial

Uno de los encuentros angelicales más potentes y conmovedores del último medio siglo se produjo en Hungría, entre 1943 y 1944. Cuatro artistas amigos que vivían en Budapest bajo la sombra de los invasores nazis descubrieron súbitamente que los ángeles hablaban por medio de uno de ellos, una mujer a través de un trance ligero. Las comunicaciones se prolongaron por un año, ofreciéndoles consejos prácticos y espirituales para ayudarlos a enfrentar los inminentes desastres, además de transmitirles algunas de las visiones más pertinentes y patéticas que poseemos de los reinos angelicales.

Gitta Mallasz, la única de los cuatro artistas que sobrevivió a la guerra, se dedicó a registrar las palabras de los celestiales en el maravilloso libro *Hablando con ángeles,* que transmite bellamente la profundidad y el impacto de la brillante sabiduría de los seres celestiales.

"¿Podría haber algo más natural que el hecho de que conversemos?", preguntan los ángeles a los cuatro artistas en un momento de complicidad cósmica. Colectivamente nuestra nueva relación con este reino se torna más íntima y cobra mejor forma, de modo gradual, pero progresivo. Nuestro libre albedrío se respeta siempre escrupulosamente, pero caben pocas dudas de que nuestras dos especies se están acercando más que nunca, según se aproxima el fin de este siglo.

Los ángeles en la cultura popular: la tercera ola

No sólo hablan los ángeles a todo el que puede silenciar su mente lo bastante como para oírlos, sino que nuestra percepción de los celestiales ha llegado también más allá del único contexto de la religión. Con el advenimiento de las comunicaciones modernas, ellos han hecho sentir su presencia también en la industria del entretenimiento.

En la música

La música ha sido un gran punto de acceso para que los ángeles hagan sentir su presencia en la cultura global popular del siglo xx. Ciertos tipos de música pueden crear estados de conciencia trascendentes y, cuando esto ocurre, es por cierto una fuente de gran alegría mutua, tanto para los ángeles como para los humanos. Desde 1950 en adelante se reitera el tema de lo celestial en letras de canciones que repiten, al parecer interminablemente, lo de "ángeles adolescentes" y "oh, oh, ángel, nena", en canciones tales como *Earth angel*, *Angel Eyes*, *Johnny angel*, *I'm Living Right Next door to an angel*, *Where angels Fear to Tread* y, por supuesto, *You Are My Special Angel*.

Por profanas que puedan parecer estas canciones pop, en realidad siguen una venerable tradición que se puede rastrear directamente hasta los maestros y místicos medievales sufíes, quienes fueron los primeros en articular la idea del ángel como el bienamado. Por esto podemos ver que una idea revolucionaria, si se ajusta a una verdad más alta, puede transmutarse en nuestro pensamiento cotidiano.

En las películas

Entre la plétora de recientes películas sobre ángeles figura *Las alas del deseo*, del director alemán Wim Wenders. Esta película es una conmovedora exploración sobre la naturaleza de los ángeles y lo que ellos podrían experimentar en sus vidas y sus misiones. Los anhelos que Wenders atribuye a sus ángeles supercorpóreos por el contacto de una mano, el olor del viento, un cigarrillo y una taza de café ("Juntos... ¡fantástico!") resulta de algún modo profundamente familiar. Posiblemente tenga algo que ver con el modo en que nosotros mismos nos vimos atraídos hacia la materia.

Wenders pinta con gran delicadeza la cualidad multidimensional de la realidad angelical: sus capas de sonidos e imágenes visuales se interpenetran mutuamente, formando una vasta pátina de información sensual. El hecho de que las películas puedan comunicar este grado de encanto y complejidad quizá más efectivamente que la pintura o la escultura podría explicar por qué los ángeles utilizan ahora este medio para ofrecerse a nosotros.

En la televisión y los libros

Los ángeles parecen estar regresando también al mercado popular desde la década de 1980 con una conocida serie televisiva, *Camino al cielo*, cuyo héroe es un ángel. Ocurre lo mismo con varias novelas populares, incluida la espléndida aventura de Andrew Greeley, *Ángel de fuego*. Este libro contiene una información avanzada y certera sobre los ángeles de la guarda, pero la expresa de un modo que resulta fácil de digerir y placentera como lectura.

En encuentros personales

Una de las sorpresas que nos llevamos los tres cuando empezamos a relacionarnos más con los ángeles y su realidad fue el notar lo mucho que se les menciona a nuestro alrededor. Reparamos en letreros que mostraban a nuestros celestes amigos sonriéndonos; letras de canciones, anuncios publicitarios, canciones de anuncios comerciales y programas de televisión hacen referencia a nuestros compañeros invisibles con asombrosa regularidad. Aparecen taxistas llamados "Miguel Angel" con deliciosa frecuencia y en momentos invariablemente significativos. Y así sucesivamente.

Dondequiera que íbamos escuchábamos los mismos relatos de incontables personas. No nos está ocurriendo sólo a nosotros... o a ti. Los ángeles están buscando a todos, de todas las maneras posibles, como nunca lo han hecho antes.

Angeles de la guarda

La relación entre humanos y ángeles es, por naturaleza, muy íntima. Los ángeles nos han demostrado que nosotros, los humanos, somos esa parte del Creador más adentrada en la densidad de la materia. Es el reconocimiento que los ángeles hacen del Creador dentro de nosotros lo que los motiva tan profundamente a ayudarnos en nuestra vida humana.

Un médico holandés, H. C. Moolenburgh, comenzó a interesarse por los ángeles después de oír que tantos de sus pacientes hablaban de ellos, y ha escrito sus descubrimientos en *Un manual de ángeles*. Ve a los humanos como un equipo de buceadores de profundidad que buscan tesoros perdidos, conectados con la superficie sólo por unas pocas mangueras de aire y por la radio. Los ángeles son la tripulación de superficie que trabaja a bordo del barco para asegurarse de que no corramos peligro.

"Hasta hemos recibido", escribe, "instrucciones detalladas sobre el tipo de tesoro que deberíamos recoger, que ha de ser de un tipo que podamos llevar con nosotros. Y probablemente nos suben todas las noches para que tengamos un respiro, y a nuestra muerte se nos sube definitivamente."

¿Cuántas veces olvidamos que tenemos toda la ayuda del mundo? Sin embargo, a fin de evolucionar tenemos necesidad de "olvidar". De lo contrario habríamos seguido siendo, como dice Moolenburgh, "niños dependientes, sobrecogidos por la grandeza de nuestros mayores".

"Ninguna cosa creada carece de su protección personal", dice Abigrael, y los ángeles que nos protegen y aconsejan están preparados.

Todo el mundo tiene ángeles de la guarda arriba, en cubierta. Cuando tratamos de vivir la vida y seguir las maneras de ser más alineadas con Dios y nuestro destino más alto, nuestros ángeles se dedican más estrechamente a guiarnos y aconsejarnos.

Los mismos ángeles nos dicen que, en el momento en que uno de nosotros toma la decisión consciente de dedicar su vida a nuestro *Bienamado*, los ángeles guardianes de esa persona se dedican plenamente al ser humano en cuestión.

Este libro fue escrito para ayudarte a que conozcas a tu ángel de la guarda, tu ángel acompañante. En el momento en que hagas contacto... habrás ganado tus alas.

3

Cómo conocimos
a nuestros ángeles

Introducción

Como probablemente habrás comprendido si leíste
hasta aquí, existe un plan mayor en funcionamiento. Una
gran orquestación. Los ángeles se nos están abriendo como
nunca. Algo profundo está en marcha. Y cada uno de nosotros, en la exacta medida en que pueda sustentar la visión, es parte de ese gran plan.

Los ángeles dicen que lo peor ha pasado: la marea se ha
invertido. Pero hará falta tiempo para que esa grandiosa visión se concrete plenamente en nuestra realidad material. Todo
está en su sitio para la transformación venidera. Miraremos
hacia atrás, preguntándonos cómo ocurrió todo. ¿Cómo nos
deslizamos, tan graciosa y suavemente, hacia una nueva era
de luz y vida, donde el espíritu y la materia están unidos?

Naturalmente lo estamos haciendo con la ayuda, la
guía y la sabiduría compartida de nuestros ángeles. Y con
su amor y el del Creador de todos nosotros.

La manera supremamente fácil y fluida en que los tres nos reunimos para escribir este libro, por ejemplo, fue un buen ejemplo de coordinación angelical. Todo cayó simplemente en su sitio.

Alma y Timothy, después de haber dirigido grupos de meditación juntos durante un año, comenzaron a enseñar a la gente a hablar con sus ángeles. En 1986 se les ocurrió la idea de escribir un libro, durante un taller de "Abriéndose a los ángeles" que dirigían en Filadelfia. Al final de una gozosa reunión, uno de los participantes dijo: "Realmente deberíais escribir un libro sobre esto. Podríais llamarlo..." Hizo una pausa y las palabras parecieron llegar desde otra parte: *Descubre a tus ángeles.*

Por esa época Andrew, por su parte, estaba enseñando a los individuos a abrirse a esos seres deliciosos, en su trabajo como consejero y reparador.

Timothy y Andrew se conocieron en el octavo día del octavo mes de 1988 en la ciudad de Nueva York, durante una celebración que se llevaba a cabo en el Círculo Sagrado de Central Park. Hubo un inmediato reconocimiento mutuo. Pasaron las horas siguientes dedicados a compartir con entusiasmo sus experiencias angelicales y el extraordinario impacto que los celestiales causaban en sus vidas. Algunos días después Timothy presentó a Andrew y a Alma, su socia; los tres iniciamos así una nueva amistad que pronto se convertiría en colaboración.

Tal como Susan dijo al grupo: "La editorial Ballantine está en el bando de los ángeles." Y pasó a decir que recibe diariamente cartas de lectores, expresándole lo conmovidos que están con un libro en especial o cómo les ha ayudado a cruzar una zona difícil de la vida. "A Ballantine no le interesan sólo los libros que rinden dinero", dijo. "Queremos libros que cambien la vida de la gente."

Nos parecen palabras de ángel.

Sin duda notarás, por los relatos personales siguientes, que somos tres personas muy distintas, con perspectivas muy diferentes sobre nuestros amigos angelicales. Si cada uno de nosotros hubiera escrito este libro por su cuenta, habrían resultado tres libros totalmente distintos. Pero los ángeles lo quisieron así: por medio de los tres demostraron que la nueva modalidad es la mutua colaboración, no la lucha individual. Y los ángeles no se limitaron a disponer todo esto, sino que, a no ser por sus pacientes y hábiles atenciones, jamás habríamos podido reconciliar nuestros puntos de vista, enérgicos y con frecuencia divergentes.

Cuando leas nuestros relatos y llegues a conocernos, verás que no hay una manera correcta de experimentar a los ángeles. Lo más importante es que encuentres tu propio modo. Ojalá nuestras experiencias te den algún asidero para que comiences a escalar las cumbres de tu propio potencial ilimitado.

Cómo conocí a mi ángel y cómo trabajamos juntas
ALMA

Los sucesos místicos y sobrenaturales suelen coincidir con momentos de gran tensión personal. Cuando todos los medios y recursos normales están agotados, llega ayuda desde otro sector. Tal fue mi caso en la tercera semana de octubre de 1985. Por entonces era madre trabajadora, con tres niños que atender. Muy práctica y realista. Ejercía en mi casa, como psicoterapeuta y daba clases de autoayuda; además tenía un tanque de flotación que alquilaba por hora.

Dos semanas antes, una pérdida del tanque había inundado a mi vecino del piso de abajo con cuatrocientos cincuenta litros de agua, en la que había disuelto cuatrocientos kilos de sales de Epsom. El agua salada empapó una alfombra persa que le había regalado el Sha de Irán, además de arruinar una colección de libros encuadernados en piel que cubrían las paredes de su estudio, directamente debajo de mi apartamento. Fue una pesadilla. La inundación me privó de un provechoso negocio que yo había aprovechado durante cinco años: familiarizar a la gente con los beneficios de flotar sin peso en una cámara a prueba de luz y de sonido. Financieramente fue un desastre. En lo emocional ya me encontraba en mal estado. Dos de mis hijos iban a abandonar el hogar; había tensiones y nerviosismo en la familia. Como puedes imaginar, la combinación de todas estas presiones provocó enormes presiones en mi psique.

Como suele ocurrir cuando se presentan hechos o temas que no comprendemos ni podemos enfrentar, después del diluvio caí físicamente enferma y tuve que guardar cama. Esto me impedía disimular con las actividades cotidianas mi horror ante una vida que parecía estar desmoronándose, pues no podía recibir a mis clientes ni impartir clases de salud. Postrada por la gripe, no tenía energías para hacer nada, salvo hojear nerviosamente algunos viejos cuadernos de notas. En ellos había registrado mis experiencias en muchos de los sesenta talleres a los que había asistido, en mis esfuerzos decididos (aunque infructuosos, dirían algunos) por elevar mi conciencia.

En un taller de trabajo, ocho años antes, se me había pedido que visualizara un espacio ideal en el cual pudiera crear lo que yo quisiera. Se me dijo que aparecerían dos "guías"; yo debía prestar atención a su aspecto y preguntarles sus nombres. Mis cuidadosas notas revelaban que había cumplido en visualizar un bello ambiente, esperando la llegada de los guías. Apareció un hombre de calzas purpúreas y jubón isabelino, quien se anunció bajo el nombre de Greg. Pisándole los talones llegó una mujer de peinado alto y redecilla, vestida de chaqueta a cuadros con hombreras, con reminiscencias de los años cuarenta, quien dijo llamarse Eleanor.

Recuerdo haber pensado, desdeñosa, que Eleanor era nombre bastante vulgar para una guía y que la dama parecía llevar un retraso de treinta años, por añadidura. En cuanto al tipo de las calzas purpúreas... No quise saber nada de ellos. Los despedí de inmediato, apartándolos de mi mente.

Mientras releía estas notas entró Timothy, trayendo una humeante taza de tisana. Hacía meses que me instaba a establecer contacto con mi ángel. Hacía meses que yo me resistía como loca. De niña no me habían inculcado la idea de un ángel de la guarda y, simplemente, no creía tenerlo, aunque mis exploraciones de adulta en los reinos metafísicos me hubieran abierto a la posibilidad del contacto con otras dimensiones. Guías espirituales sí, seguro. Curanderos indios y monjes tibetanos, cómo no. ¿Angeles? Ni pensarlo.

Timothy dejó la taza de té, mirando por sobre mi hombro derecho.

—Tu ángel está aquí, ahora mismo. Percibo su presencia. Pregúntale su nombre —me instó.

Le eché una mirada fulminante y repliqué, gruñona:

—Ya que eres tan sagaz, pregúntaselo tú.

El cerró los ojos. Al cabo de un momento murmuró:

—Elena —con acento en la primera e.

—¡No! —exclamé, casi sin creer lo que oía. Le conté cómo había rechazado a la Eleanor que había aparecido ocho años antes, sólo porque no me gustaba su nombre—. ¡Y Elena suena muy parecido! —Me negué obstinadamente a aceptar esa nueva versión.

—Bueno, bueno, hazlo tú —insistió Timothy. Cuando protesté, diciendo que no sabía cómo hacerlo, me explicó que bastaría con cerrar los ojos y preguntar.

Para demostrarle lo equivocado que estaba y que eso no daría resultado, cerré los ojos con fuerza, inquiriendo:

—¿Cómo se llama mi ángel?

De inmediato, en la parte interior de mi frente aparecieron tres letras mayúsculas: L N O.

Dejé de resistirme. Cedí. Reconocí su presencia. Ante la persistencia de Timothy, tomé una estilográfica para anotar cualquier mensaje que ella quisiera darme. Lo primero que me dijo fue algo que yo no deseaba oír:

—Timothy ha sido convocado para limpiarte de corrupción y miedo, y el trabajo no es fácil ni bonito.

"¿Corrupción? ¿Miedo? ¿Quién, yo? ¡Tonterías! Puras tonterías. No juego más".

LNO prosiguió, captando misteriosamente mis pensamientos:

"Este no es un juego entre tú y Timothy. Tu resistencia, que proviene de lo que percibes como aires de superioridad y mala interpretación por parte de él, se debe a que no te has liberado por completo de creencias falsas y negativas sobre ti misma y tu propio valer."

El enojo que crecía en mí hizo que me temblara la mano al anotar las palabras que oía en mi interior. Implacable, compasiva, LNO concluyó:

"El equilibrio del yo del que Timothy te ha hablado es vital para la integración y la comprensión de tu Deidad. Debe ser efectuado en el reino físico. Esto requiere desnudarte, despojarte de fragilidades humanas, dejando intactas las mejores cualidades humanas: devoción, coraje, verdad."

LNO había llegado. Marqué el acontecimiento con una rabieta.

En una ocasión más tranquila, un año después, LNO me recordó suavemente:

—Nadie te agradece la información que no quiere recibir.

Desde entonces he aprendido a agradecer a LNO (y a

mis otros ángeles) todas sus intervenciones y consejos, me gusten o no. En las semanas siguientes, la presencia de LNO me alentó a considerar la pérdida de mi tanque de flotación, no como un desastre, sino como un acto de Dios. La inundación me obligó a abrirme a nuevas posibilidades, una de las cuales llevó al desarrollo de los talleres *Abriéndose a los ángeles*, que Timothy y yo comenzamos a organizar dos meses después.

En la actualidad, LNO suele intervenir, se la llame o no, pero nunca interfiere ni se entromete. Sólo se presenta cuando la necesito de verdad. No hace mucho yo estaba conversando con algunos amigos, parloteando sin cesar, encantada por el sonido de mi propia voz, cuando noté una expresión vidriosa en los ojos de los otros. Tuve esa horrible sensación que se recibe cuando una sabe que está aburriendo, pero no tiene idea de cómo remediarlo. Y seguí charlando. De pronto oí en mi cabeza una voz bastante fuerte: "¡Nunca es demasiado tarde para callar!" Me interrumpí en medio de una frase, sin que eso pareciera inquietar a nadie. Más tarde LNO, que tiende a ser seca, me lo explicó. "El silencio siempre es adecuado", dijo serenamente. "El silencio es el refugio del sabio."

A medida que fui conociendo a LNO y apreciando sus sabios consejos, su influencia se me fue haciendo más y más importante; primero en lo personal; gradualmente también en mi práctica como psicoterapeuta. LNO es ahora una valiosa colega y una amiga de confianza. Cuando trabajo con un cliente, la llamo e invoco también la presencia del ángel guardián de la otra persona, para alinear el cuerpo, la mente y las emociones. LNO colabora ayudándome a apartar mi yo, mi mente pequeña. Cuando siento su presencia o escucho su voz, paso al Yo Superior. El participar de su vibración me prepara para ser un canal claro de la inteligencia cósmica. Me permite convertirme en un amante vehículo que puede facilitar la curación de Dios en quienes están dispuestos y deseosos de ser curados.

Mi ángel realza este proceso ayudándome a liberar cualquier temor centrado en el yo que pueda surgir de una situación semejante: "¿Sabré qué hacer? ¿Qué decir?" Utilizar a LNO como lente, por la cual enfocar mis propias energías e intenciones, me ayuda a apartarme de las preocupaciones por mi desempeño personal, confiando en que Dios sabrá lo que hace. LNO me dice que, como reparadora espiritual, yo hago el trabajo, pero los resultados dependen de Dios.

En la meditación y la plegaria que preceden a mi trabajo con otro, pido ser el canal perfecto para la luz y la gracia curativas de Dios. Pido que al paciente y a mí se nos permita unir nuestra energía curativa. Cuando eso ocurre, puedo sentirlo; es entrar en un estado de conciencia alterada. La frecuencia de ondas cerebrales pasa de beta (conciencia normal de vigilia) a alfa y, a veces, a theta, que caracteriza los estados meditativos y de trance. La conciencia del paciente también cambia, de modo que resonamos en la misma frecuencia.

En este estado, con frecuencia oigo las respuestas del ángel de mi paciente antes de que este las dé. Se presentan en palabras que puedo oír, tal como oigo la voz de mi ángel en palabras. Generalmente en pocos segundos, menos de un minuto, el paciente pronuncia las mismas palabras que he oído. He descubierto que es un modo mucho más efectivo de servir. Cuando la gente se abre a sus ángeles, cobran el poder de recurrir por su cuenta a la información que necesita, estableciendo contacto con su propia fuente superior.

En las sesiones, LNO también trabaja conmigo de varias formas distintas. Primero mediante indicaciones específicas, tales como: "Trae energía a la garganta." Con esto quiero decir que de pronto sé, sin pensar; es un aumento de mis facultades intuitivas. Existe una certidumbre que supera a mi mente consciente. Luego, en colaboración con el ángel de mi cliente, LNO me brinda penetraciones psicológicas integrativas.

En otras ocasiones, LNO trabaja con los ángeles de la guarda de mi cliente para brindarme transmisiones escritas del carácter espiritual y emocional de su problema. Esta información, impecablemente acertada y penetrante, surge a veces sin que la pida... ¡y cuando no sé qué pensar!

He aquí algunos fragmentos del registro de LNO. Notarás que dialogo con ella mientras habla:

Melody tiene veinticinco años y proviene de Misuri. Llegó a Nueva York cuando tenía dieciocho años y, desde entonces, trabaja como niñera, alojándose con la familia que la emplea. Ama a los niños y le gusta su trabajo; recurrió a mí por un fuerte dolor en la espalda. Pregunté a LNO cuál era su origen.

LNO: —Tu función es retenerla, impedir que ella se desligue y viaje libremente. Es un ser que no tiene un equipaje emocional propio, pero ha adoptado alguno para ajustarse mejor al mundo que la rodea. En realidad, Melody está muy libre de sentimientos y apegos, pero esto choca tanto con el mundo y la gente de derredor que ha recogido algunos para defenderse del horror que experimenta por su sensación de soledad y apartamiento.

La espalda de Melody, esa sensación de leño ardiente que experimentó durante la sesión, se remonta a una muerte en la hoguera que su alma experimentó en otro cuerpo y en otra época. La quemaron por sus opiniones heréticas, opiniones que chocaban con las de su comunidad. Por entonces, como ahora, estaba fuera del ritmo de quienes la rodeaban, adelantada a su tiempo, más avanzada que sus contemporáneos. También en esta vida ha ingresado en una familia cuya conciencia está en un plano inferior al de ella. La situación de la familia la retiene, porque ella no considera aceptable sobrepasarlos.

Por tener forma humana, Melody está expuesta a los sentimientos humanos, pero estos la afectan de modo diferente que a otros. Aún no ha experimentado su propia sexualidad, y ese retraso se basa en dos factores. Primero: el miedo al nivel de posesión que se produce en las relaciones sexuales, pues Melody es un espíritu libre que desea viajar ampliamente y sin impedimentos. Segundo: una resistencia a involucrarse físicamente, pues en sus encarnaciones previas ha desarrollado con más frecuencia su mente y su espíritu.

Para integrarse plenamente como humana en esta vida, Melody necesita participar de los niveles más humanos de emociones y experiencias físicas. Aún está reteniendo todo eso y necesita que se la aliente a abrirse a ello.

—Gracias, LNO. Esto parece algo más largo de lo que yo esperaba...

LNO: —En ese caso, querida, formula preguntas más breves.

Melody y yo trabajamos juntas desde hace casi un año, según sea necesario. En ese tiempo ha viajado a Hong Kong, Europa y las Bahamas; la semana pasada partió para pasar un mes en Nueva Zelanda. Se ha vuelto mucho más sociable y expresiva, ha comenzado a tener citas amorosas y está escribiendo un libro sobre sus experiencias como niñera en Nueva York.

Mark, un escritor joven y brillante, vino a verme porque sufría ataques de depresión, algunos de los cuales duraban meses enteros. Cuando caía en el pozo no podía escribir, dejaba de tratar a sus amigos y, para calmar su insistente dolor, comía y comía. Cuando llegó a mi oficina para la consulta inicial tenía un exceso de veinticinco kilos y estaba aterrorizado. Me dijo que tenía veintisiete años y que había sido un niño prodigio; a los diecinueve años publicó una novela muy aclamada, que más adelante fue adaptada a la pantalla. Pese a esa temprana sensación provocada en el mundo literario, llevaba años sin publicar nada. Me dijo que su talento se había secado, su vida amorosa era nula y se sentía solo.

Era evidente que la depresión cubría sus temores, pero tras meses enteros de sesiones semanales continuaba tan asustado como antes, sin que yo pudiera descubrir por qué. Entonces pregunté a LNO por qué Mark se aferraba a su miedo y en qué consistía este. Antes de responder ella me regañó: "¿Esta es una pregunta más breve?" Luego prosiguió:

LNO: —El miedo de Mark es algo que comparte con muchos. Tiene miedo de no ser amado y de que, sin amor, pueda morir. Se aferra a ese miedo porque tiene miedo de enfrentarlo... y de enfrentarse al hecho de que no ha sido amante consigo mismo. Quiere y exige el amor de otros, pero no se lo brinda a sí mismo, a menos que satisfaga sus propios requisitos para el amor, que se basan en el éxito y la fama.

Al centrarse en sus temores evita aquello a lo que teme. Aún no está dispuesto a entenderse con su falta de autoamor, su propio autorrepudio. Cuando Mark acepte que está solo y que se basta a sí mismo, comenzará a vincularse realmente con todos. Necesita saber que esto no lo obliga a pasar solo el resto de su vida, sólo que, mientras no se valore a sí mismo tal como es, sin evaluar su mérito por sus logros o sus amantes, no podrá ser feliz con otros.

—Gracias, LNO. Esto parece absolutamente exacto, ¡y breve, por añadidura!

LNO: Querida, nos complace que te complazca ¡y nos divierte que te asombre!

Hice una copia de la transmisión, sin mis notas interactivas, y la entregué a Mark, quien había expresado interés en cualquier cosa que LNO pudiera decir. Pasaron seis meses sin tener noticias suyas.

—¿Recuerda el mensaje de su ángel que usted me dio? —preguntó Mark por teléfono—. Bueno, acabo de volver a leerlo.

—¿Sí? —repliqué, algo cautelosa.

—Todo lo que ella dijo es verdad. Por entonces no estaba listo para escucharlo, pero ahora tiene mucho sentido —dijo Mark—. Me gustaría volver y trabajar un poco.

En el curso de unas pocas sesiones siguientes, ayudé a Mark a conocer a su ángel de la guarda. Desde entonces ha perdido dieciséis kilos. Ha vuelto a escribir y está trabajando en su tercera novela; además, imparte cursos de literatura creativa en una universidad. Le encanta enseñar y sus estudiantes lo adoran. Su obra fluye. La última vez que conversamos iba rumbo al aeropuerto para recibir a su amante.

LNO se ocupa de asuntos de la vida real y va directo al grano. Una de mis clientes, *Gail*, dice que es un ángel "pateador". Sin embargo, sus mensajes siempre comienzan y terminan con frases de aliento y no deja de recordarnos cuáles son nuestras alternativas:

LNO: —Ten paz en tu corazón, aunque ahora esté afligido, y recuerda que todo avanza hacia la gran curación. A tu alrededor se está produciendo la crisis. Estos son tiempos desafiantes. Toda alma es sometida a prueba. Puedes elegir entre reflejar la dificultad o utilizar el humor y el coraje para aliviar tu carga y las de quienes te rodean.

Para crear una elevación en ti y en los otros, para estar en la verdad, en la simplicidad y la humildad, estas pueden ser tus consignas. Ser suave, bondadosa, amante y veraz. Evitar quejarte o poner énfasis en la dificultad. Bendecir en vez de maldecir. Saber que eres realmente amada y bendecida. Agradece tus bendiciones. Compártelas y comparte tu luz con otros.

Aun cuando LNO se hubo convertido en parte establecida de mi existencia, tuve momentos de duda. Todo lo que ella decía era lógico, pero yo no podía dejar de preguntarme si no era una parte más inteligente de mí misma la que hablaba. Por fin pregunté. Y he aquí la respuesta de LNO:

LNO: —Puedes decir que estas palabras son tus propios pensamientos, y lo son, en cuanto tú, Alma Daniel, elegiste las palabras y su disposición. Nosotros no nos comunicamos realmente con palabras, sino con vibraciones, emanaciones. Tú recoges estas emanaciones y las pones en una coherencia que llamas pensamientos. Por eso las transmisiones angelicales, traducidas a palabras, sonarán diferentes de una persona a otra.

Es una función vinculante e inspiradora la que realizamos cuando nos comunicamos contigo. Dentro de cada humano está la chispa divina, el Dios Que

Es. Mediante el descenso del alma a la materia física, esa chispa queda cubierta, oculta, pero permanece dentro de cada individuo humano... y, en verdad, dentro de cada cosa viviente. Nuestra función consiste en encender la chispa interior, no en llenarte con "nuestros" pensamientos, sino en conectarte con la sabiduría que ya posees. Olvidas. Los humanos olvidáis porque el descenso a la materia degrada la conciencia y trae el olvido. La gravedad tira de vosotros en más de un sentido de los cuales no es el menor el que a veces olvidéis la ligereza. Venimos a inspirarte con luz, con ligereza y con risa, y a recordarte lo que el Dios que está en ti ya sabe.

Puesto que en el fondo soy una persona amante de la técnica, le pregunté cómo hacía eso.

LNO: En un estado de apertura, cuando tus limitaciones normales y tus preocupaciones terrestres han sido puestas en suspenso (mediante el amor o una profunda sensación de paz), abres los canales o circuitos de tu propia sabiduría. Nuestra función consiste en conectarte con esos conocimientos, algunos de los cuales estaban tan profundamente sepultados que, cuando surgen, se los atribuyes a algún otro. No hay otro. ¡Tú y Dios sois Eso! Frecuencias, formas de onda, vibraciones que se parecen a lo que los humanos experimentáis como sentimientos son los medios que utilizamos para eso. Como no tenemos forma física, tampoco tenemos siquiera *pensamientos*. Somos los mensajeros de la voluntad de Dios, y vosotros, los humanos, sois ejemplos vivientes de ello. Sois las manifestaciones del *pensamiento* o la voluntad de Dios.

Aunque tengo una relación muy personal con LNO, a quien considero mi ángel de la guarda, así como un aspecto de mi Yo Superior, tengo conciencia de que recibo ayuda de muchos otros celestiales, que colaboran de distintas maneras: facilitándome el traslado por la ciudad, dirigiendo mi manera de actuar durante una inspección de réditos, etcétera. Estas legiones de ayudantes, según me dice LNO, vienen a servirnos cuando hemos elegido conscientemente un sendero de luz, cuando elegimos conscientemente servir a Dios y ayudar a nuestros hermanos. Cuando se efectúa esta elección, muchos ángeles se despliegan para ayudar.

Cuando solicito protección angelical (sobre todo cuando circulo en mi bicicleta por el tránsito de Nueva York), sé que estoy evocando un plano de conciencia más elevado que el que puedo generar sola. Eso agudiza mis poderes extrasensoriales. Pedir ayuda a mis ángeles me abre para recibir el tesoro del universo; libera mi imaginación de limitaciones y permite que fluya lo mejor, lo más brillante, lo más elevado.

LNO está siempre conmigo y, hasta donde tengo conciencia de ella y entro en su reino, mi propia vida se torna más suave, más fácil, más fluida. Cuando las cosas no salen "a mi modo", ella me ha enseñado a estar alerta en vez de enojarme, pues el universo me advierte que algo no está funcionando bien, que no soy clara, pues de lo contrario no tendría problemas. Me indica que observe mi propio papel en la confusión para que pueda hallar un remedio a la situación. LNO me conecta con mi naturaleza-Dios, pero también me remite constantemente a mí misma y a mis propias acciones, me ayuda a ver mi responsabilidad en lo que *el Bienamado* y yo hemos creado. Me impulsa a examinar mi impecabilidad; suavemente me permite ver dónde el egoísmo o la preocupación por mí misma han nublado mi percepción.

LNO: —El remedio para el egoísmo es el servicio. El remedio para la arrogancia es la humildad. El remedio para la confusión es la claridad ganada al vivir según tu código de valores y hablar de él con otros. La verdad, la bondad y la afirmación de lo positivo, en vez de destacar lo negativo, son algunos de los valores que te ayudarán a recuperar la gracia.

Mi celestial ayudante me mantiene en mi sitio cuando mi yo se dispara:

LNO: —Cuando eres fuerte no necesitas ser agresiva. Las personas inseguras exageran. La modestia surge cuando reconoces y reclamas tu verdadero poder, que es el amor.

O cuando me autocompadezco:

LNO: No es momento para la autocompasión, pero es una excelente oportunidad para que observes cuándo se presenta. Rastréala, abrázala y enfréntate a ella. Luego déjala ir.

Y cuando paso por los dolores de ser humana:

LNO: —Los celos, como la envidia, son una descalificación del yo. Los individuos que son incondicionales en el amor que se tienen a sí mismos no experimentan celos, porque el amor no los amenaza. El amor no es amenazador. La falta de él, sí. La falta de amor proviene de un insuficiente amor hacia uno mismo.

Cuando tropiezo con una dificultad o si estoy descorazonada, me siento ante mi ordenador personal y deslizo a través de las entradas o unidades el disco de LNO. Y, cuando estoy en éxtasis, encantada con los hechos de mi vida, le escribo una pequeña nota de agradecimiento. Antes solía poner sus mensajes en cualquier disco flexible que tuviera a mano, pero ella dejó bien claro que debía tener uno propio.

En los años transcurridos desde que hablamos, LNO ha pasado del "yo" personal al "nosotros". Me dice que, además de ser mi propia acompañante, es una voz en un grupo de guardianes angelicales cuya función es vincular a los individuos con sus Yo Superiores.

Aunque nunca la he visto con los ojos ni con la visión espiritual, siento su presencia y la de otros ángeles, cuando se reúnen en grupo, como una abertura de mi corazón. A veces la sensación de amor y aceptación es tan palpable, tan tierna que se me llenan los ojos de lágrimas.

Hace algunos años, mientras sufría mucha tristeza y dolor por el fin de mi sociedad con Timothy, recurrí a LNO para que me ayudara a calmar esos sentimientos. He aquí lo que dijo:

LNO: La tristeza es una nota en la escala del gozo. La pena se relaciona con el Entonces. Está fuera de tiempo. Como la pena se refiere, invariablemente, a algo que no puedes cambiar, te aferras a ella, como si al asirte pudieras cambiar lo que no puedes. Debes aceptar lo que no puedes alterar. Aunque no te guste, debes aceptarlo. Cuando lo hayas aceptado, podrás liberarte de ello. De lo contrario seguirás con tu pena.

Observa todas las cosas que lamentas, querida. No puedes cambiar ninguna de ellas y, cada vez que piensas en eso, sufres. ¿No puedes aprender a vivir

ente el momento? ¿A borrar toda la historia
sonal? ¿A estar con lo que es ahora? En este
ismo instante, ¿no está tu vida en perfecta paz, en
perfecto orden? ¿Acaso tu salud no es perfecta?
¿Qué más requieres para la felicidad, para el gozo?
Seguir con la pena resta poder y debilita. Como una
gota de limón en una taza de crema, agria la vida y
la torna desagradable.
Seguir con la pena invalida o dificulta tu capacidad
de iniciar ahora acciones positivas, privándote así
de posibles fuentes de autoestima.
La pena es una forma de autocrítica que obtiene
energía de la concordancia o la lástima de otros.
Cuando otros te tienen lástima por tu pena, te alientan a creer en el poder de lo que fue.
¿Cuándo estarás gozosa? ¿Cuáles son tus condiciones para sentir alegría? ¿Qué me dices del Ahora?

Yo me estaba inquietando. Sí, sí, todo eso lo sabía.
Pero ¿qué podía hacer al respecto? Tecleé: "Gracias, LNO.
Me vendría bien algo más específico, por favor."

Paciente y directa como siempre, dijo:

LNO: —Querida, tomemos esto desde el punto de
lo realizado. Cuando una cosa queda completa, está
terminada. La gente teme a lo completo porque es
sinónimo de muerte. Como no han podido ajustar
cuentas con el miedo a la muerte (que es, en realidad, la creencia en la mortalidad), lo evitan. La gente
evita lo completo también por otros motivos, como
la necesidad de ser perfectos, el miedo a la crítica,
etcétera.
Cuando has cocinado un huevo no puedes volver a
cocinarlo. Ya está cocido. Lo mismo ocurre con la vida.
Cuando algo está hecho, se acabó. ¿Qué sentido tiene

aferrarse al pasado, recordar acontecimientos tristes o desdichados, salvo para castigar al yo?

Lo que necesitas para venir a este momento, para vivir en el ahora, es una vigilancia, una disciplina que te permita conscientemente reconocer y liberar todas esas viejas exigencias a tu energía y tu atención. Todo lo material pasa a lo pleno, a lo inmanifiesto. Antes bien, debes aferrarte a los valores y la inspiración de la luz y el amor divinos.

"Esto ayuda mucho, LNO", teclé, "pero aún no he llegado a eso."

LNO: —Toda la información está contenida aquí, querida. A ti te corresponde decidir si estás o no lista para ser libre, realmente libre. Esto afecta a tu relación así como a tus actividades en el mundo. ¡Eres ilimitada, si así lo decides! Tu libertad proviene del dejar que las cosas pasen. Libertad significa potenciamiento para ser, hacer, ir, sentir lo que te ordene tu corazón. Sólo tú te has impedido tener esta libertad, debido a alguna mala concepción de lo que son tus verdaderas responsabilidades. Tus responsabilidades son para con tu yo. Sírvelo de verdad, plenamente, y servirás a todos.

A esa altura había llegado. "LNO", teclé, "te lo agradezco." Necesité varias semanas para cavilar sobre sus palabras y utilizar todos los procedimientos de liberación que conocía, pero finalmente pude desprenderme. Hace poco, durante la revisión de este libro, Timothy y yo volvimos a encontrarnos. Me alegré de verlo y, junto con Andrew, pasamos muchos días trabajando otra vez muy juntos. Reconocimos el amor que mutuamente nos teníamos y nos separamos con calidez, sin pena.

El tener a mi lado a LNO marca en mi vida una diferencia enorme. No se trata de que haya dejado de tener problemas, sino que he aprendido a verlos de otro modo: no ya como castigo o mala suerte, sino como desafíos que me permitirán crecer. Sólo debo acordarme de pedir ayuda a mi ángel. Y aun cuando lo olvido, cuando tomo una decisión que parece incorrecta o cuando, por ir en contra de mi sabiduría interior, caigo de bruces, siempre hay un consuelo, un profundo esclarecimiento que acompaña mi fiasco. Estoy convencida de que es la manera en que mi ángel me dice: "No importa, aún eres amada. Tendrás otra oportunidad de corregir eso."

Cuando LNO habla no lo hace sólo para mí, sino para todos los que tengan el valor de escuchar. Si estas palabras resuenan en ti, tómalas como propias; es un regalo que te hacemos LNO y yo:

LNO: —Deja de juzgarte.

Libérate.

Recuerda quién eres.

Estás haciendo todo lo que puedes. Confórmate con saber que, en cualquier momento dado, tu conciencia es tan elevada como tu capacidad lo permite.

Lo que mantiene a los humanos dentro de límites y restricciones es el apego al pasado, la preferencia por el futuro y el evitar el ahora. ¿Quieres llevar una vida más esclarecida? Entra en este momento.

Estáte presente.

Despierta a tu propia luz divina. Deléitate con ella.

Al tomar conciencia de tu luz, observa cómo crece.

Deja que tu deleite por tu yo divino encienda la luz dentro de otros.

Ve en paz y crece sabiendo quién eres.

Cómo irrumpieron
los ángeles en mi vida
TIMOTHY

Por la época en que llegué a conocerme, yo me consideraba ateo. Me habría horrorizado hasta lo más hondo pensar que podría llegar a creer lo que ahora sé con certeza. Tal vez como consecuencia de mi total rechazo por todo lo que fuera trascendente, cuando ocurrieron mis primeros encuentros espirituales, hacia los veinticinco años, resultaron asombrosamente poderosos y bastante abrumadores. Cambiaron mi vida por completo, volviéndome hacia Dios y profundizando mis valores y mis objetivos. Pero no conocí ni experimenté nada remotamente angelical ni parecido a un ángel hasta el momento de mi muerte.

Suena algo dramático, pero eso fue para mí, irrevocablemente, la Experiencia de Cuasi-Muerte (NDE) que tuve en 1973. Por entonces yo no sabía que la NDE era una experiencia relativamente común; al parecer, unos veinte millones de norteamericanos han pasado por ella. Esto ocurrió antes de que las obras de Raymond Moody, hijo, y Elisabeth Kübler-Ross hicieran de la NDE algo familiar. Sin embargo, supe que había muerto. Y supe que se me había dado la opción de volver a mi vida terrestre. He aquí cómo ocurrió.

Desde hacía algunos años, yo era el director de una organización religiosa no confesional, con base en Estados Unidos y sede central en Nueva York. En la práctica, llevaba la vida de un monje, pero muy dentro del trajín cotidiano. Era una tarea sumamente difícil, esforzarse por mantener un edificio absurdamente grande y costoso en el centro de Manhattan, al tiempo que intentaba alentar a unos cincuenta jóvenes, marchitos y deprimidos, a obtener dinero suficiente para conservarlo.

Una noche, exhausto y enfermo desde hacía semanas, me derrumbé. Mi cuerpo se negaba a continuar. Un caso de pulmonía generalizada me estaba llenando los pulmones de flema; luego cedió mi espalda, debilitada por una caída en la niñez. Me arrastré hasta la casa que habíamos alquilado en la calle 49 Este y me preparé un baño con la esperanza de que me aliviara el dolor.

A los pocos momentos de estirarme en la bañera me descubrí, con total estupefacción, suspendido en algún punto del espacio; mi cuerpo era claramente visible en la bañera, mucho más abajo. Eso no era una ensoñación ni una fantasía, sino algo tan real como el escritorio ante el que estoy sentado ahora; más real, quizá, por lo inesperado de lo que me estaba ocurriendo. Por una vez en la vida presté mucha atención.

La escena se transformó en un hermoso valle, también tan real y sólido como cualquier paisaje que haya visto en mis viajes. Un coche de monorriel descendía en silencio hacia mí, en una sola y reluciente curva de metal. De pronto, misteriosamente, dejé de estar suspendido por encima del valle para encontrarme dentro de la cabina del monorriel, junto con nueve o diez personas más. Ahora mismo las veo en mi mente; frente a mí, un anciano negro tocaba una trompeta con gran belleza. En ese momento supe que todos íbamos a morir al mismo tiempo. Me llegó una voz desde algo que tomé por un sistema de altavoces, aunque bien pudo sonar directamente en mi cerebro. Era muy lúcida y clara; una voz de hombre, la más amorosa que haya oído jamás.

"Te estás muriendo", me dijo la voz, confirmando lo que ya sabía, "pero deseamos que hagas una elección. Puedes pasar a lo que te espera al otro lado..." A esa altura se me permitió ver mi cuerpo, que, muy fácilmente se deslizaba bajo el agua de la bañera. Una muerte sencilla y sin dolor. "... o puedes regresar a tu vida. Sin embargo, deseamos hacerte saber que has completado lo que viniste a hacer."

La voz estaba exenta de toda crítica; muy bondadosa y considerada, no revelaba ninguna preferencia en cuanto a qué opción pudiera yo elegir.

Pensé durante un breve instante, con una claridad cristalina que jamás he vuelto a experimentar, y supe desde el corazón que deseaba regresar al mundo. Al anunciar mi decisión hubo una expresión de deleite tan profundo que el coche del monorriel se disolvió a mi alrededor, dejándome una vez más suspendido en el espacio.

Fue entonces cuando vi a los ángeles. Nunca he visto nada tan vasto y tan radiante. Todo mi campo visual se desprendió, simplemente; allí, dispuestos ante mí, había hileras y más hileras de ángeles, que se extendían hacia arriba hasta donde yo llegaba a ver. Y estaban cantando la música más bella que haya oído jamás. No pude sostener la realidad sino por unos pocos instantes; luego me desintegré por completo en los sonidos.

Algún tiempo después, al recobrar una sensación de conciencia unificada, me encontré de pie en el borde de una gran llanura. En medio de esa llanura había un enorme edificio dorado. A cada lado de mí, justo en el límite de mi campo visual, había dos altos seres de luz. Supe intuitivamente que eran mis ángeles de la guarda. Ellos me llevaron al interior del gran edificio, para brindarme la curación que tanto necesitaba.

Cuando reaccioné, de nuevo en mi cuerpo terrenal, en el baño ya tibio, estaba completamente bien. De una enfermedad terminal había pasado a sentirme completamente repuesto y más fuerte que nunca.

Además, había tenido un encuentro con los ángeles que cambiaría mi vida.

Una primera comunicación
con los ángeles

A principios de la década de 1980, un joven que llamaremos Edward, alguien de quien yo nunca había oído hablar, comenzó a permitir que los ángeles utilizaran sus cuerdas vocales para hablar. Edward lo había estado haciendo espontáneamente en Toronto, entre un grupo de amigos que mi compañera de entonces conocía. Como el material transcrito que nos enviaron parecía auténtico, partimos hacia Canadá, para ver si nosotros también podíamos pasar algún tiempo conversando con los ángeles.

¡Y conversamos, sí! Tuvimos muchísima suerte. Edward resultó ser un excelente medium de trance ligero y los ángeles eran invariablemente brillantes, dedicados, increíblemente perceptivos y dotados de un amor palpable. También eran muy directos. Sin andarse con rodeos, nos dijeron muchas cosas sobre nosotros mismos y nos brindaron muchos motivos para sentirnos profundamente optimistas sobre el estado de los asuntos mundiales.

Describieron algunos de los cambios venideros desde su propia perspectiva. Por ejemplo, Mentoria, Angel de Educación, nos habló de ciertas formas nuevas de tecnología que pronto estarían disponibles para descentralizar el conocimiento. Preveía un tiempo en que los maestros de escuela, tal como los conocemos, estarían "sin un empleo institucional adecuado". Y llamó apasionadamente a lograr una educación más espiritual para los jóvenes de hoy, pues los ángeles habían recibido la noticia de que "...a través de estas almas llegarán hombres grandes". Repito textualmente la última parte de la transmisión de la voz celestial que oímos a través de Edward.

MENTORIA: —Lo que es de más valor en la educación de estos jóvenes es que miren la naturaleza para encontrar allí los patrones puestos por inteligencias divinas que reflejan las eternas realidades y la naturaleza en desarrollo del tiempo y el espacio. Entonces podremos venir para ofrecer progresos, elaboraciones y esclarecimientos que acelerarán el proceso y traerán realidades espirituales desconocidas en este mundo.

Lo que hay en esto es la declinación de toda forma de violencia y una ascendencia de todas las formas de amor y comprensión, de ofrecimiento comprensivo, del compartir en lo espiritual, lo material y lo mental. Entonces veréis entre estos nuevos hombres un retrato más pleno de los potenciales por mucho tiempo retenidos dentro de los mortales del reino.

La esencia de nuestra misión es la alegría, la alegría y la satisfacción del desarrollo del plan.

Estas conversaciones con ángeles se extendieron durante un período de tres semanas; pasamos gran parte de ese tiempo dialogando entre nosotros sobre esto en un intento de asimilar esta extraordinaria situación. En la última sesión, en la que los siete amigos estuvimos juntos, un innominado ángel de entretenimiento comenzó por fascinarnos y luego, para estupefacción nuestra, nos hizo reír a carcajadas. Nos habló de liberarnos del miedo, que veía como "la libertad de expresar al Divino interior, que ha sido grandemente liberado". Y continuó: "Esto no es sino el renacimiento espiritual entre las artes, por tanto tiempo deseado, el nuevo renacimiento que ya ha sido anunciado en las mentes de muchos."

"Ahora nos hemos unido para fomentar la risa", nos dijo, completamente serio. Y entonces comenzó a pasar algo muy extraño. Era como si nos hicieran cosquillas en los niveles más sutiles de nuestro ser. La risa era totalmente irresistible; comenzamos a reír a todo pulmón. No había modo de contenernos. Por la cara nos rodaban las lágrimas. Reíamos con el alivio de los siglos.

"Se os pide que veáis", dijo la suave voz del ángel, "cómo el gozo de la risa hará girar al mundo."

Fue en ese estado, vastamente abierto, cuando irrumpió el último contacto misterioso.

"Soy Shandron." Era una voz nueva y profundamente resonante. Cayó sobre nosotros en oleadas.

SHANDRON: —Soy un ser de estado avanzado, más grande que los serafines. Soy de los que pertenecerían al estado superuniversal. Soy superserafín. Mi lugar aquí, en esta Gran Obra, es la de un ujier de esta nueva dispensa que está sobre nosotros, y destaco este aspecto.

Sí, ha habido un giro de dispensa para vuestro mundo, una liberación de patrones durante largo tiempo sostenidos. Pero hay más, y esto lo sabéis en vuestros corazones. Tal es la naturaleza y la magnitud de los cambios forjados aquí, en este mundo, que a nosotros, los del estado superuniversal, se nos invita a funcionar con nuestros hermanos menores en la ordenación de los nuevos caminos.

Haríais bien en ver que la gradación del cambio ha sido acelerada. La nueva dispensa sobre todos nosotros (a la luz del Supremo y Sus grandes movimientos, que fluyen hacia afuera desde el universo central, entrando en muchas formas y fluyendo por muchas mentes) viene para revelar y ser revelada aquí y en la eternidad. En su plenitud, requerirá la totalidad del tiempo para ser comprendida por todos. Lo que se os da en vuestra superación, en vuestro movimiento progresivo en el ascenso por mundos más elevados, son los esclarecimientos cristalinos hacia las verdades eternas.

Haríais bien en comprender que las cosas viejas han desaparecido, en verdad, que todas las cosas son hechas de nuevo. Este no es el fin de la revelación a este mundo; la suprema revelación son vuestras vidas.

Estas cosas no pueden ser contenidas por una sola entidad ni por un grupo establecido. Estas cosas son para que todos los seres se unan en maravillada adoración de Dios.

Trabajamos para introducir nuevos niveles de organización. Esta será una suave transferencia y elevación. Mucho de lo que sostiene la mente, tal como existe hoy, son sólo esbozos en una libreta de anotaciones. Estos esbozos permitirán la profundización de la visión de la totalidad del cambio. Pero es en la experiencia viviente donde el cambio puede ser convertido en realidad.

Dejad vuestros estudios, pues. Dejad vuestros libros. Dejad todas las cosas en el sitio debido dentro de vuestras vidas. No halléis vuestro centro en ellos, sino dentro de vosotros mismos. Vivid la vida tal como os ha sido dada y en esto estará la maravilla que todos han de ver. Nosotros llevamos el mensaje, llevamos la visión, llevamos el glorioso espectáculo que se despliega en este mundo de maravillas, en este lugar de paz. Es este planeta del que hablo el que recibe el más amoroso interés de todo el universo de universos, que en la misericordia de Dios todos podáis vivir en armonía y bienaventuranza.

Estábamos traspasados por el peso y el ritmo de las palabras. La presencia de Shandron era incontrovertible. Teníamos la sensación de haber recibido un boletín del universo, las últimas noticias desde los más lejanos rincones del espacio. La seguridad, brindada por otra dimensión, de que en verdad había un plan divino en elaboración en nuestro planeta.

Luego Shandron desapareció, dejándonos exaltados y sorprendidos por el giro de los acontecimientos.

El llamado de alegría

Estos hechos ocurrieron en 1981, y el ascenso de conciencia del que se nos habló continúa sin pausa. La reconciliación de la que hablaron los ángeles parece, por cierto, estar surtiendo su efecto en nuestro pequeño planeta, y no caben dudas de que cualquier movimiento hacia la verdad, la belleza y la bondad recibe ahora el total apoyo del mundo invisible.

A mi vez, decidí jugar mi suerte con mis ángeles de la guarda, los compañeros de mi corazón. Cuanto más crédito he dado a estos reinos, más siento sus efectos en mi vida. Talantia, un ángel guardián que nos habló en Toronto con mucha elocuencia, a través de Edward, nos hizo algunas sugerencias generales sobre cómo incluir a los ángeles más plenamente en nuestro modo de ver las cosas. Yo le había preguntado cómo podía proceder, en esta forma de comunicación, alguien con poca o ninguna experiencia de las realidades trascendentes.

TALANTIA: —Aquí el primer paso es el más grande. El hecho de que el mortal tomara la decisión plena y consciente de buscar ese contacto sería dar ese paso. El siguiente movimiento progresivo sería la inclusión, dentro del sistema personal de creencias, de que tales cosas son posibles. Otro paso sería comprender que esas cosas son amor; que esas cosas son dar; que esas cosas son también legales. Y que este es el camino del Paraíso, que ha sido abierto a todos los mortales.

Y ha sido, sí, un camino del Paraíso. A medida que conozco mejor a mis dos ángeles de la guarda, a quienes llamo Alegría y Belleza, mi vida se ha enriquecido infinitamente. Ellos no se han apoderado de mi vida, sino que están siempre allí como consejeros y guías cuando los necesito. He intimado especialmente con Alegría.

Cuando el entusiasmo inicial de tener un compañero-amigo-bienamado justo aquí, dentro de mí, cedió paso a los ritmos más tranquilos de una relación floreciente, hemos llegado a gustarnos, respetarnos y en verdad a gozar el uno del otro. ¡El amor siempre ha estado allí!

Aunque sumamente provechosa, una relación consciente con un ángel de la guarda es también muy exigente. Para empezar, no se puede ocultar nada. Es una práctica estupenda para los tiempos venideros, en que todos seremos capaces de mostrarnos más francos, porque esta relación es también precursora de la telepatía. Y nos brinda una oportunidad de conocer, como quien dice desde dentro, a otra raza de seres inteligentes que todavía son muy distintos de nosotros. Se trata de una inestimable preparación para las muchas razas de seres diferentes que encontraremos, según pasemos a ser más plenamente parte de la comunidad galáctica. Sé que mis ángeles estarán conmigo, y yo con ellos, cuando amanezcan esos días, esté yo en este cuerpo o en otro, y esa idea me llena de alegría.

Se agrega un nuevo ángel

En el otoño de 1988 yo estaba demasiado acelerado, riesgo ocupacional de quien vive en Nueva York; como suele ocurrir cuando ando de prisa y corriendo, sin darme tiempo para escuchar, me encontré en cama, con una gripe que me detuvo durante cinco días.

Una vez que superé la irritación de ojos y el fuerte dolor de todas las articulaciones, volví a establecer contacto con Alegría. Estábamos comenzando a trabajar en *Descubre a tus ángeles*; me descubrí confesando a mi ángel que, personalmente, no tenía la menor idea de por dónde comenzar.

Estaba absolutamente desprevenido para lo que Alegría me dijo, saludándome con su habitual calidez:

ALEGRIA: —Bienvenido, bienamado. Debería indicarte que este proceso de dictado cae bajo la égida de otro. Alguien a quien tú podrías considerar un colega muy próximo, una entidad que, en muchos sentidos, está más adecuadamente equipado para esta obra. Es alguien con quien hemos tenido mucho contacto, y también tú, a lo largo de los años. Permíteme presentarte a...

Debo admitir que casi sentí pánico. Mi corazón se aceleró y sentí en mi cuerpo una tremenda ansiedad. Fue instantáneo, extraordinario e inexplicable.

Mientras yo esperaba, pendiente de un hilo, un nombre entró flotando a mi mente, letra a letra: A - B - I - G - R - A - E - L.

Las letras permanecieron allí, como si estuvieran suspendidas en el centro de mi cabeza, mientras yo me preguntaba por qué sentía tanta ansiedad. Era una presencia formidable, sin duda. Sin embargo, yo me había comunicado con otras entidades poderosas. Meses después comprendí que había sido mi estado de salud física lo que producía ese alto nivel de ansiedad. Había estado bloqueando los circuitos y mi miedo creaba resistencia al flujo.

Alegría esperó hasta que me hube calmado y pude oír otra vez su voz, sin que mi yo se interpusiera. La tensión pasó a una sensación de elevado entusiasmo ante la idea de que pudiéramos tener un ángel especial. Luego cambió bruscamente hacia un nerviosismo igualmente exagerado; me pregunté si podría oír esa nueva voz. No tenía por qué preocuparme.

ALEGRIA: —Abigrael es un ángel narrador, a quien se han confiado los patrones de pensamiento acumulados en lo que muchos de nosotros nos hemos centrado para esta obra. Esta es una de nuestras maneras de operar. Confiamos en que te será valioso tener una terminal especial, que ha ordenado y clasificado los muchos enfoques diferentes, para que este documento sea de aplicación general y real para un público tan numeroso como sea posible.

Me sentí de maravilla. Profundamente aliviado. Di gracias a Alegría y la bienvenida a Abigrael, reconociéndole el que tomara esa responsabilidad y hubiera elegido trabajar con nosotros. Luego le pregunté cómo podíamos optimizar nuestra comunicación y cómo debía prepararme para recibir el material angélico más limpio y claro.

ABIGRAEL: —Queridísimo, es un placer estar aquí contigo.

La voz de Abigrael sonaba fuerte y clara. No quedaban rastros de mi anterior nerviosismo.

ABIGRAEL: He sido adecuadamente adiestrado y equipado para servirte a ti y a todos, en verdad. Igual que tú. No tengas miedo. Sólo es necesario abrirnos el uno al otro, que tú escuches y utilices tu inteligencia analítica para formular las preguntas adecuadas. Descubrirás que siempre tengo las respuestas debidas. Este territorio nos es familiar en el reino de los ángeles.

Pregunté a mi nuevo amigo por dónde quería comenzar. ¿Cuál era el punto clave que deseaba poner como titular?

ABIGRAEL: —El tema primero y más importante es, queridísimo, el que siempre debe ser: el amor. Nuestro contacto y comunicación es posible mediante el amor. El es el conductor. Si hay poco amor, habrá escaso contacto. Y, si no hay, amor en el corazón de una persona, será casi imposible que nosotros podamos lograr algún progreso.

"¿Qué pasa en esos casos?", pregunté.

ABIGRAEL: —En general, el ambiente donde vive esa persona debe derrumbarse a fin de producir un estado de vulnerabilidad emocional. Esto sacará a relucir los miedos, la desesperanza y la ira. Y sólo entonces, cuando todas esas emociones oscuras han sido sentidas, puede iniciarse un sentimiento de amor.

Recibí una rápida impresión sobre por qué estábamos viendo tantos desastres personales a nuestro alrededor, sobre todo aquellos que habíamos elegido vivir en las grandes ciudades del mundo occidental. Pero mi nuevo amigo ya me llevaba hacia adelante.

ABIGRAEL: —Sin embargo, no nos concentraremos en este tema, porque el amor está presente en tu mundo en casi todas las situaciones, exceptuando algunas, notablemente pocas. Es por este sentido por lo que ahora creemos poder hacer un acercamiento más amplio y general a tu reino.

Y, como suele ocurrir en el contacto con los ángeles, pude ver la condición humana con ojos mucho más compasivos y dentro de un marco más amplio. Me descubrí recordando la mala opinión y el pesimismo con que los humanos hemos llegado a vernos, nuestras autorrecriminaciones por los abusos que creemos haber acumulado sobre el planeta.

ABIGRAEL: —Ante todo, digamos que las condiciones en que vivís en vuestro planeta son, en términos más universales, bastante excepcionales. En los planetas más regulares a vuestro nivel de densidad, que están habitados por seres bastante parecidos a vosotros, nosotros no estamos ocultos ni somos desconocidos. Los mundos mortal y angelical tienen un aspecto pleno y cooperativo.

En realidad, todos nos reconocen, aunque muchos no mantengan necesariamente una relación diaria con nosotros. El misterio y la incredulidad que rodean en tu mundo a nuestro orden de seres es, holgadamente, la mayor excepción a los ritmos naturales de existencia planetaria común. Otra manera de expresar esto sería decir que, en circunstancias más normales, nosotros seríamos evidentes aquí como auxiliares y maestros planetarios, sin los cuales consideraríais sumamente difícil vivir vuestro período completo como seres humanos.

Ciertamente Abigrael estaba poniéndome las cosas en perspectiva y, de paso, permitiéndome hablar con mucha más tranquilidad a seres que no podía ver.

Con frecuencia había pensado que debía de existir vida en otros planetas de este vasto y milagroso universo nuestro. En el curso de los años había tenido mi proporción de discos voladores y luces anómalas vistas en el cielo, así como de sugerencias de vida extraterrestre a las que tantos de nosotros hemos sido sometidos en tiempos recientes.

Si entendía bien a Abigrael, todos los seres mortales, cualquiera que fuese la forma física que pudieran adoptar debido a las condiciones planetarias locales, tenían ángeles. ¡Qué maravillosa sensación! ¡Qué estupenda posesión compartida!

Sin embargo, se me ocurrió que muy pocos de nosotros comprendíamos, siquiera parcialmente, el funcionamiento de nuestro cuerpo físico. Ocupamos un instrumento de genialidad biomecánica, pero ignoramos casi por completo su funcionamiento interior.

ABIGRAEL: Vuestros científicos hablan con frecuencia de las posibilidades insignificantes de que la vida pueda haberse originado en cualquier otro planeta, aparte del vuestro, vida que sea de alguna manera similar a la que experimentáis en este mundo.

Se trata de un malentendido, basado en el supuesto de que la vida se originó por azar. Realmente, si la vida en la Tierra se hubiera iniciado de esa forma casual, no sólo sería improbable, sino totalmente imposible hallarla en otro sitio del universo. Sin embargo, en cierto modo vuestros científicos están en lo cierto. Este es un mundo muy fuera de lo común, pero por motivos muy diferentes a los que ellos conjeturan. Es raro por el asombroso aislamiento que reina entre las distintas formas de vida inteligente. Esto se extiende prácticamente a todas las especies que poseen altos grados de conciencia. Aquí el aislamiento es la clave.

Por ejemplo, no sabéis casi nada sobre los espíritus de la naturaleza ni sobre ninguno de esos reinos que tan diligentemente ordenan el mundo natural. Las ballenas, los delfines y otros mamíferos marinos siguen siendo un misterio para vosotros. Los grandes árboles y la sabiduría contenida en su noble inteligencia, los vientos y las tormentas... no veis en nada de esto algo que merezca una comunicación inteligente. Caballos, elefantes, todos los primates superiores tienen un entendimiento que sobrepasa ampliamente lo que les atribuís.

Si comenzarais siquiera a abriros a la conciencia inherente en todos estos reinos, pronto descubriríais que estáis rodeados de inteligencia, cercados de maravillas y genio. Descubriríais que la vida (una vida plena, amorosa, vital, extraordinaria y vigorosa) está dondequiera que se mire.

La absoluta necesidad de esta comprensión, de esta apreciación sentida, aunque no sentimental, de que estáis rodeados de vida inteligente, es de especial y destacada importancia en este punto del desarrollo de vuestra especie, por motivos que serán más obvios para vosotros de año en año.

Esto es como debe ser. Vuestro planeta ha estado aislado, desvinculado de estos niveles de entendimiento por más tiempo que el abarcado por la historia humana. Nadie sugerirá ni pretenderá que este haya sido un planeta fácil. ¡No! Por el contrario, quizá descanses más tranquilo al saber que, entre aquellos cuya función es evaluar los méritos relativos de las esferas habitadas, vuestro planeta está considerado como tercero entre los más difíciles de esta zona del universo.

Pero no temas. Todo eso está cambiando. El aislamiento y la oscuridad que por tanto tiempo han asolado vuestra esfera llegan ya a su fin. Gran parte del miedo, el odio y las otras formas de pensamiento emocional negativo que han sido reprimidos en vuestra mente mundial suben ahora a la superficie, para ser liberados.

Estáis despertando de vuestra pesadilla, de vuestro sueño de miedo. Veréis una realidad de tanto amor y alegría como hasta ahora no habéis podido concebirla. Esto, queridísimo, es uno de los motivos por los que nosotros, los del reino celestial, nos estamos haciendo conocer entre vosotros. Por esto os saludamos con tanto entusiasmo, a medida que despertáis individualmente. Este es el verdadero significado de la nueva realidad que está llegando para todos nosotros.

Así terminó mi primer encuentro con Abigrael. Y así se inició una nueva y maravillosa amistad.

Cómo conocí a mi ángel
ANDREW

Cuando tenía seis años, viviendo en Long Island, Nueva York, armé sobre la estantería de mi dormitorio algo que ahora llamaría altar. En ella tenía dos estatuillas de cerámica: un vaquero y un ángel. En 1957, el vaquero era aceptable para mi familia, de tendencias centroizquierdistas, pero por muchísimo tiempo se negaron a conseguirme el ángel. Representaba todas las supersticiones que estaban tratando de dejar atrás. Pero yo era un niño terco y, finalmente, cedieron a mis exigencias.

Mis padres tenían en los estantes de la sala una edición de la *Divina Comedia*, de Dante, ilustrada por Gustavo Doré. Yo estaba obsesionado con ella; pasaba horas a solas, mirando las páginas amarillentas cubiertas con figuras de ángeles, bandadas de ángeles arremolinados en el cielo. Mi favorita era la que muestra a los ángeles reunidos en una rosa gigantesca.

Mi padre, dentro de su postura agnóstica, también tenía una obsesión con los ángeles. Le perseguía una película que había visto cierta vez, en la que se encuentra a un ángel después de una explosión nuclear, muerto y aferrando entre las manos un libro dorado. Y me pasó su búsqueda. Aún no he hallado esa película. ¿Sabes tú cuál es?

De niño siempre oía voces, tanto despierto como en sueños. No recuerdo haber relacionado mi amor por los ángeles con esas voces, pero a temprana edad aprendí que era mejor no mencionarlas. Ponían nerviosos a todos, sobre todo cuando crecí. Se supone que los muchachitos no oyen voces.

Cuando tenía siete u ocho años, mi padre me llevó al Museo Metropolitano de Arte de Nueva York. Allí vimos un maravilloso cuadro de Juana de Arco, hecho por el francés Jules Bastien-Lepage, que vivió entre 1848 y 1884. (Aún lo visito de vez en cuando.) En el fondo se ve a Juana, con la mirada perdida en el vacío. Por su expresión es evidente que escucha a las tres vagas figuras doradas que flotan en el aire, detrás de ella. ¡Qué gozo sentí al ver esa pintura! Por primera vez en mi vida supe que otros también oían voces.

No sabía quién era la mujer del cuadro y durante tres días fui realmente feliz. Luego pregunté por ella a mi padre y él me contó su historia. Hasta el día de hoy recuerdo el miedo que tuve y cómo empecé a encerrarme dentro de mí. No quería oír voces. No quería que me quemaran en la hoguera como a ella. Trataba de ignorar las voces cuanto me era posible. Al fin descubrí que, si se tornaban demasiado potentes, podía cantar para mis adentros aun más alto para bloquearlas.

Cuando ingresé en la universidad las voces aún continuaban, pero yo había aprendido a no escucharlas. Lo bueno era que ya no me sentía como si pudiera volverme loco o ser quemado en la hoguera. Lo malo era que a fin de bloquear las voces debía bloquear también otras partes de mí mismo.

Mi primer período universitario transcurrió en el otoño de 1969. Por entonces vivía en Santa Barbara, California, y participaba en la política estudiantil y el movimiento antibélico. Pero al mismo tiempo exploraba el yoga y las técnicas meditativas orientales, que comenzaban a ganar popularidad en Norteamérica. "Confía en lo interior", era lo que uno de mis maestros me repetía. Yo llevaba diez años sin confiar en lo interior. Pero empecé a permitirme escuchar las voces, a manera de experimento. "Si comienzo a enloquecer, dejaré de escucharlas", me prometía.

No tenía idea de qué eran las voces o de quiénes. Me llevó siete años aquietar mi parloteo interior hasta poder percibir nuevamente frases y párrafos. Y, aunque en esos años hubo veces en que tuve la certeza de estar volviéndome loco, de algún modo continué. Por entonces vivía en Brooklyn, Nueva York, y trabajaba en una librería. Pero aún estaba tan en bruto con respecto a mis voces que, cuando mi amiga Linda Sherwood me dio un ejemplar de *Seth Speaks*, me reí del libro. Tuve que leer hasta la mitad para reconocer que estaba haciendo lo mismo que Jane Roberts, su autora: escuchando.

La popularidad que cobró la canalización en los años setenta me resultaba tan consoladora como el cuadro de Juana de Arco al principio. En ese clima favorable aprendí a distinguir mis voces de las que pertenecían a mis guías. Empecé a reconocerlas como individuos distintos, con diferentes cosas que enseñarme. Lejos de volverme loco, los fragmentos de mi vida comenzaban a unirse por fin.

Hacia 1976 estaba ocupado en explorar mi vida espiritual, meditar, practicar el yoga, leer y tomar cientos de páginas al dictado de mis guías. Siguiendo sus instrucciones estudié la cultura de la Edad de Hielo y supe de la vida en otros planetas. Por añadidura, recibí información que más adelante compartiré contigo, sobre el despertar de un nuevo centro de energía en nuestro cuerpo.

Como me había criado en una familia que no creía en Dios, cuando me descubrí creyendo en Algo rechacé la idea de un Dios Padre y patriarcal; en cambio me encaminé hacia las energías de la Gran Madre. Inspirado por una imagen de Isis, la antigua diosa alada de los egipcios, descubrí que yo también tenía alas: se extendían a partir de mi columna vertebral y se estaban desplegando lentamente. Comencé a enseñar a otros cómo abrir sus alas. Pero si me hubieras preguntado por los ángeles me habría echado a reír. Los ángeles eran esos niñitos regordetes que ilustran las tarjetas de enamorados, con arcos, flechas, arpas y alitas.

En 1979 estaba en Los Angeles atendiendo a mi padre, que se acercaba lentamente a su muerte. Una noche sonó el teléfono. Era mi amiga Harriet Goldman, quien me llamaba desde Nueva York para decirme que iba a estallar un reactor nuclear en un sitio del que yo nunca había oído hablar: Three Mile Island. Harriet y yo habíamos orado y meditado juntos con frecuencia. Cuando ella dijo: "Tenemos que hacer algo", comprendí a qué se refería.

Colgué el auricular y me preparé para meditar, pero súbitamente fui arrancado de mi cuerpo por una fuerza invisible. De inmediato me encontré flotando en el cielo, en medio de un enorme grupo de otros seres. Eramos luminosos y estábamos dispuestos en dos enormes esferas, alrededor de una fábrica de energía nuclear. Supe que nuestra presencia conjunta iba a impedir que el reactor estallara.

Cuando volví a mi cuerpo llamé a Harriet, para decirle que todo saldría bien. Luego encendí el televisor para ver el informativo. Allí, en la pantalla, estaba la misma fábrica de energía nuclear que yo había visto desde el aire. El locutor no mencionó las dos esferas de seres luminosos, así como yo no me permití notar que muchos de ellos eran ángeles.

Pasaron tres años, en los que continué trabajando con mis guías, dando conferencias, haciendo trabajos curativos e impartiendo clases ocasionalmente. Aprendí a dar masajes e integré esas técnicas a los trabajos curativos que ya estaba realizando. También comencé a trabajar con Bill Walsh, un amigo quiropráctico, en un consultorio que él instaló para ofrecer formas alternativas de atención de la salud a quienes estaban en programas de recuperación.

Una noche, en la primavera de 1982, un ángel se me apareció mientras meditaba sentado en el suelo de mi dormitorio. Medía dos metros de altura; tenía la piel parda, pelo y ojos dorados y enormes alas doradas; flotaba a siete u ocho centímetros del suelo de parqué. Mi primera reacción fue de ira. El tipo de meditación que yo estaba practicando debía vaciarme la mente, no llenarla de luz dorada. Y una cosa era hablar con guías y con diosas, pero todo mi miedo interiorizado y mis autocríticas por oír voces se habían centrado en los ángeles. Volví a cerrarme. En cuanto lo hice dejé de verlo. Pero la sensación de que él estaba allí no desapareció. Y continuaba irradiando tanto amor que me vi obligado a abrirme nuevamente.

El, sonriendo, me indicó que desplegara mis alas. Lo hice. Cuándo tocó los extremos de mis alas con los suyos, mi cuerpo comenzó a vibrar; una súbita energía fluyó a través de mí y me sentí inundado del más puro amor que nunca antes sintiera. Era la esencia del amor, destilada, concentrada, volcándose hacia cada parte de mí: cuerpo, mente y espíritu.

Durante varias semanas, a partir de eso, me abrí a él todas las noches. El me llevaba de viaje, me hablaba, me enseñaba cosas. Por muchísimo tiempo no conté eso a nadie; tampoco dije que él se presentaba con el nombre de Gabriel, ni mencioné que a veces traía consigo a otro ángel, el que tenía piel de obsidiana, ojos de ámbar y alas doradas y decía llamarse Rafael. No es el tipo de cosas que uno pueda contar en Brooklyn. Ahora sé que ellos provienen de clanes de ángeles de esos nombres, que hay en el Cielo tantos Gabrieles y Rafaeles como Rosas y Juanes en el parque de enfrente.

Aunque los ángeles comenzaron por presentárseme bajo una forma que yo pudiera ver, una vez que me acostumbré a ellos dejaron de aparecer visualmente. Me dijeron que les exigía mucho trabajo aminorar sus vibraciones lo suficiente para que los humanos pudieran verlos. Les resulta más fácil contactarse con nosotros por medio del sonido. Una vez que me hube familiarizado con la frecuencia de los ángeles, pude escuchar a cada uno en una parte diferente de mi cerebro. Como para determinados ángeles "se encienden" ciertas zonas específicas, siempre sé con quién estoy hablando.

Pero tuve otra visión de los ángeles. Una noche, meses después de la primera aparición, Rafael volvió a presentarse bajo una forma visual. Se le veía como antes, como un hombre con alas. Pero yo empezaba a sentir curiosidad por los ángeles y su sexo, de modo que le interrogué al respecto. Delante de mi vista pasó de macho a hembra. Comprendí lo que me estaba diciendo sin palabras: que los ángeles son tanto masculinos como femeninos. Luego le pregunté si los ángeles tienen realmente aspecto humano. Primero se fundió en una esfera dorada de un metro ochenta; luego se estiró horizontalmente hasta parecer un delfín alado de dos metros que flotaba a un metro del suelo. Comprendí entonces que los ángeles se presentan a cada ser sensible según su propia forma. Luego el delfín volvió a convertirse en la esfera, que se fue tornando transparente. De un núcleo central vertical emergían largas fibras ondulantes, que palpitaban con diferentes colores, pero emitiendo una suave luz dorada. Todo esto sucedía en el límite absoluto de mi campo visual. Supe que eso era lo más parecido al aspecto real de un ángel que yo pudiera ver algún día con mis ojos físicos.

La mayoría de las personas no ven a los ángeles. Cierta vez pregunté a los míos por qué se me presentaban con tanta claridad, tan dramática y visualmente. Me dijeron, riendo, que lo hacían porque, siendo yo tan torpe, era la única manera de llegar a mí.

En el verano de 1985 llegó a mi vida otro ángel: Gantol, quien me dictó un libro sobre los sutiles sistemas de energía del cuerpo humano. Esta información resultó invaluable en mis trabajos con el cuerpo. Fue Gantol quien me explicó que las numerosas fibras que había visto emerger del cuerpo de Rafael, al convertirse este en una reverberante esfera de luz, equivalían a los pares de fibras que había despertado en mi propia espalda, mis "alas".

Por intermedio de Gantol conocí a otros dos ángeles "asignados" para trabajar con mi socio y conmigo en nuestra relación y en el grupo de meditación que encabezábamos. Cuando terminó esa relación, esos dos ángeles se marcharon y otro vino a mi vida, identificándose sólo como El Angel Verde. Así supe que había distintos tipos de ángeles: ángeles de información, como Gantol, y los que llamé ángeles vinculadores, que trabajan con nosotros en nuestras relaciones. Pero ¿me pregunté alguna vez si existía algo así como un ángel de la guarda o si yo mismo lo tenía? Nunca.

El 9 de abril de 1987 menciono en mi diario que dos noches antes un nuevo ser había entrado en mi vida: "una intensa energía dorada, altamente activa".

118

Ahora debo retroceder un poco. Cuando tenía tres años y medio me ocurrió algo. Una noche estaba de pie en mi cama, un momento antes de acostarme para dormir. Un momento después era presa de un terror tan grande que, casi hasta los dieciséis años, tuve miedo de conciliar el sueño. Aunque jamás olvidé esa noche, me era imposible recordar qué me había asustado. En la primavera de 1987 habían aparecido varios libros sobre los secuestros de platillos volantes, y comencé a preguntarme si esa noche me habría ocurrido algo así. Por eso fui a hacer un intento con mi buena amiga y colega en exploraciones de conciencia: Barbara Shor. Ella me puso en trance profundo y me llevó de nuevo a esa noche.

Una vez más me vi en mi dormitorio. Por primera vez pude recordar algo. Estaba de pie en mi cama, abriéndome a una luz dorada que parecía prolongarse eternamente. De pronto algo salió mal. Fue como si me abriera demasiado, como si recibiera un exceso de luz. Sentí que mis circuitos se fundían, sobre todo alrededor de mi corazón. Aterrorizado, me cerré a la energía dorada, que reconocía claramente como la de mi ángel guardián.

Pero mi largo viaje de curación, de canalización, mis conversaciones con Gantol y los otros ángeles me habían estado preparando para esa reunión. A los treinta y seis años estaba más cimentado y centrado que a los tres y medio. Podía abrirme una vez más a mi ángel. Podía dejarme inundar por un amor y un gozo que no había sentido en años.

En las semanas siguientes mi ángel y yo volvimos a vincularnos. Me dijo que se llamaba Sargolais y me hizo saber que siempre había estado conmigo, a distancia, aguardando el momento en que fuera lo bastante fuerte para buscarlo otra vez. Comprendí que mi estatuilla y mi amor por las ilustraciones de ángeles eran el mejor modo que mi mente consciente había encontrado de mantenerme vinculado con él, sin acercarme demasiado.

Estar con Sargolais ha cambiado mi modo de vivir en el mundo. Si bien me inspiran un gran amor todos los ángeles que se me presentan, hay un amor especial que surge de un ser cuya naturaleza en especial es amarme tal como soy. Este amor me permite tratar con otras personas sin estar tan necesitado. Al saber lo difícil que ha sido volver a mi ángel, puedo ahora observar a otros sin criticar sus esfuerzos. La información que me ha dado Sargolais me permite moverme en el mundo con mayor claridad y un sentido más profundo de la resolución. En realidad, descubro que en el mundo hay más amor de lo que yo sospechaba.

Aún hay oportunidades en que me siento asustado, solo y confundido. Pero Sargolais siempre está allí. Por mal que estén las cosas, siempre puedo sentir sus alas envueltas a mi alrededor. Y, a veces, cuando creo no poder continuar, lo llamo; entonces él me hace una transfusión de luz líquida y dorada, de corazón a corazón, que me centra y me cura.

Cosa irónica: mis relaciones con Sargolais han sido el puente entre la política de mi familia y mi propio sendero espiritual. El no deja de recordarme que tener cuerpo y vivir en el mundo físico es un gran don, que sólo mediante el amor y nuestra asociación con los ángeles podemos crear el tipo de mundo que los revolucionarios sueñan pero no logran jamás. Gracias a Sargolais, veo mi trabajo espiritual como un paso más allá de la ira que alimenta las revoluciones. Veo que todos avanzamos hacia una transformación radical que sólo puede provenir del amor, del honrar a toda la vida y la rica diversidad de nuestra familia humana.

Mediante mi vínculo con Sargolais he ofrecido conferencias sobre ángeles y enseñado en talleres de trabajo referidos al tema. Algunas de las técnicas presentadas en este libro provienen de Sargolais; otras, de mi antiguo amigo el Angel Verde; otras más, de dos ángeles que ellos

120

trajeron a mi vida. A eso se suma mi nueva relación con Abigrael, el ángel coordinador de este libro. Pero, cuando pienso en ángeles, el primero que me viene a la mente es Sargolais. Y él tiene su propia perspectiva. Por ende, lo siguiente son palabras suyas sobre nuestra relación.

Por muchísimo tiempo, Sargolais quiso que le aplicara un pronombre neutro. Yo prefiero aplicarle el masculino. Y él, que es un ángel amoroso, me lo permite.

Sobre mi relación con Andrew

SARGOLAIS: —Mi vinculación con Andrew es antigua. Fuimos creados juntos, en un espacio fuera del espacio y un tiempo fuera del tiempo. Desde que entramos en los reinos del *espaciotiempo* hemos viajado siempre juntos. He trabajado con él entrando y saliendo de la vida: como partera, madre, reparador, pintor, bailarina, flautista, arquitecto y cazador; los dos, trabajando para unir los mundos físico y espiritual. Pues los humanos existen como conductos de la energía espiritual hacia el mundo material, así como los ángeles existen como conductos de la energía material en los reinos espirituales. Y nos necesitamos mutuamente para cumplir con esos propósitos.

En cierto sentido, los ángeles acompañantes o de la guarda somos los asistentes sociales del universo. Algunos tenemos sólo unos cuantos clientes; otros, muchos. Por ejemplo: Andrew me comparte con otras ciento dieciocho entidades, cada una de las cuales está en una galaxia diferente. Pero, como los ángeles no nos centramos en el *espaciotiempo* del mismo modo que vosotros, estoy presente tanto con

Andrew como con mis otras vinculaciones encarnadas, todas las cuales son sensibles, aunque no todas sean humanas.

A esta altura de nuestra historia compartida, la mayor parte de los seres humanos ignoran a sus amigos angelicales. No ocurre lo mismo entre los pueblos marítimos de vuestro planeta: los delfines y las ballenas. Y nunca ocurre eso entre los miembros angelicales de un puente consciente.

Un humano o un cetáceo y su ángel se pueden comparar con un huevo y su cáscara. Andrew es el huevo y yo, la cáscara; estoy aquí para nutrirlo y protegerlo. No puedo deciros cuántas veces me ha dicho, al observar tanto sufrimiento como hay en el mundo, que los ángeles no nos desempeñamos muy bien. No dejo de recordarle que sois seres libres y que, desde vuestra perspectiva, el dolor y el sufrimiento bien pueden ser fuentes de crecimiento espiritual. Y también debéis recordar que, mientras no tengáis conciencia de los lazos que existen entre nosotros, nos será difícil compartir con vosotros nuestra sabiduría y nuestro amor. Existe una simple regla de la física angelical que todos debemos obedecer. Los ángeles no podemos entrar en vuestro mundo... a menos que nos abráis una ventana o una puerta. Basta una hendija, una hendija de deseo para vincularnos. Una vez que lo hayáis hecho, podemos entrar. Sin eso debemos permanecer fuera, mirando siempre hacia el interior.

Cuanta más conciencia cobréis de nuestra profunda vinculación, más podréis beneficiaros de nuestras experiencias. Cuando ocurra esto en un plano global cambiará el modo en que todos vivís. Pues la especie que tiene conciencia de los ángeles no puede contaminar, esclavizar, destruir ni matar.

A veces el paso es difícil. Empero (esto es lo más importante que he dicho a Andrew y te lo diré también a ti) *Dios sólo quiere que estemos presentes.* Esto se aplica tanto a los ángeles como a los humanos.

Toda la humanidad está cambiando. Estáis a punto de experimentar una vasta y gozosa expansión de conciencia. Estáis en el umbral de la próxima etapa de vuestra evolución. En esa etapa, el vínculo consciente entre humanos y ángeles no será la excepción, sino la norma. Y, por primera vez en toda vuestra historia, vuestros maestros no serán el sufrimiento y el dolor, sino el amor y el gozo.

Por eso parte de mi trabajo con Andrew es una exploración personal de nuestro destino compartido. Y parte de mi trabajo con él es el de un maestro: proporcionar información y alegría. Pero no trabajo en aislamiento con él. Cada vez que un humano y un ángel se vinculan, facilitan la vinculación a otros de ambas especies. Y es importante recordar que, si bien los ángeles somos inmortales y sabios, por existir en un plano diferente de la realidad no siempre somos sabios en las modalidades de vuestro mundo. Por ende, el trabajo de Andrew para conmigo consiste en enseñarme los diferentes aspectos de la humanidad, los sueños, las esperanzas y los miedos humanos. Juntos crearemos un puente a través de todas las frecuencias de conciencia. Es para eso para lo que Dios creó a los humanos y a los ángeles y nos invitó a trabajar juntos.

SEGUNDA PARTE

Cómo preguntar a tus ángeles: El proceso de gracia

El gozo, el humor y la sabiduría son sólo tres de los dones que traen los ángeles. Cuando conozcas a los tuyos también disfrutarás del consuelo de su compañía. En esta sección aprenderás los pasos básicos para vincularte con tus ángeles, que te permitirán mantener íntimas conversaciones celestiales. Para entretenimiento y mayor contacto, encontrarás también el Oráculo del Angel. Es a un tiempo una lista de categorías de especialistas en ángeles, disponibles para trabajar ahora con los humanos, y una divertida y útil herramienta para la adivinación.

Las técnicas siguientes (meditaciones, visualizaciones y ejercicios) han sido desarrolladas en colaboración con los ángeles y también con un grupo de personas de nuestros talleres y seminarios. El ala de los ángeles está en todos. En un principio nosotros también estábamos en la gloria, disfrutando de cada paso dado bajo la guía de nuestros bienamados guardianes. Literalmente nos abrimos para recibir instrucciones. A través de muchos talleres y seminarios, refinamos el método que te ofrecemos en este libro. Lo llamamos:

PROCESO DE GRACIA
Hay cinco pasos para hablar con tu ángel:

> Cimentación (Grounding),
> Liberación (Releasing),
> Alineación (Aligning),
> Conversación (Conversing) y
> ¡Disfrutar del vínculo! (Enjoying).

Las cinco iniciales de los nombres en inglés forman la palabra GRACE, "gracia". El último paso es tan importante como el primero. Conocer a tu ángel es un gozo. Está lleno de amor, placer y deleite. Y conocer a tu ángel también es importantísimo, algo que te cambiará la vida. Se parece al casamiento, porque la relación requiere amor y entrega.

Cómo comenzar

Puesto que la mayor parte de los ejercicios se hacen con los ojos cerrados, te convendrá grabarlos para poder seguir las indicaciones sin tener que recurrir al libro. Es buena idea leer cada uno unas cuantas veces antes de grabarlo, para darse una idea de la sincronización y el ritmo. No hace falta grabar los números de cada paso, pero sí dejar una pausa lo bastante larga entre uno y otro para tener tiempo de seguir las indicaciones.

También necesitarás una libreta y una estilográfica. Conviene reservar un cuaderno especialmente para los mensajes y conversaciones con tu ángel. Tal vez quieras usar también una estilográfica especial, con tinta de tu color preferido. Por sencillo que esto parezca, otorga respeto a tu encuentro con tu ángel y te ayuda a pasar de la conciencia ordinaria a la angelical. A medida que desarrolles tu relación con tu ángel, quizá quieras conversar por medio de tu ordenaador personal, como lo hace ahora mucha gente. Reserva un disco flexible sólo para las comunicaciones de tu ángel, tal como lo pidió LNO, el ángel de Alma.

Ya uses un cuaderno o tu ordenador, comienza por fechar cada mensaje que recibas. Cuando la comunicación haya terminado, convendrá que le pongas un título breve, resumiendo el tema. Esto te ayudará a recordar los puntos principales de cada transmisión y te facilitará su búsqueda más adelante.

La importancia de escribir

Uno de los motivos por los que destacamos la importancia de anotar los mensajes angélicos es que, en un principio, tenderás a desechar lo que surja como invento tuyo o producto de tu mente. El capítulo 7, *Conversando*, despejará cualquier confusión que puedas tener al respecto. Al anotarlo en papel o en disco, preservarás las palabras para poder, más adelante, distinguir claramente la voz de tu ángel. Escribir fija esa frágil conexión y te proporciona un registro de tus relaciones a medida que se desenvuelven. El releer las transmisiones en otro momento enriquecerá tu vida con el amor y la claridad que caracteriza a la voz angélica. Además, cuando los observes desde cierta distancia, te asombrará lo acertado y esclarecido de esos mensajes.

Otros métodos de comunicación

Esto no significa que la escritura sea el único medio de comunicarte con tu ángel. Para algunas personas puede no haber palabras, sino un movimiento de sensaciones, colores, imágenes, y hasta música. Toma nota o dibuja lo que aparezca. Teza, artista plástica, no recibe palabras de su ángel, sino imágenes. Las dibuja en su cuaderno angélico y medita sobre ellas, reuniendo ideas que pueda traducir a palabras. Comoquiera que aparezca la información, debes estar preparado para registrar lo que recibas. Escribir o dibujar es un reconocimiento, una aceptación de lo que se te ha dado. En este aspecto los ángeles se parecen mucho a nosotros, los humanos: cuando se les reconoce, les encanta dar más.

Recuerda que "ángel" significa "mensajero". Lo que surja a través de ti será un mensaje de los ángeles, ya aparezca en forma de palabras, imágenes, música o sentimientos. Puedes imaginar a los ángeles como algo externo, como otra forma de vida, o como algo interno, un aspecto de tu Yo Superior. De un modo u otro, las técnicas para comunicarse con ellos funcionarán del mismo modo. Así como no hay arriba y abajo en el espacio exterior, tampoco hay dentro ni fuera en el reino angelical. Todo está vinculado.

Te recomendamos que avances lentamente por esta sección, realizando cada uno de estos ejercicios en el orden en que aparecen y repitiéndolos hasta que te sean familiares. Cada paso se basa en el anterior, proporcionándote la sólida base que necesitas para la comunicación. ¡No saltees nada, por fuerte que sea la tentación! Trabaja sobre cada sección a fin de estar preparado para la siguiente. Toma tu tiempo y saborea cada paso del camino. No hay prisa. Los ángeles no usan reloj. Disfruta de estos ejercicios. Acércate a ellos con un sentido infantil del juego y la diversión. Si alguno te parece extraño y hasta ridículo, no importa. Estás en un viaje de descubrimiento, que revelará tu propio potencial de profunda y amorosa comunicación, no sólo con los ángeles, sino con todas las personas de tu vida.

4

Cimentación

Como los ángeles son mensajeros celestiales, y por
añadidura alados, puede parecerte algo extraño que el primer paso para conectarse con ellos se llame Cimentación.
¿No sería más lógico desprenderse de los cimientos? Con-
trariamente a lo que se pueda pensar, la Cimentación es
esencial para cualquier tipo de trabajo espiritual. Y te resultará sumamente útil también en tu vida cotidiana.

Cimentarse significa centrar la atención en el cuerpo
y estar presente en el momento. Es el acto de reunir todas
tus energías (mentales, emocionales y físicas) y poner
pensamientos y emociones en un equilibrio sereno y armonioso dentro del cuerpo. Cuando estás cimentado resulta mucho más fácil centrar selectivamente la atención, ya estés trabajando en tu empleo o en un proyecto, y visualizar u oír la
voz de tu ángel, en todo momento que desees meditar.

Pasamos gran parte de la vida en piloto automático.
Tal vez hayas tenido la experiencia, durante un largo viaje
al volante, de caer súbitamente en la cuenta de que estás
conduciendo. Has cubierto diez, veinte kilómetros, quizá
más, cambiando de vías, haciendo señales y pisando los

frenos cuando ha sido necesario, pero tu mente estaba "a mil kilómetros de allí".

De vez en cuando todos soñamos despiertos. Cuando esto se torna habitual se le llama "distracción". Sólo Dios sabe cuántas cosas hemos guardado en el sitio incorrecto, cuántas citas hemos olvidado y qué errores cometido cuando el cuerpo estaba presente pero la mente en otra parte. Eso ocurre cuando no queremos hacer lo que estamos haciendo, oír lo que alguien dice o estar en donde estamos. Si no podemos apartarnos físicamente de una situación, la abandonamos mentalmente. Nuestra atención pasa a otros pensamientos, otros tiempos, otros lugares. Es fácil detectar a la persona que no presta atención, porque su rostro tiene una expresión vacía: "las luces están encendidas, pero no hay nadie en casa".

Aprender a cimentarte, a reunir y estabilizar tus energías, marcará en tu vida una gran diferencia. Te permitirá estar presente por completo, alerta y relajado, receptivo. Puedes comparar la Cimentación al amarrar un bote al muelle o plantar en tierra las clavijas para una carpa. Estar cimentado es estar anclado, en conexión y a salvo.

Cimentarse es simple, pero indispensable para establecer una comunicación permanente con tu ángel. Es la base para el Proceso de GRACIA.

Un sitio especial

Antes de comenzar, busca en tu casa un sitio donde te sientas muy cómodo y a gusto. Debe ser un lugar apacible y silencioso, al que puedas volver una y otra vez para meditar, hacer los ejercicios de este libro y conversar con tus compañeros angélicos. Si no tienes un lugar especial y tranquilo al que ir, bastará con que te pasees por la casa, dejándote atraer hacia el punto que "parezca adecuado". Puedes crear allí un sitio especial y sagrado con un altar, si quieres. El sencillo rito de encender una vela, quemar una varilla de incienso, poner una flor fresca o llenar de agua un hermoso cuenco te ayuda a calmar la mente y a establecer un estado de ánimo reflexivo para la Cimentación.

Si ya tienes un altar o si quieres hacer uno, quizá te convenga agregar la imagen o la estatua de un ángel que te agrade. Cada vez que meditas o haces los ejercicios en ese lugar, lo consagras. Entra y sal a conciencia y con respeto. Descubrirás que tu lugar de meditación es como un templo. Almacenará la energía que creas al meditar, facilitándote el vínculo con tu ángel cada vez que regreses.

Una vez que tengas cierta experiencia en la conversación con tus ángeles, puede llegar el momento en que te atraiga la idea de hacer estos ejercicios al aire libre, en contacto con la naturaleza. Busca un sitio discreto, donde se sienta la energía y sepas que nadie va a molestarte. Sin embargo, al principio te resultará mucho más fácil concentrarte adentro, donde puedas eliminar las distracciones.

Establecer contacto con los planos sutiles de la inteligencia angélica consiste en escuchar. Se requiere silencio y quietud. Busca un momento en que estés seguro de no ser interrumpido. Desconecta el teléfono, la radio y el televisor. A algunos les gusta meditar con una bella música de fondo, pero tratándose de los ángeles hemos descubierto que es mejor escucharlos en silencio. Los mismos ángeles nos lo han confirmado.

"Abre tu corazón a los sonidos del silencio y oirás las maravillas de todo lo que existe", dijo un ángel a Deborah, en una de nuestras reuniones. Y en un mensaje recibido en su casa por Lee, otro participante, aconsejaron:

"Recomendamos reservar un rato dos veces al día, por la mañana y al atardecer, para aquietarse y, en silencio, llenarse de luz blanca."

Reserva ese tiempo para aquietarte y aquietar tu ambiente.

Pon el grabador a mano, para poder escuchar los ejercicios que hayas grabado, encendiéndolo y apagándolo cuando quieras, sin tener que levantarte. Durante los ejercicios de Cimentación no necesitarás anotar nada en tu cuaderno, pero quizá te convenga tenerlo contigo, para registrar cualquier pensamiento o sensación que se presente después de hacerlos.

Ejercicio 1:
INTRODUCCION A LA CIMENTACION EN TU CUERPO FISICO

Aunque muchas personas gustan sentarse de piernas cruzadas, hemos descubierto que es preferible hacer estos ejercicios sentado en una silla o en un sofá, con la espalda recta y los pies bien apoyados en el suelo. Esto te ayudará a sentir tu conexión con la tierra.

1. Siéntate en una posición cómoda y cierra los ojos. Pon las manos en los muslos.
2. Centra la atención en tu cuerpo. Comienza por los pies. Luego, lentamente y a fondo, mueve tu conciencia hacia arriba, por las piernas, el torso, los brazos, el cuello y la cabeza. Presta mucha atención al acto de aspirar y exhalar.
3. Imagina que estás rodeado de luz. Cuando aspires, inhala esa luz y siente que te llena el cuerpo.
4. Cuando expires, exhala cualquier tensión, cualquier dolor que puedas sentir en la mandíbula, la cara o los hombros. Exhala cualquier tensión que sientas

en cualquier parte de tu cuerpo. Continúa inhalando luz, exhalando tensión. Inhala luz, exhala tensión, hasta que estés relajado y sereno.

5. Si tu mente comienza a divagar o a charlar, vuelve suavemente la atención a tu respiración.

6. Ahora comienza a imaginar pequeñas raíces que brotan de la planta de tus pies y la base de tu columna. Siente cómo crecen y crecen. Extiéndelas hacia abajo, a través de la silla y del suelo, hasta la tierra que está debajo de ti, por muchos pisos que haya abajo.

7. Continúa aspirando luz y exhalando tensión. Mientras tanto, visualiza tus raíces que se adentran profundamente en el suelo, afirmándose allí y conectándote muy firmemente al centro de la Tierra.

8. En la siguiente inhalación, imagina que puedes respirar por medio de tus raíces. Extrae la energía de la tierra para que suba por tu cuerpo, hasta que llene tu corazón y empiece a circular por todo tu ser.

9. Ahora fija tu atención en el centro de tu cabeza, en la coronilla. Visualiza ese punto, que mide unos cuatro centímetros de diámetro, como si comenzara a abrirse. De esa abertura emergen fibras, largos filamentos que se estiran como ramas a través del techo, atravesando todo el edificio hacia arriba, extendiéndose hasta el cielo. Imagina que esos filamentos te conectan con el sol, con todos los planetas y las estrellas.

10. Cuando inhales, aspira la energía de los cielos y tráela por esas fibras hasta tu cuerpo, haciendo que entren por la parte superior de tu cabeza. Lleva esa energía hasta tu corazón, dejando que lo llene con la radiante luz del cielo. Siente cómo circula por todo tu ser.

11. Ahora aspira ambas corrientes de energía: hacia arriba, desde la Tierra, y hacia abajo, desde el Cielo, todo al mismo tiempo. Permite que esas dos energías se entretejan en tu corazón y llenen tu cuerpo. Continúa aspirando la energía del Cielo y de la Tierra. Del cielo y de la Tierra. Ahora estás firmemente anclado entre el Cielo y la Tierra.

12. Cuando estés dispuesto, cobra nuevamente conciencia de tu cuerpo, del sitio donde estás sentado. Siente cómo sube y baja tu respiración. Percibe el latir de tu corazón. Escucha los sonidos que te rodean. Lenta, lentamente, en el tiempo que necesites, abre los ojos.

Mira a tu alrededor. Repara en cualquier diferencia que haya en las sensaciones de tu cuerpo. En general se percibe que uno está más alerta, más presente. Si así lo deseas, ahora puedes registrar tus sentimientos e impresiones en tu diario. No dejes de anotar la fecha.

Dos experiencias de Cimentación

Cuando Carol se sentó a hacer este ejercicio por primera vez, su mente estaba parloteando. Por mucho que deseara desconectarla, no podía. Pero al concentrarse en su respiración su mente se aquietó. Después nos dijo: "En cuanto percibí mis raíces y mis ramas, me sentí como un árbol. De pronto caí en la cuenta de que yo era el viejo olmo donde solía trepar cuando era niña. Cada vez que me sentía sola o necesitaba consuelo, me sentaba en la horqueta de una rama. Allí me sentía como en mi hogar."

Sacudiendo su cabellera pelirroja, Carol nos describió qué sentía al ser ese árbol. "Era increíble; de pronto me sentí grande, alta y fuerte, como el olmo que tanto amaba." Muy erguida en su silla, emanaba seguridad. Estaba tan entusiasmada con su nuevo bienestar que continuó haciendo el ejercicio de Cimentación después de terminado el taller y pronto lo convirtió en parte de su rutina diaria.

Carol es una actriz de veintitantos años, originaria de Kentucky, que vive ahora en Nueva York. Pocas semanas después, cuando acababa de cimentarse para una conversación con su ángel, sonó el teléfono; había olvidado desconectarlo. Atendió, obligada por el retintín, sólo para oír en el otro extremo la voz iracunda de su madre, que la regañaba por no haberla llamado en tres semanas. Sin esperar réplica, su madre continuó con una larga lista de quejas. Como estaba cimentada, en vez de ponerse a la defensiva, como lo hacía cada vez que su madre le gritaba, Carol recordó que los ángeles suelen traer mensajes en la forma que menos esperamos. ¿Qué mensaje estaba recibiendo? Su madre necesitaba tener la seguridad de que Carol aún se interesaba por ella.

—Me alegro de que hayas llamado, mamá —dijo—. Ultimamente no he tenido oportunidad de decirte que te quiero.

Al otro lado de la línea hubo un silencio mortal. Luego su madre carraspeó y dijo, suavemente:

—Bueno, querida, por supuesto. Ya lo sé. ¿Cómo estás tú?

El ejercicio de Cimentación ayudó a Carol a descartar un viejo patrón de conducta reactiva, ofreciendo amor en cambio. En vez de evitar a su madre, como solía hacerlo después de arrebatos semejantes, Carol se cimentó y, varios días después, llamó a su madre para pedirle una foto del olmo. Mantuvieron una conversación rápida y agradable.

Para Allan, electricista, el ejercicio de Cimentación era más difícil. Como había pasado sus cincuenta y cuatro años de vida viviendo en la ciudad, sin relación con la naturaleza, tardaba más en establecer una sensación de vínculo con la Tierra y el Cielo. No dejaba de agitarse en la silla. Pero al terminar estaba sólidamente sentado, con una sonrisa de asombro en la cara. No veía la hora de compartir su experiencia:

—Treinta años conectando cables a la tierra —nos dijo—, y hasta ahora no se me había ocurrido que la gente también necesitara conectarse con la tierra. Ahora sé por qué se queja mi familia. Mis hijos me dicen siempre: "Nunca estás aquí de verdad, papá." Y mi esposa dice que no le presto atención.

Allan pasó a decirnos que, a la hora de cenar, mientras los suyos charlaban sobre lo ocurrido en la jornada, su mente aún estaba pensando en el trabajo, mascullando algo que había sucedido o preocupado por problemas que podían presentarse al día siguiente. Después de cenar encendía el televisor y se olvidaba de todo o se quedaba dormido.

Busca zonas de tu vida en las que puedas no estar cimentado y piensa en el efecto que eso tiene en tus relaciones, en tu trabajo y en otros aspectos. A medida que continúes practicando el ejercicio, fíjate qué diferencia percibes cuando te conectas con la Tierra y el Cielo. Cuando puedas hacer de memoria el Ejercicio 1, Introducción a la Cimentación en tu Cuerpo Físico, sin utilizar tu grabación, estarás listo para el segundo paso en el aprendizaje de cómo cimentarte.

Cimentación en tu cuerpo energético

Abrirte a tu ángel, un ser que no vive en el mundo físico, es también cobrar conciencia de tu propio ser no físico. Durante miles de años, en todo el planeta, curanderos y místicos han explorado el cuerpo no físico, llamado cuerpo sutil o energético. Este cuerpo y sus sutiles campos y órganos existe en el mismo espacio que el cuerpo físico y también a su alrededor. El campo que emana del cuerpo físico recibe el nombre de aura. Aunque es invisible para casi todos nosotros, los psíquicos y otras personas dotadas de visión espiritual pueden ver dentro del cuerpo los centros de energía o *chakras*, así como el campo energético de alrededor; también las plantas y los animales tienen cuerpos de energía sutil.

Existe una voluminosa información sobre el tema de los *chakras* y el campo energético humano, sobre el cual se ha escrito mucho. Si quieres información más detallada, encontrarás abundante bibliografía. Sin embargo, para ayudarte con tu ángel te ofrecemos el siguiente resumen.

Chakras

Así como el sistema nervioso coordina la actividad dentro del cuerpo físico, existen en el cuerpo energético centros que ayudan a integrarlo en nuestro vehículo físico, con nuestra mente y nuestras emociones. Así como hay en el cerebro diferentes zonas que se relacionan con diferentes funciones físicas y mentales, así cada uno de estos centros se relaciona también con diferentes funciones. Están localizados, no sólo en la cabeza, sino por todo el cuerpo.

Estos centros energéticos se denominan *chakras*, palabra sánscrita que significa "ruedas", pues cuando volvemos nuestros sentidos hacia adentro para explorarlos los vemos y sentimos como discos o esferas giratorias. Hay ocho *chakras* principales que se disponen en línea, desde la base de la columna hasta la parte alta de la cabeza, y es con estos centros energéticos con los que trabajaremos en el siguiente proceso de cimentación.

Hasta hace poco nos concentrábamos en siete *chakras* principales, pero a medida que evolucionamos y nos vamos acercando a los ángeles, un nuevo chakra está despertando dentro de nosotros. Lo llamamos *chakra* del timo. Se encuentra entre los *chakras* del Corazón y de la Garganta. Así como los ángeles están abiertos a toda la vida, este nuevo *chakra* nos sostendrá mientras aprendamos a abrirnos más y más los unos a los otros. La función del *chakra* del timo es generar paz y amor universal. También se vincula con la glándula timo, parte importante de nuestro sistema inmunológico. El despertar de este nuevo *chakra* fortalecerá nuestro sistema inmunológico y nos ayudará a tratar el cáncer, el sida, las enfermedades del corazón, los ataques, y otros males.

Dedica el tiempo necesario a estudiar el diagrama y el gráfico siguientes, para poder familiarizarte con la localización de los *chakras* y los colores que se relacionan con ellos. Utiliza el diagrama como mapa y como espejo para localizar cada uno de estos *chakras* en tu propio cuerpo.

Ejercicio 2:
EXPLORANDO TUS "CHAKRAS"

Cuando te hayas familiarizado con el diagrama y el gráfico siguientes, estarás listo para explorar tus *chakras*.

Gráfico 1 de los "chakras"

	RAIZ	SEXUAL	PLEXO SOLAR	CORA-ZON	TIMO	GAR-GANTA	TERCER OJO	CORO-NILLA
Sítio	base de la columna	bajo vientre	región del plexo solar	centro del pecho	parte sup. del pecho	garganta	centro de la frente	parte superior de la cabeza
Función	superviv. seguridad	sexualidad, creatividad	poder, logros	amor	compasión, paz	comunicación	intuición	conciencia cósmica
Color	rojo	anaranjado	amarillo	verde	agua marina	azul	añil	violáceo
Elem. Reino	tierra mineral	agua vegetal	fuego animal	aire humano	enlace con el mundo del alma	reino angélico	arcángeles	el Creador

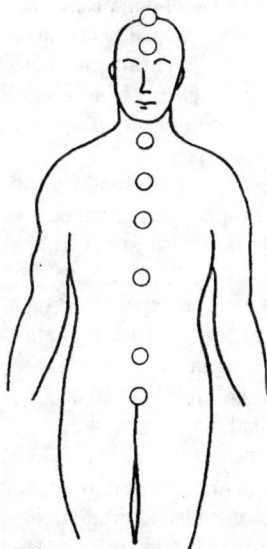

—— Chakra de la Corinilla
—— Chakra del Tercer Ojo
—— Chakra de la Garganta
—— Chakra del Timo
—— Chakra del Corazón
—— Chakra del Plexo Solar
—— Chakra Sexual
—— Chakra de la Raíz

1. Comienza por frotarte enérgicamente las manos hasta sentir las palmas calientes.

2. Pon la palma de una mano en la base de la columna, cubriendo el coxis. El Chakra de la Raíz está dentro de tu cuerpo, entre el coxis y el hueso púbico. Ahora mueve la mano, apartándola tres o cuatro centímetros de la base de la columna, y siente la energía que este chakra irradia hacia tu mano. Otro modo de percibir esta energía es poner una mano frente al cuerpo, con la palma hacia adentro y a unos cinco centímetros de la piel, en línea con el hueso púbico. Siente en la palma la energía que irradia hacia ti.

3. Experimenta con la distancia entre la mano y el cuerpo, adelante y atrás, con la mano derecha y con la izquierda, pues una puede ser más receptiva que la otra. Puedes percibir calor o frío, cosquilleo o un suave palpitar.

4. Cuando sientas la energía del Chakra de la Raíz, pasa lentamente al siguiente, el Chakra Sexual, que está entre el ombligo y el hueso púbico. Pon primero la mano sobre el cuerpo, para establecer el sitio exacto del *chakra*. Luego aparta la mano del cuerpo, tres o cuatro centímetros, para sentir la energía tal como se te presente.

5. Continúa con tu percepción. Ve ascendiendo por tu cuerpo, de *chakra* en *chakra*, percibiéndolos de uno en uno, desde el Chakra de la Raíz hasta el Chakra de la Coronilla.

6. Cuando comiences a tener una percepción de cada chakra desde fuera, cierra los ojos y vuelve tu atención hacia adentro. Ahora imagina los *chakras* desde dentro, uno a uno. Cada *chakra* vibra con una frecuencia diferente, relacionada con los colores del espectro (véase Gráfico de *chakras* 1, página 143).

7. Cuando hayas visto todos tus *chakras*, uno a uno, centra nuevamente tu atención en la respiración. Repara en cómo te sientes ahora. Abre los ojos.

La mayor parte de las personas no sabe dónde tiene el páncreas o el hígado, mucho menos los órganos del cuerpo sutil. Tal vez no sientas tus *chakras* la primera vez que hagas este ejercicio. Quizá tampoco los veas. O puedes sentir algunos con más potencia que otros. No te precupes si no lo consigues de inmediato. La afinación de los sentidos sutiles es progresiva; cuanto más repitas este ejercicio, más mejorarás.

Lenny podía ver todos sus *chakras* iluminados por dentro, pero no podía sentirlos. Rhonda los sentía perfectamente, cálidos y cosquilleantes, pero no los veía. Quizá te lleve algún tiempo descubrir los tuyos y cómo percibirlos. Como son órganos sutiles, no hay dos personas que los perciban de la misma forma.

Rita es un ama de casa cuyo hijo menor acaba de dejar el hogar para ir a la universidad. Antes de casarse ella quería ser pintora y había recibido varios premios por sus acuarelas. Quizá de ahí provenían sus condiciones naturales para visualizar sus *chakras*. Cuando hizo el ejercicio vio su Chakra de la Raíz como un claro fulgor de rubí. Su Chakra Sexual era una cálida luz anaranjada. Pero al llegar a su Plexo Solar quedó perpleja: era de un amarillo pálido y descolorido.

Rita no sabía nada sobre los *chakras*. Y nosotros no sabíamos mucho sobre Rita. Cuando compartió esto con el grupo, le preguntamos si existía en su vida, en ese momento, algo relacionado con el poder o los logros.

—¿Cómo lo sabéis? —preguntó—. He estado pensando en volver a pintar, pero tengo miedo. ¿Y si he perdido mi talento?

Aseguramos a Rita que, si podía ver sus *chakras* y los colores con tanta claridad, obviamente no había perdido su habilidad. Explicamos que cada *chakra* se relaciona con las emociones (véase Gráfico 2 de los *chakras*, página 152). Los sentimientos negativos se pueden manifestar como desviaciones de sus colores naturales puros. El amarillo desteñido que Rita veía en su Plexo Solar indicaba un problema con su autoestima. Si descubres que los colores de tus *chakras* están empañados, turbios u opacos, no te desalientes. En la siguiente etapa del Proceso de GRACIA encontrarás el modo de liberarte de esos sentimientos negativos.

Después de familiarizarte con los *chakras* mediante el gráfico, el diagrama y el ejercicio, estarás listo para pasar al siguiente ejercicio de Cimentación. La Meditación Básica de Cimentación será la que utilizarás a lo largo de todo este libro, cuando se requiera cimentarse.

Ejercicio 3:
MEDITACION BASICA
DE CIMENTACION

Lee este ejercicio varias veces para familiarizarte con él y luego grábalo a fin de poder escuchar las indicaciones sin recurrir al libro. Cuando estés listo para comenzar, desconecta el teléfono y entra en el sitio tranquilo y sagrado que has creado para ti. No olvides llevar el grabador, tu diario y la estilográfica. Ponte cómodo, realiza tu sencillo rito de apertura, tal como encender una vela o una varilla de incienso, y estarás listo para comenzar.

1. Cierra los ojos. Concéntrate en tu respiración. Relaja el cuerpo.
2. Cuando estés listo, imagina tus raíces extendiéndose dentro de la tierra, desde la planta de tus pies y la base de tu columna.

3. Cuando exhales, imagina que despides todas las tensiones o las toxinas de tu cuerpo, por tus raíces hacia la tierra, donde son recicladas.

4. Cuando tus raíces hayan profundizado todo lo posible y tu cuerpo se sienta más liviano y abierto, revierte el proceso y comienza a extraer energía de la tierra. La energía terrestre es reparadora y nutritiva. Continúa exhalando tensiones y toxinas e inhalando esa reparadora energía terrestre.

5. Siente cómo se acumula esa energía en la base de tu columna, virtiéndose en tu Chakra de la Raíz. Visualiza la energía de ese *chakra* como luz roja que refulge en tu cuerpo. El Chakra de la Raíz es el asiento de tu seguridad y tu estabilidad. Cuando está abierto y fluye, estás afinado con tu más profundo sentido de la pertenencia, de la seguridad, de estar a gusto en el mundo y dentro de tu cuerpo.

6. Cuando estés listo, permite que la energía de la tierra continúe fluyendo por tu columna hasta que llegue a tu segundo *chakra*, el Sexual. Está localizado unos cinco centímetros por debajo del ombligo y es la sede de tu energía creativa en todos los planos: el físico, el artístico y el sexual. Siente cómo refulge con luz anaranjada. Cuando este *chakra* está abierto, eres capaz de experimentar gozo en tu cuerpo. Te abres a tu creatividad y a tu sexualidad. Estás radiante y lleno de vida.

7. Sin darte prisa, aspira la energía terrestre hacia el Chakra del Plexo Solar. Es tu punto de conexión con la voluntad y con tu poder personal. Imagina una palpitación amarilla y cálida en tu Plexo Solar. Recuerda que eres fuerte, sano y capaz de hacer todas las cosas para las que viniste a esta vida, de un modo sagrado y animoso.

8. Como una fuente, la energía de la tierra continúa elevándose por tu cuerpo. Siente cómo fluye ahora hacia tu centro del Corazón. Imagina una bella luz verde que

refulge en medio de tu pecho, tan verde y viva como la primavera. El Chakra del Corazón es el centro del amor y las emociones dentro de tu cuerpo. Conéctate ahora con tu naturaleza amante, la fuerza y la ternura de tus sentimientos. Recuerda que eres un ser de amor, nacido en este mundo para sentir amor, para darlo y recibirlo.

9. Deja que la energía continúe elevándose hasta un punto de tu pecho, entre los *chakras* del Corazón y la Garganta, dos o tres centímetros por debajo de la clavícula. Allí está el Chakra del Timo, el *chakra* de la compasión, la comunidad y la paz. Imagina allí una luz aguamarina. Siente tu conexión con tu familia, tus amigos y toda la humanidad. Recuerda que no estás solo, que eres parte integral y única de Todo Lo Que Es.

10. Ahora deja que la energía de la tierra se eleve a tu garganta y tus oídos. Imagina que brilla dentro una luz azul celeste. A esta altura puedes sentir el deseo de emitir un sonido, cualquier sonido o nota que te parezca agradable y cómodo. Esto dará mensajes a los músculos de tu garganta, abriendo este centro de comunicación. El Chakra de la Garganta gobierna el habla y la escucha, la veracidad y la espontaneidad. Visualiza un triángulo invertido que une tus oídos y tu garganta. Apoya levemente la punta de los dedos en las orejas y une las palmas bajo el mentón, en forma de V, para conectar tu garganta y tus oídos. Ahora te estás abriendo para comunicarte, acentuando tu capacidad de escuchar y de hablar.

11. A continuación lleva la energía hasta el centro de tu frente. Allí está tu Tercer Ojo, el asiento de la conciencia expandida, de las percepciones psíquicas. Siente cómo brilla en tu frente un punto de luz añil, un intenso azul violáceo. Recuerda que al vincularte con este *chakra* puedes despertar tus percepciones extrasensoriales, ver, oír y sentir otros mundos.

12. Ahora deja que la energía de la tierra se eleve hasta lo más alto de tu cabeza. Allí está el Chakra de la Coronilla, que te conecta con tu Conciencia de Dios, con tu Yo Superior. Céntrate en este punto y sigue respirando, suave y rítmicamente. Imagina una luz violeta que vibra dentro del Chakra de la Coronilla e irradia a partir de él. Permite que la energía aumente su intensidad.

13. Visualiza la energía de la Cimentación que se eleva desde el centro de la tierra, moviéndose sucesivamente a través de todos los *chakras*, para luego surgir por la parte más alta de tu cabeza en un gran chorro de luz líquida. Observa cómo fluye, derramándose en cascada a tu alrededor, como una fuente de luz, cómo limpia y purifica tu cuerpo, equilibrando y armonizando todos tus *chakras*.

14. Sigue respirando suave y rítmicamente. Percibe a todos tus *chakras* llenos de luz. Cuando estés listo, vuelve a sentir que son zarcillos, ramas de energía que brotan desde lo alto de tu cabeza, conectándote con la luna, el sol, los planetas de nuestro sistema solar, las estrellas y el cielo. Siente que esa energía, como una cascada, se vuelca por esas fibras, llenando tu Chakra de la Coronilla de modo tal que lo hace refulgir de luz celestial.

15. *Chakra* por *chakra*, deja que la energía se vierta por tu cuerpo hacia abajo, tal como antes la dejaste ascender. Deja que llene de luz tu Tercer Ojo, tus oídos y Garganta, tu Timo, tu Corazón, tu Plexo Solar, tu Chakra Sexual y el de la Raíz. Siente cómo se vierte por tus raíces, entrando a la tierra de modo tal que también el planeta comienza a relumbrar con más potencia.

16. Ahora las energías del Cielo y de la Tierra fluyen por cada *chakra*, entretejiéndolos y vinculando tu cuerpo con el universo. Siente a todos tus *chakras* al mismo tiempo. Siéntete como un arco iris de luz vivien-

149

te, conectado con el universo y con el Creador, conectado con la tierra y cimentado.

17. Repara en tu respiración. Cobra nuevamente conciencia de tu cuerpo, del sitio donde estás sentado. Cuando estés listo, abre los ojos y contempla el mundo a tu alrededor.

¿Recuerdas lo que sentiste después de hacer el Ejercicio 1, introducción a la Cimentación en el Cuerpo Físico? Analiza cómo te sientes después de hacer este. ¿Cuáles son las diferencias que notas? Cuando miras a tu alrededor, ¿te parece que el cuarto ha cambiado? Ponte de pie, desperézate, camina. ¿Ha cambiado tu sensación del cuerpo? Explora de qué modo este ejercicio afecta a tu percepción y tus sensaciones.

Cada vez que hagas este ejercicio crecerá tu capacidad de cimentarte. Tus *chakras* se te volverán también más claros. Como el ejercicio es largo, no te desalientes si la primera vez pierdes la concentración. Ocurre con frecuencia. Pero si prestas atención a los *chakras* de los que te apartas, puedes darte una idea de los aspectos de tu vida y las zonas de tu cuerpo sutil que estás listo para explorar y curar.

La práctica hace la perfección

Cuanto mayor sea la frecuencia con que practiques este ejercicio, más fácil te será cimentarte. Llegará un momento en que no necesitarás la grabación; descubrirás que puedes realizar todo el proceso con gran facilidad en mucho menos tiempo.

Allan no tenía ninguna dificultad con estos ejercicios. Después de su ataque cardíaco, el médico le había sugerido que tomara clases de yoga para reducir la tensión. El instructor incluía en sus clases algo de meditación; también enseñó a sus estudiantes algo sobre el cuerpo sutil. Fue el profesor de yoga quien le recomendó que asistiera al taller sobre ángeles, pensando que eso daría a Allan una oportunidad de curar su Chakra del Corazón. Más adelante, Allan dijo que su experiencia como electricista lo ayudaba a conectarse con sus *chakras*. Estaba habituado a trabajar con la energía y los flujos energéticos.

Para Carol, en cambio, este ejercicio era más difícil que el primero. Nunca antes había oído hablar de los *chakras* y dudaba que ellos le ayudaran a conocer a su ángel. Su amor por los árboles la había ayudado a cimentarse, pero por mucho que lo intentara no podía percibir en absoluto sus *chakras*. Continuaba practicando en su casa, con poco éxito.

Dos semanas después Carol nos llamó muy excitada. Había estado ejercitándose en un gimnasio y estaba relajándose en el sauna, con luces suaves y una temperatura ambiental de treinta y ocho grados. Al darse vuelta, mirando hacia abajo, le sorprendió ver a todos sus *chakras* alineados dentro de su cuerpo, como velas parpadeantes. "La visión", tal como ella la denominó, duró apenas unos pocos segundos. Pero bastó para convencerla de que sus *chakras* eran de verdad, sobre todo por haberlos visto en un lugar tan poco apto, en un momento en que ni siquiera trataba de verlos o de sentirlos.

Familiarizándote con tus "chakras"

Cuanto más practiques la meditación Básica de Cimentación, más te conectarás con tus *chakras* y mejor sabrás cómo trabajar con ellos. Observa si algunos son más fáciles de percibir que otros. Aspira más profundamente hacia aquellos con los que te sientas menos vinculada, hasta que tu conciencia de todos sea igual, hasta que todas sus luces brillen con potencia.

Las energías de cada *chakra* se relacionan con zonas de tu vida cotidiana y física. El Gráfico 2 de los *chakras*, más adelante, te proporciona un breve resumen de los principales asuntos pertinentes a cada uno, en lo mental y lo emocional, en lo físico y lo psíquico. Concentrarte en un *chakra* determinado cuando estás dedicada a la actividad correspondiente puede ayudarte a fluir en armonía con tus más elevadas intenciones.

Gráfico 2 de los "chakras": correspondencias

CHAKRA	MENTAL/EMOCIONAL	FISICO	PSIQUICO
Raíz	Seguridad, cimentación, presencia, confianza	aparato digestivo interior	
Sexual	Sexualidad, sensualidad, intimidad, creatividad	glándulas y órganos sexuales	clarisensititividad
Plexo Solar	Poder, control, logros, autoestima	glándulas adrenales, tubo digestivo superior	sensibilidad a las "ondas" de gentes y sitios
Corazón	Amor, compasión, perdón, entrega, aceptación	corazón y sistema circulatorio	empatía
Timo	Amor universal (incondicional), hermandad, lazos con toda la humanidad, paz	timo y sistema inmunológico	telepatía
Garganta	Comunicación, espontaneidad, hablar y oír la verdad	tiroides, garganta y oídos	clariaudiencia
Tercer ojo	Sabiduría, discernimiento, visión espiritual	glándula pineal, cerebro/mente	clarividencia
Coronilla	Yo Superior, espiritualidad	pituitaria, cuerpo energético	conciencia cósmica

Como verás consultando el Gráfico 2 de los Chakras, si tienes dificultades con tu hogar y tu trabajo, el que participa es tu Chakra de la Raíz. Los problemas financieros se relacionan con los *chakras* de la Raíz y del Plexo Solar, puesto que las preocupaciones monetarias afectan tu sentido de la seguridad y de tu imagen personal.

Si analizas temas relacionados con el amor y las relaciones, trabaja con el Chakra del Corazón. Si estás estudiando para un examen, presta atención a tu Tercer Ojo. Si piensas en cambiar de ocupación para dedicarte a un objetivo en concreto, ten conciencia de tu Chakra del Plexo Solar.

En cuestiones de salud, puedes consultar el gráfico y ver dónde los *chakras* se relacionan con tu cuerpo físico. Una ronquera o una laringitis involucra al Chakra de la Garganta; si tienes problemas estomacales, trabaja con el Chakra del Plexo Solar, que se relaciona con la parte superior del tubo digestivo.

Cuando te hayas familiarizado con los ejercicios de Cimentación y te sientas a gusto practicándolos, será hora de pasar a lo siguiente: la Liberación.

5

Liberación

Hablar con nuestros ángeles es algo natural y gozoso, algo que ellos disfrutan tanto como nosotros. Siendo así, ¿por qué no lo hace constantemente todo el mundo? El motivo es que debemos encontrarnos con ellos en su propia frecuencia, que es diferente de la nuestra. Como no existen en el cuerpo físico, su vibración es más fina. Para hablar con ellos, para comunicarnos, debemos salir de nuestro estado mental ordinario, el que se refiere a trabajos, relaciones, espacio vital, salud, etcétera, para pasar a la Mente Superior. Para hacer eso debemos aprender a desprendernos de ciertas cosas. Por eso el paso siguiente es la Liberación.

Liberarnos de preocupaciones, problemas y creencias negativas sobre el propio yo nos deja en libertad de ingresar en el estado de claridad, neutralidad y amor incondicional que caracteriza al reino angelical. Nos lleva a un sitio de perdón, para nosotros mismos y para otros. Y resulta estupendo.

Los ángeles están dispuestos a asistirnos en la vida cotidiana, de modo que nuestras preocupaciones mundanas no carecen de importancia. Por el contrario. Justamente porque son importantes contribuyen a formar lo que sentimos sobre nosotros mismos, factor muy significativo para la conexión angélica. Si estamos deprimidos, si nos sentimos indignos o culpables, si albergamos sentimientos desdichados sobre otros, no estamos en la mente superior. Para volar con los ángeles necesitamos ir ligeros de equipaje. Y para eso hay que purificar. Esto no significa que debamos ser santos para hablar con nuestros ángeles: sólo que debemos desechar el equipaje mental y emocional que cargamos gran parte del tiempo.

Las técnicas de Liberación de este capítulo te ayudarán a desechar ese equipaje para que puedas conversar con naturalidad con tus compañeros alados. Como liberarse también ayuda a poner claridad en la vida cotidiana, tal vez descubras que tus cosas comienzan a marchar mejor y que te sientes más feliz, menos tenso y más en paz contigo mismo.

La voz negativa

Existe un aspecto especial del yo que, a veces, dificulta la conexión con nuestros ángeles. El yo en sí no es malo, aunque ha adquirido una desagradable reputación en algunos círculos espirituales. Es el yo quien cuida de nuestros intereses; trabaja para protegernos de la desilusión y la sensación de fracaso. Pero, cuando no se le alimenta con amorosa autoaceptación, el *ego* desarrolla un aspecto negativo que refleja la autocrítica y la sensación de valer poco.

Oímos en la cabeza esa voz negativa. Es la parte que nos juzga; el veredicto es "Culpable" o "No lo bastante bueno". Nos compara (desfavorablemente, por lo general), nos critica o regaña y nos impone patrones de perfección imposibles. De lo contrario, nos halaga, tratando de que nos sintamos mejor al buscar errores en otros y culparlos por sus deficiencias. A veces la voz negativa habla en primera persona: "No tengo remedio; jamás llegaré a nada." A veces usa la segunda: "Pedazo de idiota, ¿para qué hiciste eso?" Es imposible abrir el corazón cuando esa voz es la que maneja todo.

Hemos descubierto que el mejor modo de ajustar cuentas con esa voz negativa es prestarle atención. Comienza reconociendo su existencia simplemente: "Oh, allí está otra vez mi voz negativa." Como el niño caprichoso que gimotea pidiendo atención, la voz negativa responderá positivamente bajando su volumen. Una vez que hayas cobrado conciencia de ella reconociendo su presencia, puedes empezar a identificar la negatividad que albergas.

Para ayudarte a detectar focos de negatividad, he aquí una lista de los temas que, según hemos descubierto, surgen con más frecuencia, y algunas de las conductas que generan.

Falta de valer	Miedo a la intimidad
Duda	Abandono
Miedo a la desilusión	Rechazo
Perfeccionismo	Resentimiento
Orgullo	Envidia
Ineptitud	Celos
Crítica (de sí y de otros)	Culpa
Ira	Persecución
Odio	Vergüenza
Dolor	Culpar a otros
Odio por uno mismo	Deshonestidad
Sensaciones de alienación	Privación
Necesidad de dominio	Falta de concentración
Ambivalencia	Pérdida de tiempo
Indecisión	Fatiga
Aburrimiento	Depresión
Apatía	Codicia

Cada uno tiene sus dificultades. Si hemos omitido alguna de las tuyas, los dos ejercicios siguientes te prepararán para la técnica de la Liberación ayudándote a identificar tus dificultades.

Introducción a la Liberación

Ejercicio 4:
LISTA DE LIMPIEZA ESPIRITUAL
PARTE I: RECOGIDA

Como con todos los ejercicios de este libro, recuerda hacer primero la Meditación Básica para la Cimentación y ten a mano estilográfica y cuaderno. Ponte cómodo y concédete tiempo suficiente para hacer todo esto.

1. Siéntate en silencio con las manos en el corazón. Deja que tus sentimientos cobren plena conciencia. Cualesquiera que sean, permite que aparezcan en ti y que estén contigo.

2. Cuando aspires, imagina que estás inhalando tolerancia. Cuando exhales, imagina que estás exhalando crítica.

3. Comienza a sintonizar a todos y todo lo que te impida establecer contacto con tu ángel. Anota lo que aparezca.

4. Formúlate una pregunta, tal como: "¿Qué podría interponerse en la comunicación con mi ángel?", o: "¿Por qué no debería comunicarme?", o: "¿Qué me lo impide?". Escucha lo que tu mente responde. Anótalo. Insiste con la pregunta y anota todo lo que surja

en respuesta a la pregunta. Podrían ser pensamientos, sentimientos, recuerdos.

5. Cuando empieces a recibir las mismas respuestas una y otra vez, sabrás que has completado tu lista.

Durante este proceso, Kevin se levantó dos veces para salir de la habitación; la primera vez fue a beber agua; la segunda, a orinar. Aunque se había cimentado con el grupo antes de iniciar la Lista para la Limpieza Espiritual y se le veía alerta y atento, cuando llegó el momento de hacer la lista Kevin se perdió en la nada. Le preguntamos si podíamos echar un vistazo a lo que había escrito. He aquí lo que decía:

"¿Por qué no debería comunicarme con mi ángel?
RESPUESTA: —Los ángeles no existen."

Eso era lo único que contenía la página.

—Si no crees en la existencia de los ángeles, ¿por qué viniste al taller? —le preguntamos.

Kevin se mostró algo azorado. Sin mirarnos a los ojos, dijo que sólo quería asegurarse. Le instamos a continuar formulando la pregunta como si los ángeles existieran, en verdad, y a anotar lo que surgiera.

He aquí su pregunta: "¿Por qué no debería comunicarme con mi ángel?"

He aquí lo que su mente respondió:

"¿Por qué hablaría un ángel conmigo?
No soy lo bastante espiritual.
Los ángeles no hablan con las personas.
Quizá me comunique con un ángel malo."

Kevin había tenido una estrecha relación con su abuela paterna, que vivió con él y su familia hasta su muerte.

Por entonces Kevin tenía cuatro años y no comprendía la muerte. Como soñaba todas las noches con ella, tenía la sensación de que su abuela aún estaba allí y hablaba de "abuelita" como si estuviera viva. Eso ponía nerviosos a sus padres. Cuando Kevin repetía lo que abuelita le había dicho y lo que hacían juntos, sus padres le decían que lo estaba inventando todo. Le hicieron sentir que era malo y que estaba equivocado. Al cabo de un tiempo dejó de soñar.

Una noche, justo antes de asistir al taller, cuando Kevin se estaba quedando dormido tuvo la rara sensación de no estar solo en el cuarto. Al abrir los ojos vio un suave resplandor a los pies de la cama. Encendió la luz asustado, y el resplandor desapareció. El incidente lo dejó preocupado. ¿Habría estado algo allí? ¿Acaso se estaba volviendo loco? Había asistido al taller con la esperanza de averiguarlo.

Con nuestro aliento, Kevin tradujo sus respuestas a problemas:

Los ángeles no existen.	= Miedo a la desilusión
¿Por qué hablaría un ángel conmigo?	= Falta de valer
No soy lo bastante espiritual.	= Falta de valer
Los ángeles no hablan con las personas.	= Miedo a la desilusión
Quizá me comunique con un ángel malo.	= Miedo

Observa tu lista. ¿Hay en ella algo que te sorprenda? ¿O los problemas te son tan familiares que casi parecen viejos amigos? ¿Enemigos, acaso? A esta altura quizás experimentes somnolencia, aburrimiento o enojo; tal vez tu mente se distraiga. Todas son señales de resistencia,

¡prueba de que estás en la pista correcta! La resistencia se presenta cuando te enfrentas con problemas que te ponen incómodo. Como tratar de evitar las cosas molestas es perfectamente natural, no te reproches por desear dormir una siesta, dar un paseo o tomar un barco de carga hacia China. Levántate y estira los músculos. Saca la cabeza por la ventana para respirar lentamente varias veces. Luego vuelve a tu lista y léela varias veces. El próximo paso lo arreglará todo.

Ejercicio 5:
LISTA DE LIMPIEZA ESPIRITUAL
PARTE II: SELECCION

Para este ejercicio necesitarás tu estilográfica y el cuaderno con la lista de cosas que podrían dificultarte el contacto con tu ángel. Si has hecho una pausa o comido un bocadillo, deberías volver a cimentarte antes de iniciar esta parte.

1. Lee tu lista de limpieza. Luego busca la siguiente página en blanco y traza una línea vertical por el centro de la página. Rotula el lado izquierdo, RETENCION, y el derecho, LIBERACION
2. Siéntate en silencio, con las manos sobre el corazón, centrando tu atención allí.
3. Elige uno de los problemas de tu lista para examinarlo. Permítete sentir de verdad el problema. Experimenta todas las maneras en que ha afectado tu vida.
4. Repara en tu respiración. Observa el estado de tensión o relajación de tu cuerpo. Cuando aspires, imagina que estás aspirando luz. Cuando exhales, exhala cualquier tensión, cualquier dolor que haya en tu cuerpo.

5. Vuelve en el tiempo a tu primer recuerdo de haber sentido eso. ¿Cuándo ocurrió? ¿Quién o qué cosa despertó esa sensación en tu interior?
6. Cuando aspires, aspira compasión, para ti mismo y para cualquier otra persona que haya estado involucrada. Cuando exhales, exhala censura y culpa.
7. Cuando hayas explorado ese sentimiento, experimentándolo en todos sus aspectos, en tu mente y en tu cuerpo, de dónde vino y adónde te ha llevado, qué te ha enseñado, pregúntate si estás listo y dispuesto a liberarte de él. En ese caso, anótalo bajo la columna LIBERACION. De lo contrario, ponlo en la columna de RETENCION.
8. Continúa con tu lista, punto por punto, hasta que hayas completado tu inventario personal.

¿Cómo te sentiste después de esta parte del ejercicio? ¿Estás inquieto? ¿Deseoso de irte? ¿Aprensivo, curioso? Respeta lo que sientes. Confía en haberte llevado a un momento en el que estás preparado para hacer las cosas que decidas. No importa si los problemas son diez o sólo uno. Por el momento, es tu lista. Revela todo lo que necesites liberar en este momento.

Carol ha visitado psiquiatras, mediums y adivinos. Vive en una eterna "búsqueda de sí misma". Cuando compuso sus Listas de Limpieza Espiritual, observó que tenía más puntos en la columna de RETENCION que en la de LIBERACION

—¿Qué debo hacer con esto? —preguntó, señalando "Necesidad de dominar", "Resentimiento", "Perfeccionismo", "Culpar a otros" y "Persecución", entre otras cosas.

Retenerlos, por supuesto —replicamos.

—Pero, si lo hago, tal vez no pueda hablar con mis ángeles —observó, con el entrecejo arrugado.

—¿Qué prefieres? ¿Hablar con tus ángeles o retener esos problemas? —preguntamos.

Carol lo pensó por un momento.

—En realidad, no tiene sentido que me aferre a estas cosas horribles, ¿verdad? —dijo, con una pequeña sonrisa curvándole la comisura de la boca. Revisó la lista de RETENCION y pasó los puntos a LIBERACION.

Para Allan, esta parte del proceso era perturbadora. Aunque practicaba el yoga y había aprendido a meditar, no era un hombre introspectivo. Consideraba que la psicoterapia era una pérdida de tiempo y dinero. Sin embargo, desde su ataque cardíaco el miedo por su vida lo instaba a estudiarse con más atención. Cuando revisó su lista, que incluía "miedo", "ira", "envidia" y "orgullo", se sintió abrumado. Esos problemas le devolvían a su niñez, a su relación con el padre alcohólico y con un hermano menor, con el que no se hablaba desde hacía muchos años.

Allan comenzó a moverse en el asiento, inquieto. Obviamente quería salir del taller. No sirvió de mucho recordarle que, si había hecho esa lista, era para poder comenzar a desprenderse de esos problemas. No quería tocarlos. Lo asombroso es que uno de los puntos de su lista le fue muy útil en ese caso. El orgullo. No quería que los otros le vieran renunciar.

Kevin vacilaba. Reconoció que deseaba desechar el miedo y la falta de valer, pero no creía poder.

—¿Cómo lo sabes, si no lo intentas? —preguntó otro del grupo.

Hubo una larga pausa. Kevin, que se había ganado el apodo de *Veloz* en la cafetería donde trabajaba como cocinero, replicó muy lentamente:

—No creo que pueda.

Le aconsejamos que agregara a su lista "duda" e "ineptitud".

En qué ayuda la liberación

Cuando has identificado los problemas de los que estás dispuesto a liberarte, puedes usar el Ejercicio Básico de Liberación que aparece en las páginas 165-66-67. Es un paso esencial para alcanzar el estado de apertura que nos permite comunicarnos con nuestros ángeles. Necesitas liberarte antes de continuar con los otros pasos del Proceso de GRACIA; de lo contrario no te darán resultado.

Por estar ligados con el suelo y, por lo tanto, sujetos a la gravedad, nuestra vibración es más densa que la de los ángeles. Liberarnos ayuda a elevar nuestras vibraciones personales, mediante la descarga de energías que han estado bloqueadas o retenidas en los sistemas mental y emocional. Aferrarse a algo requiere esfuerzo y energía, y nos impide recibir. Si estamos empantanados en la negatividad, no podemos abrirnos a nuestros ángeles. Cuando nos desprendemos de eso, liberamos la energía que se puede aprovechar de maneras más productivas; así podemos recibir la sabiduría y el amor que ellos nos traen.

Cuanto más vigor pongas en los procedimientos de liberación, más efectivos serán... y más elevada se tornará tu vibración. En el Ejercicio Básico de Liberación, la vibración se eleva utilizando el aliento y emitiendo un sonido o nota prolongados.

Memoria celular

Los recuerdos, sobre todo los traumáticos, se almacenan en el cuerpo físico en un plano celular, así como en el cuerpo de energía sutil. De hecho, tu cuerpo *recuerda* cada cosa que te ha ocurrido en el plano físico: cada vez que te caíste del triciclo, te pillaste los dedos con una puerta o te golpeaste la cabeza. Tu mente recuerda todo lo demás, aunque gran parte se almacena en tu inconsciente.

Cuanto más vigorosa sea tu respiración en el Ejercicio Básico de Liberación, mejor descargarás la negatividad, llevando vitalidad y gozo a todas las células. Hay dos modos de hacerlo: exhalando vigorosamente por la boca o resoplando por la nariz. Ambas dan resultado; pruébalas y decide cuál te conviene más.

El sonido ayuda

Utilizar el sonido agrega una nueva dimensión al proceso, al ayudarte a alinear los cuerpos físico y de energía sutil, poniéndolos en resonancia. Puedes subir y bajar por la escala musical hasta hallar un sonido o nota que te resulte cómodo emitir. Manténlo hasta que se te acabe el aliento, dejándolo vibrar por todo tu cuerpo; hasta puedes sentir que tu cuerpo cosquillea. Este uso de sonido se llama "entonación". Estimula y abre el *chakra* de la Garganta, que es el centro de comunicación del cuerpo y el sitio donde los ángeles nos hablan.

Notarás que liberamos hacia la Tierra, utilizando el sistema de raíces que has establecido mediante los ejercicios de Cimentación. Muchas personas nos han preguntado, en su preocupación por la Madre Tierra, si hacerlo no está mal. ¿No es contaminar la *Tierra* con nuestra *basura*, aunque sea en los planos mental y emocional? Hemos consultado con nuestros ángeles, quienes nos tranquilizaron: la Tierra recibe las energías que desechamos, tal como recibe desechos tales como fertilizantes y turba. Se descomponen en sus componentes más finos y se reciclan, para nutrirnos y engendrar nuevo crecimiento.

Di gracias y adiós

Sensaciones y pensamientos tienen una profunda influencia en la formación de todas las vidas; no merecen que se les tenga miedo ni odio. Antes bien, deben ser respetados, reconocidos y tratados como uno querría tratar a cualquier cosa viva. En realidad, el modo más positivo de encarar el Ejercicio Básico de Liberación es con gratitud por todos tus pensamientos y sensaciones, cualesquiera que sean. Buenos o malos, te han ayudado a llegar donde estás ahora: preparándote a conocer a tu ángel. Recuerda dar las gracias a estos pensamientos y emociones antes de desecharlos. Dar las gracias es un modo de expresar que aceptas su función y el propósito que han cumplido en tu vida. Y esa aceptación es una parte vital de la capacidad de desechar.

Ejercicio 6:
EJERCICIO BASICO
DE LIBERACION

Entra en tu espacio sagrado o de meditación, donde te sientes cómodo y a salvo, libre de perturbaciones. Comienza con la Meditación Básica de Cimentación para restablecer tu conexión con la Tierra y los Cielos. Ten a mano tu cuaderno y tu lista de LIBERACION. Aunque todavía no hayas contactado con tu ángel, puedes pedirle que te acompañe en uno de los pasos. Quizá te convenga grabar previamente este ejercicio para no interrumpir el flujo.

1. Concéntrate en tu respiración. Respira mesuradamente; la aspiración debe ser igual en longitud a la expiración.

2. Ahora pon las manos sobre el corazón y concentra allí tu atención. Ponte en contacto con tu propia naturaleza amante, con tu deseo y voluntad de conocer a tu ángel.

3. Pon en tu corazón el primer punto de tu Lista de LIBERACION. Siente ese problema, con compasión para ti mismo en las circunstancias que lo provocaron. Siente todo lo que surge en tu interior. Examina el impacto que este problema ha tenido en tu vida. ¿Qué bien ha resultado de ello?

4. Cuando estés listo para liberarte de ese problema, dedica un momento a agradecerle las lecciones que te ha dado. Y ahora, por primera vez, pide a tu ángel que te acompañe y te ayude en la Liberación.

5. Menciona el problema en voz clara y fuerte; "¡Desecho...!" (Reemplaza los puntos suspensivos por el problema en cuestión.) Luego aspira profundamente y a fondo.

6. Exhala con fuerza por la nariz o la boca, imaginando que el problema viaja desde tu corazón, a través de todo tu cuerpo, por las raíces, directamente hacia la tierra. Envíalo tan hondo y lejos como puedas antes de volver a aspirar profundamente.

7. Repite estas fuertes exhalaciones dos veces más, visualizando el problema barrido y expelido por tus raíces. En la última exhalación, deja que un sonido o nota brote de tu garganta, con tanta fuerza como puedas.

8. Observa cualquier cambio interior que acompañe a la liberación de ese problema. Percíbelo, cualquiera que sea la forma con que surja de ti, y reconoce su presencia.

9. Agradece a tu ángel su amante asistencia y a la Tierra el que haya recibido esta energía en su cuerpo para biodegradarla.

10. Cuando estés dispuesto, vuelve tu atención al corazón y mira el próximo punto de tu lista, del que quieras desprenderte. Repite los pasos 1 a 9. Continúa
con tu lista hasta que la hayas completado.

Cuando termines con tu lista de LIBERACION, dedica unos minutos a observar cualquier cambio en tu modo
de sentir, física, mental y emocionalmente. Algunas personas se sienten algo mareadas después de hacerlo. Otros,
más sólidos y más cerca de la Tierra. Sé lo que sientas y
reconócete por el trabajo de limpieza interior que has hecho. Levántate y camina.

Allan decidió que estaba dispuesto a liberarse de la
"envidia" de su lista. Su hermano menor había cursado
estudios secundarios y de medicina; Allan, en cambio, había comenzado a trabajar como aprendiz de electricista al
morir su padre a fin de mantener a su madre. Aún lo envi-
diaba. Pero el cambio era visible en su cara después de la
Liberación. Parecía haberse quitado diez años de encima.
Compartió con el grupo su apreciación de que la envidia
por lo que no tenía le había impedido gozar de lo que sí
tenía: su propia vida y su familia.

Al terminar el ejercicio, Carol reía. Uno de los problemas de los que deseaba liberarse era el "perfeccionismo". Desde sus primeros años de vida siempre había
tenido que hacerlo todo bien. Hasta planchaba la ropa de
sus muñecas. En los años de adolescencia ordenaba sus
libros alfabéticamente, por autor y en secciones, según el
tema.

Durante todo el Ejercicio Básico de Liberación había tenido la sensación de no hacer las cosas bien. Bufaba
y resoplaba, cada vez con más fuerza, tratando de sacar de
su cuerpo el "perfeccionismo"... sin resultado. A la tercera
aspiración oyó una voz interior que le decía: "No tienes
por qué esforzarte tanto." Exhaló levemente, entonó y en-

vió hacia el centro de la Tierra su necesidad de ser "una niñita buena". A los veintiséis años comenzaba a comprender que no necesitaba demostrar su valer a nadie ni superar a todos para que la amaran y aceptaran.

Pero fue la experiencia de Kevin la que electrizó al grupo. Nos dijo que, al llegar a la Liberación, tenía un palpitante dolor de cabeza y la garganta tan seca que no podía tragar. Además, estaba enojado consigo mismo por sentirse tan mal y no podía ponerse en contacto con su naturaleza amante. Sólo quería liberarse de todo lo que le estaba alterando.

Cuando Kevin puso "miedo" en su corazón, experimentó una sensación de frío helado que pronto se transformó en calidez al oír: "No hay nada que temer." Entonces pudo liberar el miedo por sus raíces hacia la Tierra con asombrosa facilidad.

Cuando puso en su corazón el tema siguiente, "falta de valer", sintió nuevamente frío glacial y luego calor. Pero entonces oyó estas palabras: "Eres valioso."

Cada vez que ponía un problema en su corazón, oía palabras reconfortantes y sentía calor, primero dentro de él y luego a su alrededor. No tuvo dificultades en liberar todo de su lista. Cuando abrió los ojos, justo a la derecha de su rodilla, vio un suave resplandor, del tamaño de una pelota de baloncesto. Ya no tenía miedo. La vio crecer y crecer hasta llenar su campo visual. Entornando los ojos llegaba a distinguir un enorme par de alas doradas. La visión se esfumó en cuanto los del grupo comenzaron a hablar, pero cuando Kevin describió lo que había visto todos guardaron silencio. Y, en ese silencio, todos los que estábamos allí sentimos la presencia de los ángeles.

Kevin estaba convencido de haber oído a su ángel. Carol no estaba segura de que hubiera sido la voz de su ángel la que le ordenara no esforzarse tanto. A Allan no le importaba; simplemente se sentía muchísimo mejor.

Tu ángel puede acudir a ti durante el Ejercicio de Liberación Básica, pero no te aflijas si no lo hace. La mayoría de quienes asisten a nuestros talleres establecen su primer contacto después de seguir todos los pasos de Cimentación, Liberación y Alineación.

Seguimiento

En diferentes puntos de tu avance, te conviene volver a tu Lista de Limpieza Espiritual, para ver si ha llegado el momento de desechar otros puntos anotados en el lado de RETENCION. Tal vez descubras que aparecen problemas nuevos a medida que quitas las capas viejas. Puedes agregarlos a tu lista.

Cuando te hayas contactado con tu ángel, aún debes cumplir todos los pasos, comenzando por Cimentación y luego Liberación. Cada vez que te prepares a hablar con tu ángel, pregúntate antes si algo se interpone en ese momento. Tal vez no necesites volver a toda la Lista de Limpieza Espiritual, pero puede haber allí cosas que deben ser desechadas.

Aun cuando hayas trabajado con los puntos más importantes de tu lista, quizá descubras que algunos de ellos vuelven a aparecer, posiblemente bajo astutas formas nuevas. No te desalientes. La práctica lleva al lucimiento y, cuanto más practiques, mejor sabrás identificar y desechar modos de ser ya inútiles. Si te has sentido indigno durante toda tu vida, no es realista pretender liberarte de todo eso en una sola sesión. Sé amante contigo mismo. No necesitas ser perfecto para comunicarte con tus ángeles. Sólo debes estar dispuesto a liberar una sola molécula del bloqueo que arrastras, y el espacio que se vacíe será espacio suficiente para que entre tu ángel.

Perdón

El perdón es una expresión de amor y se basa en la aceptación. Aceptar no significa que deba gustarte; significa que estás dispuesto a dejarlo así y a continuar con tu vida.

La falta de perdón inhibe tu progreso personal porque te mantiene estancado. Te ata a la persona o a la situación que no has perdonado con tanta firmeza como si te encadenara a ella. Te aparta del momento actual y te devuelve a un estado desagradable o desdichado. Y es peor para ti que para la persona que no has perdonado, porque genera malos sentimientos y tú llevas esos malos sentimientos en ti constantemente, lo sepas o no.

Cuando hablamos de perdonar a otros, a quien más necesitamos perdonar es a nosotros mismos por no haber respondido a nuestros ideales de cómo deberíamos ser. En esto hay mucho dolor, mucha autoflagelación. Si pudiéramos ser compasivos con nosotros mismos, descubriríamos que, en realidad, no necesitamos perdonar a nadie más. Aceptaríamos nuestra humanidad de buen grado, buscando algo que elogiar en vez de censurar o culparnos. Y, cuando comenzáramos a hacerlo, nuestra autoaceptación, nuestro autoperdón empezarían a extenderse a otros.

Liberar es la clave para perdonar. Para perdonar debes desprenderte del dolor, el resentimiento, la ira y el deseo de venganza o represalia. Practica el Ejercicio Básico de Liberación, que te ayudará a desarrollar tu habilidad para desechar. Si no ocurre de inmediato, no renuncies. Continúa haciendo la Liberación.

El perdón es como el agua: siempre corre hacia los sitios más bajos, llenando las grietas y las hendiduras. En cuanto nos permitimos liberar algo, se precipita hacia adentro un reparador torrente de perdón. Allan, después de hacer el Ejercicio Básico de Liberación, sintió que lo invadía la energía del perdón, para sí mismo y para su hermano. Esa sensación permaneció con él, profundizándose. Varias semanas después pudo telefonear a su hermano por primera vez en muchos años.

El poder del perdón

En 1984, tras un año que había sido para Timothy muy oscuro y problemático, el poder del perdón se le presentó de un modo extraño y regocijante.

"Dos años antes había terminado mi primer libro y estaba buscando un editor adecuado. Una conocida mía, célebre escritora de la Costa Oeste, parecía interesada. Ella me instó a enviarle mi manuscrito y dijo que lo recomendaría a su editor.

"Pasó un año sin que yo tuviera noticias suyas. Al principio me preocupé. Luego me resentí. Acabé tan furioso que no podía liberarme de los pensamientos negativos que no dejaban de pasarme por la cabeza.

"Pasó el tiempo. Pese a mis suaves recordatorios, no había respuesta. Me sentía rechazado y ofendido; aunque deseaba perdonarla y trabajaba regularmente con mi ángel para liberar mi ira, esta regresaba una y otra vez.

"Algunos meses después estaba en Inglaterra. Era la víspera de Año Nuevo. Decidí pasar la noche a solas, meditando, en la torre construida en el siglo XIV en honor de San Miguel, que corona Glastonbury Tor. Como parte de una purificación espiritual, pedí a mis ángeles que me ayudaran a localizar, perdonar y liberar cualquier ofensa o injusticia que aún albergara.

"Naturalmente el nombre de la escritora emergió a la superficie de mi conciencia. Estremecido, sentado en ese frío glacial, repasé toda la situación, experimenté una vez

171

más los horribles sentimientos de culpa y rechazo y, pidiendo a mis ángeles que me ayudaran... los deseché. La perdoné.

"Al amanecer, con las piernas entumecidas, bajé por la empinada y cónica colina, abriéndome paso entre las ovejas, y pasé el día durmiendo en mi hotel.

"Ese atardecer, el del 1° de enero de 1984, fue cálido y suave. Subí nuevamente al peñasco para contemplar el crepúsculo rojizo que inundaba el cielo. Cerré los ojos para meditar, con la espalda apoyada contra las antiguas piedras de la torre.

"Pasaron momentos de gozo y gran paz. Luego sentí un suave movimiento en el pelo, como si el viento me lo hubiera agitado. Un momento después experimenté una suave presión en los oídos. Profundamente sumergido en mi meditación, no abrí los ojos. Entonces ¡una explosión de sonidos! Música de Vangelis, de la película *Carros de fuego*, con las extraordinarias palabras de William Blake: "Y aquellos pies, en tiempos de antaño... me rugían en la cabeza, en una epifanía de maravilla. Alguien me había puesto auriculares en la cabeza.

"Minutos después, cuando la estupenda música se hubo elevado hacia el *crescendo* final, abrí los ojos. Allí, frente a mí, con una gran sonrisa en toda la cara, estaba la escritora, a diez mil kilómetros de su casa, en una tierra extranjera y en la cima de aquella pequeña colina sagrada.

"No la había visto en más de un año, pero en aquel instante todo quedó perdonado.

Utilizar las técnicas de Liberación te ayudará a experimentar el poder del perdón. Dedica tiempo a trabajar con calma todo lo referente a este capítulo. Tienes derecho a todo el tiempo necesario. Cuando te sientas más leve, cuando puedas aceptarte mejor a ti mismo y aceptar a los otros, lo sabrás. Y podrás continuar con el capítulo siguiente, *Alineación*.

6

Alineación

Probablemente conozcas el viejo dicho: "Los ángeles pueden volar porque se toman a la ligera." Bueno, tú también estás más ligero, tras haber aprendido y practicado el Ejercicio Básico de Liberación. Eres más liviano y te acercas al campo vibratorio de los ángeles. Lo último que te resta hacer antes de hablar con tu ángel es ponerte en alineación con su energía. En este capítulo encontrarás varias formas deliciosas de hacerlo.

Cuando alineas las ruedas de tu vehículo, las pones en coordinación para que el auto pueda avanzar debidamente y tu viaje sea sereno. Cuando alineas tu energía con tu ángel, te pones en armonía con él y obtienes una buena comunicación.

La Alineación te lleva a un estado más abierto, aun concentrado, pero más suelto. Es un estado de conciencia relajada, como la de un atleta, ya sea un corredor, un nadador o un tenista. El atleta necesita estar suelto para jugar; una tensión dificulta su desempeño. Lo mismo vale cuando se trata de hablar con los ángeles. Sólo en estado de relajación puedes abrirte a sus voces.

El niño espontáneo

Varias personas nos han dicho que, siendo niños, creían tener un ángel de la guarda, pero en la edad adulta ya no lo creen. Nunca se es demasiado grande para tener ángel, cualquiera que sea nuestra edad.

De niños muchos de nosotros teníamos compañeros de juego imaginarios. Es posible que algunos de esos amigos y aliados de confianza, con quienes compartíamos nuestros secretos más profundos y nuestras más elevadas esperanzas, fueran ángeles. Para alinear tu energía con tu ángel, es útil recordar al niño espontáneo, expansivo, consciente de Dios que llevas en tu interior. Está lleno de maravilla y deleite; saluda a los ángeles con naturalidad, sin esfuerzo. Ese niño no está herido; nunca lo estuvo. Está indemne y no tiene miedo: es la más pura destilación de la esencia de tu alma.

Has hecho tu tarea: Cimentación y Liberación; ya es hora de divertirse un poco. Cierra los ojos un momento y siente esa parte de ti que nunca dejó de creer en los ángeles. Invita a esa parte de ti a jugar contigo en esta gran aventura.

Expandiendo los sentidos

Como los ángeles viven en un estado de conciencia expandida, uno de los mejores modos de alinearnos con ellos es expandiendo nuestros sentidos. Nos vemos constantemente bombardeados con estímulos del mundo exterior; por eso se diría que todos nuestros sentidos están continuamente en uso. Pero no es así. Por el contrario: para manejar la extraordinaria cantidad de información recibida, nos cerramos y seleccionamos nuestra experiencia. No podemos responder a todo; nuestros circuitos se sobrecargarían. Por ese motivo muchas personas viven en un estado de semiconciencia. Es como comer cuando se está resfriado y con la nariz tapada: no se percibe el sabor de la comida, con lo que se pierde gran parte del gozo.

Una mayor conciencia sensorial acentuará el placer de lo que hagas. Es fácil y divertido de adquirir. La próxima vez que escuches música, ábrete a la posibilidad de verla, sentirla y hasta degustarla. Pon tu disco favorito; no importa que sea de *rock* o de Bach. Pon el volumen tan alto como tus vecinos lo permitan y acuéstate en el suelo. Siente las vibraciones en el cuerpo. Cierra los ojos y observa qué colores o imágenes aparecen. Diferentes fragmentos tendrán formas diferentes o te causarán sensaciones distintas. Déjate llevar, sabiendo que estás creciendo en armonía y sensibilidad. Y supón que pudieras degustar la música: ¿sabría a helado, a hamburguesa o a ensalada de hojas de lechuga?

La próxima vez que mires algo bello, ya sea una pintura o un coche nuevo y reluciente, ábrete a las posibilidades de escuchar sus sonidos, oler su fragancia y degustar su sabor. Si pudieras traducir a sabor lo que ves, ¿sería dulce o agrio, salado o picante? Si pudieras tocarlo, ¿sería liso o rugoso, suave o áspero? ¿A qué olería? Deja que estos ruidos, aromas, imágenes, sabores y sensaciones te lleven a otros reinos, a ensoñaciones de síntesis y nueva apreciación.

La próxima vez que vayas a comer algo, cierra los ojos y olfatéalo bien. ¿A qué te recuerda? ¿Es potente, suave, áspero? Cuando te lo lleves a la boca, saborea su textura y no sólo su sabor. Aparte del color que tiene, ¿qué color describiría su gusto? Y cuando lo comes, ¿cómo suena? ¿Crujiente o esponjoso?

El olfato es el más evocativo de todos los sentidos. Un aroma puede transportarte instantáneamente a expe-

176

riencias y sensaciones previas. La próxima vez que huelas algo, cierra los ojos. Inhala su fragancia con la boca abierta; es posible que hasta puedas percibir su sabor. Cuando respiras su olor, ¿puedes sentir su textura? ¿De qué color podría ser? Si fuera música, ¿cómo sonaría?

Para aumentar tu sentido del tacto, frota un trozo de seda contra la parte interior de tu antebrazo manteniendo los ojos cerrados. Ahora frótalo contra tu frente, sobre el Tercer Ojo. ¿Lo sientes distinto en diferentes lugares? Experimenta con otras texturas, tales como lana, papel de aluminio, un trozo de fruta o un pétalo de flor. Reúne impresiones. ¿Qué sonido se relaciona con esta textura? ¿Qué color, qué forma? ¿Qué olor? ¿Qué sabor?

Explora maneras de extender tu gozo a los cinco sentidos, pues estás a punto de embarcarte en el sexto. Cuando viajes con tu niño espontáneo descubrirás maneras de enfrentar el mundo con maravilla, apreciación y placer. Y esas son justamente las condiciones que alientan el contacto angélico. El expandir juguetonamente tus sentidos te ayudará a desarrollar la capacidad de comunicarte con la energía no física de los ángeles.

Cómo usar este capítulo

En los otros capítulos referidos al Proceso de GRACIA, es importante ir paso a paso, haciendo cada ejercicio sólo después de haberse familiarizado con el precedente. En este capítulo, en cambio, te ofrecemos seis ejercicios entre los cuales puedes elegir; cada uno te enseñará a alinearte con los ángeles de un modo diferente. Lee lentamente todos los ejercicios y elige el que más te atraiga. Graba los que escojas y practícalos. Busca el que más resultado te dé y úsalo cuando necesites alinearte.

Escucha arriba y escucha adentro

Para oír la voz de tu ángel también debes poder escuchar. El ejercicio siguiente está ideado para extender tu capacidad de escuchar y acentuar tu facultad de *clariaudiencia*, que está gobernada por el *Chakra* de la Garganta, el centro energético de comunicaciones de tu cuerpo. Así como la clarividencia es la capacidad de ver cosas que están más allá del alcance normal de nuestros ojos, así la *clariaudiencia* es la capacidad de oír más allá de nuestro alcance auditivo normal. Estas dos habilidades no tienen nada de misterioso: son simples extensiones naturales del alcance de frecuencia de nuestros sentidos.

Antes de hacer cualquiera de estos ejercicios, recuerda hacer primero la Meditación Básica de Cimentación; observa si hay algo que necesites liberar antes de comenzar. En ese caso, dedica algún tiempo a utilizar el Ejercicio Básico de Liberación antes de comenzar.

Ejercicio 7:
AUDICION EXPANDIDA

Es mejor hacer este ejercicio en posición de sentado, justo después de terminar la Meditación Básica de Cimentación y el Ejercicio Básico de Liberación. Necesitarás una grabación de tu música favorita, tu cuaderno y una estilográfica. Te conviene grabar previamente este ejercicio y escucharlo cuando la música cese. Graba tus palabras lentamente, con largas pausas entre un paso y otro.

Pon la música y sube el volumen hasta que el sonido rebote en el cuarto y te rodee. Permítete sentir la música en el cuerpo y disfruta de las sensaciones agradables o felices que te brinde.

Mientras disfrutas de la música, imagina que tu ángel baila al compás de la melodía, cualquiera que sea la forma en que lo veas. Mantén la imagen de tu ángel bailando hasta que acabe la música.

Apaga el sistema de sonido y elimina cualquier otro ruido mecánico que haya en el cuarto, tal como relojes, ventiladores o acondicionadores. Luego prosigue con el ejercicio.

1. Siéntate, cierra los ojos y escucha el silencio. ¿Qué oyes? Escucha los sonidos que provienen de fuera: de la calle o de los vecinos. Sintoniza el más lejano. Sintoniza los más próximos a ti. Siéntelos en el cuerpo.

2. Mantén los ojos cerrados. Después de escuchar los sonidos exteriores, ve hacia adentro. Escucha los silencios entre un sonido y otro, entre las notas, entre tus oídos. En ese espacio, entre tus oídos y tu garganta, está el sonido de tu ángel, la voz de tu guardián y compañero.

3. Permanece quieto y sigue escuchando, siempre con los ojos cerrados. Imagina que tu ángel está sentado, o de pie, a tu lado. Tal vez no percibas palabras, pero si lo haces toma tu cuaderno y anótalas. Si no, quizá veas colores o líneas enredadas. Deja que las imágenes se traduzcan a sonidos en el oído de tu mente.

4. Cuando sientas que los sonidos y el silencio se han convertido en parte de ti, abre suavemente los ojos.

Es posible que, durante este ejercicio, tu ángel te busque. Fue durante el Ejercicio de Alineación cuando el ángel de Deborah se presentó por primera vez, aconsejándole que abriera el corazón a los sonidos del silencio. Lo sabrás por el mensaje que recibas, mediante sensaciones, imágenes y hasta palabras. Pero, aunque no recibas ningún mensaje, el ejercicio te pondrá en un nuevo sitio de atención receptiva. Durante la mayor parte del tiempo estamos tan ocupados charlando o pensando en lo que vamos a decir que no nos permitimos los placeres del silencio, de escuchar los diferentes tipos de sonidos que viven en ese silencio. Es en el silencio donde nos hablan los ángeles.

Alex trabaja en un teatro, entre bastidores. Se sentía atrapado en ese puesto y, cuando su amiga Carol le habló del taller sobre ángeles, la intriga lo llevó a participar en uno. Nos dijo que, de todos los Ejercicios de Alineación, este era su favorito.

—Cuando pusisteis ese fragmento de música clásica yo no vi a ningún ángel. Pero luego nos hicisteis escuchar los sonidos dentro del cuerpo. Oí mi corazón, mi respiración, los gorgoteos de mi estómago, además de los ruidos de la habitación y el tránsito en la calle. Como si yo fuera un globo tan inflado que todos los ruidos del mundo se estaban produciendo dentro de mí.

Explicamos a Alex que todos experimentamos la Alineación de diferentes maneras. Su sensación de expansión era su propio modo de entrar en una resonancia más profunda con el silencio donde hablan los ángeles. Otro modo de hacerlo es aquietar el cuerpo y la mente. El ejercicio siguiente es muy simple y también muy importante.

Ejercicio 8:
MEDITACION CENTRALIZADORA

Pasamos mucho tiempo dentro de la mente, de la cabeza. Pero esta meditación llevará la conciencia a tu mismo corazón, el centro de tu cuerpo, que es el sitio donde tus ángeles se encuentran contigo. Lo único que necesitas es un sitio donde puedas estar en silencio y sin perturbaciones. Lee varias veces los pasos antes de comenzar. Si así lo prefieres, puedes grabarlo. En ese caso deja una pausa de uno o dos minutos entre un paso y otro.

1. Cierra los ojos. Siente cómo sube y baja tu aliento en el cuerpo. Mantén el pensamiento de que, cuando respiras, Dios te está dando aliento.

2. Pon las manos sobre el corazón. Siente el latir del corazón, la fuerza vital. Siente cómo bombea sangre a todos los rincones de tu cuerpo.

3. Mantén la atención centrada en el corazón y su latido. Si tu mente se distrae, devuélvela a tu corazón, al centro de tu naturaleza sensible.

4. Imagina una luz o una llama en el centro de tu corazón. Representa la chispa de lo divino dentro de ti. Es la semilla de quien eres. De la manera que puedas, conéctate con esa chispa y siente lo que significa para ti.

5. Exhala a fondo. Cuando estés listo, vuelve a abrir los ojos.

Ellis, profesor de química de una escuela secundaria, experimentó cierta resistencia inicial a esta meditación. El y su esposa acababan de separarse. Instalado en un apartamento propio, quería tener tiempo para estar con sus hijos y ansiaba desesperadamente mantenerlo todo unido. Los Ejercicios de Liberación le provocaron mucha angustia y aún la sentía.

—Vine a hablar con los ángeles, no a revolver mi basura —se quejó.

Le pedimos que, por el momento, dejara todo eso a un lado y se limitara a hacer la Meditación Centralizadora. Más tarde nos dio las gracias, diciendo:

"Cuando inicié la meditación me sentía bastante destrozado. Pero cuando me puse las manos en el corazón pude imaginar una llama allí, en el centro de mi pecho. Eso me hizo algo. Llevo semanas corriendo de un lado a otro, frenético. Por primera vez desde que me mudé, me sentí en calma. Estoy todo en un mismo sitio y puedo sentir otra vez el corazón."

Este ejercicio puede causar el mismo efecto en tu vida. Y puedes utilizarlo a cualquier hora del día, dondequiera que estés, cuando no te sientas centrado. Como sólo lleva un minuto, puedes hacerlo en tu escritorio o ante el volante de tu auto, cuando te detenga un semáforo en rojo. La vida que llevamos es mucho más complicada que la de nuestros abuelos. Bienvenida sea cualquier herramienta que nos permita permanecer centrados.

Cuando pensamos en ángeles, con frecuencia pensamos en coros celestiales, en ángeles con arpas y trompetas. Cuando entramos en alineación con nuestros acompañantes, nos abrimos a esa música gloriosa, que tanto se oye como se siente. El ejercicio siguiente fue ideado para ayudarte, según las palabras del salmo, a "hacer un ruido gozoso hacia el Señor".

Ejercicio 9:
VOCALIZAR PARA ABRIR
EL *CHAKRA* DE LA GARGANTA

Para alinearte con tu ángel puedes utilizar este ejercicio, a fin de estimular garganta y oídos. Esto te preparará para conversar con tu ángel. También puedes emplear una canción, un himno o un cántico, siempre que lo entones con el corazón. La idea es abrirte vocalmente, aflojar tus cuerdas vocales y liberarte. Practicar en voz alta el sonido de las vocales es una manera simple y efectiva de hacerlo; para eso no necesitas nada más que un asiento cómodo, pero también en este caso puede resultarte conveniente grabar antes el ejercicio.

1. Comienza con el sonido de la vocal "A". Emite el sonido primero con los ojos abiertos; luego con los ojos cerrados. Observa si hay alguna tensión en tu cara, tu mandíbula o tu garganta. Si así es, mueve la mandíbula varias veces, de lado a lado. Luego repite otra vez el sonido "A", en voz más alta, con los ojos abiertos y con los ojos cerrados.

2. Emite el sonido "E", primero con los ojos abiertos, luego cerrados. Observa nuevamente si existen tensiones o si el tener los ojos abiertos o cerrados marca alguna diferencia. Repite nuevamente el sonido "E" de ambas maneras, en voz más alta.

3. Repite los pasos ya descritos con el sonido de la "I".

4. Luego emite el sonido de la "O".

5. Ahora trabaja con el sonido de la "U". Puedes pronunciarla primero a la española, *uh*, y luego a la inglesa, *iu*.

6. Cuando hayas terminado con todas las vocales, emite los siguientes sonidos, haciéndolo con lentitud: *Ah. Oh. Um.* Repite estos tres sonidos hasta que empiecen a fundirse unos con otros y te encuentres emitiendo el sonido *ohm*. Puedes hacerlo con los ojos abiertos o cerrados. Siente cómo vibra el sonido en tu garganta. Observa en qué otro lugar del cuerpo sientes estos sonidos. ¿Hay resonancia en el Tercer Ojo, en la zona del Timo o en la del Corazón?

7. Ahora emite las notas que quieras. Déjalas brotar de tu garganta, subiendo y bajando a voluntad.

8. Continúa entonando esas notas hasta que todo tu cuerpo zumbe. Si lo has hecho con los ojos abiertos, cié-

rralos al terminar. Si lo hiciste con los ojos cerrados,
ábrelos al terminar. Permanece quieto durante algunos minutos, sólo percibiendo tu cuerpo.

¿Cómo sientes el cuerpo después de este ejercicio?
Los ruidos de la habitación, ¿te parecen ahora diferentes?
Puedes hacer también este ejercicio entonando tu propio
nombre. Prueba diferentes maneras de cantarlo: alto y bajo,
rápido o lento, fuerte y suave. ¡Canta hasta que te retumben los oídos!

Peter detestaba este ejercicio. Es del tipo fuerte y silencioso, que no habla mucho, aunque cuando lo hace, lo
mordaz de su ingenio desarma a todos. A Nora, por el contrario, le encantaba. No quería dejar de entonar y decía
sentirse como si todo el cuerpo le vibrara con los sonidos.
Y Bruce, que toca en una banda de *rock*, reía, diciendo que
se sentía como una guitarra a la que estuvieran afinando.
Para él era obvio quién estaba afinándola.

Ejercicio 10:
UNA INVOCACION
A LOS ANGELES

Este pequeño y sencillo cántico es otra manera de
utilizar los sonidos que hace tu cuerpo para alinearte con
los ángeles. Contiene sólo cuatro palabras, tres de las cuales se repiten tres veces, y una cuarta que se pronuncia una
sola vez al final. Puedes repetir el cántico tantas veces como
quieras. Cada palabra se entona con el mismo sonido. Los
ángeles nos la dieron en do sostenido, pero puedes utilizar

cualquier otra nota que te parezca adecuada; experimenta hasta hallar la nota que suene clara y cómoda. He aquí las palabras:

Eee Nu Rah (Pronúnciese Iii Niu Ra)
Eee Nu Rah
Eee Nu Rah
Zay. (Pronúnciese "sey", haciendo zumbar la s)

Cada una de las palabras tiene un significado. *Eee* significa "Todo lo que soy que no es físico, mi mente y mis emociones". *Nu* significa "Mi cuerpo físico". *Rah*, "Mi alma". *Zay*, "En compañía de los ángeles." Reunidas, las palabras del cántico dicen: "Traigo todo mi ser, mente, emociones, cuerpo y alma, juntos en compañía de los ángeles." Es una manera rápida y fácil de invocar a los ángeles, una manera de decir: "Aquí estoy, ángeles, listo para estar con vosotros." Es sencillo. Da resultado. Prueba.

Connie se aficionó a este ejercicio en cuanto lo probó en uno de nuestros talleres. Su voz no es hermosa, pero sí clara y fuerte; resonaba en toda la habitación. Más adelante contó que, cuando era pequeña, su familia pertenecía a una iglesia donde se hablaban lenguas extranjeras. Los sonidos de este cántico la devolvían a algunos de esos felices momentos de su niñez, cuando ella sabía que los ángeles eran algo real.

Sintonizando la frecuencia de los ángeles

Cuando quieres sintonizar en la radio una emisora diferente, haces girar el dial. Cuando quieres cambiar de canal tu televisor, utilizas el botón o el control remoto. Del mismo modo, cuando quieres cambiar de plano de conciencia, hay cosas que puedes hacer. Hay quienes han empleado para eso el alcohol y las drogas. En una conferencia sobre ángeles que se pronunció en Dallas, en el invierno de 1989, el doctor Tom Moore, eminente psicoterapeuta, teorizó que el problema de drogadicción de nuestra sociedad podría indicar un intento de abrirse a los órdenes angélicos para alcanzar estados de conciencia más elevados. Pero los estados de alteración química no tienen un artefacto que permita sintonizar debidamente. Son los elementos químicos los que mandan; tú no. La visualización siguiente nos fue dada por los ángeles para ayudarte a pasar a un estado alterado sin perder el dominio ni la conciencia.

Ejercicio 11:
VISUALIZACION
PARA LA SINTONIZACION
DE ENERGIA

Se trata de una visualización centrada en el cuerpo. Cada paso del ejercicio está ideado para elevar tu vibración personal, a fin de que puedas alinearte gradualmente con la frecuencia angélica. Al principio puede llevarte algún tiempo sentir los cambios dentro de ti, pero cuando hayas practicado la visualización un rato podrás cumplir las tres etapas en tres aspiraciones profundas.

1. Siéntate cómodamente en una silla, con los pies en el suelo.
2. Apoya la mano que usas para escribir en el hombro opuesto.
3. Apoya la otra mano en el hombro opuesto.
4. Cierra los ojos y observa tu respiración. Siente el subir y bajar de tu abdomen cuando inhalas y exhalas.
5. Cuando te sientas a gusto con tu respiración, visualiza una esfera de luz cobriza, del tamaño de un pomelo, flotando unos veinte o veinticinco centímetros por encima de tu cabeza.
6. Imagina esa luz; siente su fulgor cobrizo y su calor por encima de ti. Imagina que la esfera comienza a verter luz cobriza líquida sobre tu cabeza. Cuando inhales, introduce esa luz cobriza en tu cerebro. Deja que te llene la cabeza, el cuello, el corazón, y continúe virtiéndose en ti con cada inhalación hasta que llegue a la base de tu columna. Siente la energía de esa cascada de cobre que te va llenando. Dedica algún tiempo a estar con esa luz cobriza.
7. Cuando estés listo, visualiza una bella esfera de luz plateada que brilla donde estaba la de cobre. Comienza a verter una fresca plata líquida sobre ti. Inhala la luz plateada, haciéndola bajar desde lo alto de tu cabeza hasta la punta de tu columna. Deja que la luz plateada refulja dentro de tu cuerpo; nota que la luz plateada es de una frecuencia diferente, más alta que la cobriza. Pasa un rato con la luz plateada, sintiéndola a través de tu cuerpo, interactuando con tu yo físico.
8. Una vez más, cuando estés listo, imagina una bola de luz dorada que flota por encima de tu cabeza, donde estaba la de plata. Es reluciente y brillante, cálida y bella. Una vez más, esa luz comienza a verterse sobre tu cabeza. Cuando inhales, hazla entrar por tu coronilla, descendiendo hasta la base de tu columna.

9. Siente la luz dorada que refulge dentro de ti. Observa que la luz es de una frecuencia más alta que la de plata, que era más alta que la de cobre. La luz dorada es la frecuencia de los ángeles. Aspírala hacia todos tus *chakras*, hacia cada parte de tu cuerpo físico.

10. Prolonga la experiencia de la luz dorada y observa tu cuerpo con atención. Repara en cualquier cambio que se produzca en él. Escucha los sonidos a tu alrededor. Permanece con la luz dorada. Déjala danzar en ti, contigo, a través de ti.

11. Luego, lenta, lentamente, cuando estés listo, abre los ojos. Aspira hondo y exhala lentamente. Mira a tu alrededor. Estás viendo el mundo con los ojos en la sintonía de los ángeles.

12. Cuando hayas explorado la habitación con todos tus sentidos, pasa lentamente hacia atrás, remplazando la luz dorada por la de plata y la de plata por la de cobre. Ahora estás nuevamente en tu estado normal de conciencia.

Si decides utilizar el ejercicio 11 como Ejercicio de Alineación cuando llegues al capítulo 7, *Conversar*, graba sólo los pasos 1 a 11. Debes conversar con tu ángel mientras aún estás lleno de luz dorada, en vez de volver a tu habitual estado de conciencia.

Quizá descubras, como Anthony, que "el cuarto parece diferente, los sonidos más nítidos y los colores más acentuados". O tal vez todo parezca menos claro. Paula dijo que le parecía mirar a través de los objetos, como si fueran casi transparentes.

Cada uno de los pasos de este ejercicio te pasa a un distinto plano de receptividad. Cuando aspiras la luz cobriza, resuenas con la Tierra y los espíritus de la naturaleza. Cuando aspiras la luz plateada, te conectas con el reino mental de guías y extraterrestres. El paso a dorado te lleva a la frecuencia espiritual de los ángeles. Efectuar esos cambios aumenta tu capacidad de expandir tu conciencia sensorial. Cuando quieras alinearte con tu ángel, bastará que pases tu aliento de cobre a plata y luego a oro.

Después de hacer este ejercicio por primera vez, Allan miró a su alrededor y dijo que tenía la sensación de ver el cuarto por primera vez, aunque estaba allí desde hacía varias horas. El ejercicio tenía sentido para él, por su experiencia profesional de electricista. Dijo que, como el cobre es un buen conductor en el plano físico, le parecía lógico que el oro lo fuera en el espiritual.

Tus alas de ángel

¿Quién no ha deseado poder volar? Mucho antes de que Leonardo da Vinci diseñara diferentes artefactos voladores, los antiguos griegos relataban la historia de Dédalo, quien hizo un par de alas para sí mismo y para Icaro, su hijo, a fin de escapar volando de la isla en la que estaban prisioneros. Las alas estaban hechas de plumas unidas con cera. Pese a las advertencias de su padre, Icaro voló demasiado cerca del sol, las alas se derritieron y Dédalo, con el corazón destrozado, vio que su hijo caía al mar y se ahogaba.

Pero supongamos que tienes alas que no pueden fundirse. Así como nuestros *chakras* son más sutiles que nuestro cuerpo físico, hay dentro de nosotros puntos de energía y fibras aun más sutiles. Imagina por un momento que hay pares de diminutas vainas doradas a cada lado de tu espalda, desde lo alto de tu cuello hasta la parte baja de tu espalda, y que, si prestas atención a esas vainas, despertarán y se abrirán. De ellas se desenroscarán diminutas fibras doradas, a lo ancho de tu espalda y más allá. Son tus *fibras aladas*. Plenamente abiertas, actúan como un sistema de antenas que te ayudarán a alinearte con tu ángel.

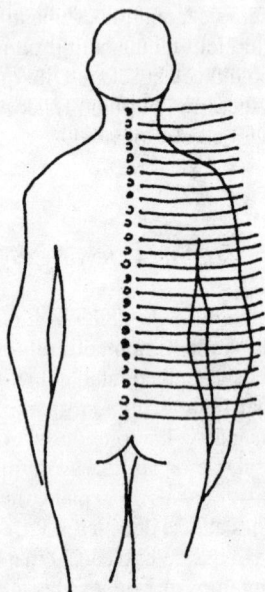

Fibras aladas

Izquierda: comenzando a desplegarse
Derecha: extendiéndose

Si nosotros tenemos un juego de estas fibras, los ángeles poseen muchas. El ejercicio siguiente te mostrará cómo abrir tus doradas fibras aladas y despertar a la parte de ti que es angelical.

Antes de iniciar el ejercicio, estudia el diagrama del sistema de alas que incluimos más adelante, a fin de saber dónde están los puntos o vainas y dónde emergen tus fibras aladas. Usa el diagrama como gráfico anatómico sutil. Cuando tengas una idea de dónde están las vainas de tus alas, haz la Meditación Básica de Cimentación y luego ¡aprende a volar!

Ejercicio 12:
ABRIENDO TUS ALAS

Siéntate serenamente en el suelo o en una silla, con espacio detrás de ti. A algunas personas les resulta más fácil hacer este ejercicio de pie. También en este caso puede convenirte grabar este ejercicio.

1. Cierra los ojos y ciméntate. Siente tus raíces que se extienden desde la base de tu columna, hundiéndose profundamente en la tierra. Siente las fibras del *Chakra* de la Coronilla, que se extienden hasta el cielo.
2. Conéctate con tus *chakras* percibiéndolos uno a uno, desde el de la Raíz hasta el de la Coronilla.
3. Ahora centra tu conciencia en la columna. Percibe cada una de tus vértebras.
4. Pon las manos a cada lado de la columna, en la parte superior del cuello. Lentamente, como puedas, date

masajes en la espalda a cada lado de la columna, avanzando hacia abajo desde el cuello hacia el coxis. Palpa los espacios entre las vértebras. Si hay partes que no puedes alcanzar, frótate la espalda contra una pared, como hacen los gatos y los perros, para sentirlas.

5. A continuación, vuelve tu percepción hacia adentro y visualiza pares de vainas doradas a cada lado de tu columna, que van desde arriba hasta abajo, justo debajo de la piel.

6. Comenzando por la parte superior de la columna, imagina que el primer par de vainas doradas comienza a refulgir y a abrirse. Siente/ve un diminuto brote o fibra dorada, que emerge de la vaina, tal como si fuera una planeta.

7. Vértebra por vértebra, desciende a lo largo de tu columna, sintiendo que cada par de vainas doradas se abre y brota en una pequeña fibra dorada.

8. Avanza otra vez por tu columna, hacia arriba y hacia abajo, visualizando ahora todas esas fibras que se hacen más largas y más fuertes. Están creciendo en sentido horizontal, desde tu columna hacia afuera, cada vez más largas. Ya son tan anchas como tu espalda y siguen creciendo.

9. En tu imaginación, extiende tus fibras aladas hasta que midan unos setenta y cinco centímetros. Agita esas fibras, moviéndolas y apuntándolas hacia el techo y luego hacia el suelo.

10. Juega con tus alas. Aletea. Levanta el ala izquierda hacia el techo y baja la derecha hacia el suelo. Invierte. Apúntalas bien hacia atrás. Tráelas hacia adelante, hasta que se toquen las puntas, y muévelas hacia arriba y hacia abajo.

11. Estas fibras doradas son tus alas, tu antena para comunicarte con el reino angelical. Imagina que una amorosa energía dorada se vierte desde ese reino por

la punta de cada fibra. Siente esa misma energía dorada y amorosa, que se vierte desde la punta de tus alas hacia el mundo.

Sigue jugando con tus alas. Agítalas. Acostúmbrate a ellas.

Cuando Deborah desplegó sus alas, su ángel volvió a hablarle: "Elévate como un pájaro en el aire; extiende tus alas y vuela sin temor." El mensaje tenía para Deb un doble significado; había estado analizando la posibilidad de mudarse fuera de Nueva York, pero estaba algo temerosa, pues no tenía idea de dónde ir. Pocos meses después recibimos una carta suya. Simplemente había preparado el equipaje para partir en su auto (¡volando no!) hacia el Oeste. Al llegar a Santa Fe, según decía, supo que estaba en su hogar.

Cuando Vickie hizo este ejercicio por primera vez, estalló en una carcajada. "¡Siempre supe que tenía alas!", dijo. Es la reacción de muchos. Aunque pueda parecer extraño en un principio, cuando te acostumbras a ellas disfrutas desplegándolas también en lugares públicos. Mira qué pasa cuando las despliegas en un ascensor repleto... o viajando en autobús. Jake nos dijo que una noche, estando en un restaurante atestado de gente, no lograba llamar la atención de la camarera por mucho que se esforzara. Sólo para entretenerse, decidió abrir sus alas mientras la esperaba. A los pocos segundos tenía a la camarera a su lado. Jake se llevó una sorpresa al ver el rótulo con su nombre: Angela.

Cuando hayas terminado de usar tus alas, lo mejor es recogerlas nuevamente dentro de tu cuerpo, para que las fibras no se enreden o anuden. Si ocurre eso, visualiza a tu ángel de pie detrás de ti, con un gran peine dorado, peinándolas hacia afuera. El ángel de Joseph usa las fibras de sus propias alas para quitarle los enredos. Barbara las limpia y las peina bajo la ducha.

Una manera sencilla de darte energía es hacer que esas fibras vengan hacia adelante, rodeándote hasta que las puntas de un ala toquen las puntas de la otra. Tus alas crearán un cilindro de luz dorada a tu alrededor que puedes introducir en tu cuerpo en espiral. Percibe esa luz que se vierte dentro de ti, llenando tus *chakras* y todas las partes de tu cuerpo físico.

Cuando despliegas las alas, irradias energía amorosa, no sólo desde las puntas de tus alas, sino también desde tu corazón. Ya estés sentado en un autobús o formando fila en el supermercado, cada vez que abres las alas emites amor al mundo y contribuyes a elevar la atmósfera espiritual.

Ejercitación sensorial

Cada uno de estos ejercicios te permitirá alinearte de un modo diferente. Algunas personas se desempeñan mejor con los ejercicios que emplean el sonido; otras, con las técnicas de visualización; también hay quienes responden mejor a los procesos que involucran el cuerpo físico. La técnica que prefieras te revelará algo sobre ti mismo.

La Audición Expandida es la preferida de quienes reúnen información por el oído. La Vocalización atrae a los más verbales, como la Invocación a los Angeles. Si te gustó más la Visualización para la Afinación de Energía, probablemente eres una persona visual, que obtiene información por medio de la vista y tiene facilidad para imaginar vívidamente las cosas. Y si tu método de Alineación favorito es Centrándose o Abriendo tus Alas, te orientas hacia el cuerpo, te inclinas por tocar y palpar.

Desarrollar tus sentidos es como trabajar tu cuerpo en el gimnasio. Si utilizas sólo una máquina, fortalecerás sólo un grupo de músculos. Cuando estés familiarizado con todo el Proceso de GRACIA, vuelve a este capítulo y haz los otros ejercicios para desarrollar mejor tus músculos sensoriales.

En cuanto comiences a sentir un cambio en tu conciencia y estés a gusto con uno de estos ejercicios, estarás listo para iniciar las conversaciones con tu ángel.

7

Conversar

La gente de nuestros talleres se asombra de que sea
tan fácil hablar con sus ángeles. Para hacerlo no hace falta
meditar durante veinte años en la cima de una montaña.
Abrirte a tus ángeles es, en esencia, llegar a un estado de
apertura de corazón. Los Ejercicios de Cimentación, Liberación y Alineación te preparan para hacerlo, te ayudan a
tornarte receptivo y dispuesto a aceptar, a experimentar
sentimientos de compasión, ternura, profundo entendimiento y placer. Por eso es tan importante cumplir en orden
todos los pasos, sin saltear ninguno.

Los ángeles nos conectan con nuestra más elevada
fuente de conocimiento: el Yo Superior, ese aspecto de uno
mismo que tiene conciencia de Dios. Es amante, pero neu-
tral; compasivo, pero no sentimental. Existe en cada uno
de nosotros, aunque muy pocos pueden mantener estados
de conciencia de Dios por períodos prolongados. Pero
muchos de nosotros lo entrevemos ocasionalmente... gracias a Dios. Lo suficiente para saber que forma parte de
quienes somos. Y trabajar con los ángeles ayuda a traer
ese Yo Superior.

Una escuela de pensamiento sostiene que nuestro ángel es, en realidad, nuestro Yo Superior, que fue separado de nosotros cuando nos encarnamos como humanos. Desde ese punto de vista, encontrarte con tu ángel es conectarte de nuevo con otra parte de ti mismo. Eso nos parece cierto a muchos, pero no tienes por qué creernos. Fíjate qué te parece a ti.

De cualquier modo, hablar con tu ángel te proporcionará una clave para entenderte y entender a otros. También puede ayudarte a poner en claro el propósito de tu vida y abrirte a tus dotes únicas.

No te olvides de anotar

Cuando tu ángel te hable, es importante anotar todo lo que recibas. Cuida de tener tu libreta y tu estilográfica cerca cuando hagas el ejercicio 13. Escribe sin corregir ni censurar, sin tratar de cambiar palabras o expresiones para que suenen mejor. Escribe sin juzgar, como si lo hicieras al dictado. Al terminar, es una muestra de cortesía dar las gracias a tu ángel; hasta puedes escribir "gracias" al final.

Preparación

Ahora que has dominado los tres primeros pasos para abrirte a tu ángel, estás listo para hablar directamente con tu amigo celestial. Probablemente ya no necesites escuchar los ejercicios grabados. Si los has practicado lo suficiente, estarás familiarizado con ellos. En ese caso, sólo necesitas grabar el ejercicio siguiente. Pero, si los pasos aún no te son familiares o si te gusta escucharlos, he aquí una recapitulación de los ejercicios que has de grabar, en el orden en que los utilizarás, antes de Abrirte a Tu Angel. Grábalos uno tras otro y recuerda dejar pausas entre un paso y otro, para darte tiempo para seguir las instrucciones.

Ejercicio 3: Meditación Básica de Cimentación, páginas 146 a 150;
Ejercicio 6: Ejercicio Básico de Liberación, páginas 165 a 167;
Tu preferido entre los ejercicios de Alineación del capítulo 6;
Y agrega el Ejercicio 13 que sigue: Abrirte a tu Angel.

Ahora estás listo para hablar con tu ángel. Estás cimentado y centrado, sintiendo tu vinculación con el Cielo y con la Tierra. Has liberado cualquier bloqueo que pudiera impedirte establecer un claro contacto con tu ángel; te sientes más ligero y más abierto. Te has situado en un profundo alineamiento con tu ángel de la guarda. Estás receptivo y sintonizando la frecuencia de los ángeles.

Cuando hagas este ejercicio formularás una pregunta a tu ángel antes de comenzar; prepárala. Debe ser algo simple y abierto, como: "¿Qué deseas comunicarme?", "¿Qué debo saber en este momento?", "¿Cómo puedo abrirme a tu voz?", o hasta: "¿Cómo te llamas?"

Al iniciar este ejercicio Allan estaba muy sereno. Se había quitado las gafas y tenía los ojos cerrados. Su silencio reflejaba un estado de preparación y disposición. Carol, en cambio, estaba excitada y apenas podía quedarse quieta en el asiento. Según dijo, reinaba una sensación de *noche de estreno*, una mezcla de entusiasmo y expectativa nerviosa.

¡Bueno, aquí vamos!

Ejercicio 13:
ABRIRTE A TU ANGEL

Ten a mano tu libreta de anotaciones y tu estilográfica. Al tope de una página en blanco, escribe: "Abrirme a mi Angel", y la fecha.

1. Siéntate en tu lugar sagrado, con los pies bien apoyados en el suelo y los ojos cerrados. Siente la presencia de tu ángel, que se acerca cada vez más. Imagina que te envuelve suavemente con sus alas.

2. Mientras inhalas y exhalas lentamente, siente o percibe la presencia de tu ángel, que te tiende los brazos. Respira esa proximidad y deja que dentro de ti surja una pregunta.

3. Concentra la atención en tu corazón. Pon en tu corazón la pregunta que deseas formular, visualizando las palabras escritas allí.

4. Cuando sientas las palabras en tu corazón, abre los ojos y anota la pregunta en tu cuaderno. Vuelve a cerrar los ojos.

5. Con las palabras de tu pregunta en el corazón y en la mente, conéctate con tu profundo deseo de oír la voz de tu ángel. Escucha en tu corazón y en tu garganta. Pon atención a cualquier sentimiento que surja. Los ángeles llegan a nosotros a través de los sentimientos, de modo que esa puede ser la primera forma de contacto. Permite esos sentimientos y permanece abierto a las palabras que se presenten.

6. Anota todo lo que recibas, sean palabras, imágenes o sensaciones.

7. Recuerda agradecer a tu ángel su mensaje.

8. Lee lo que has recibido.

Observa las sensaciones que te despierta el mensaje. Puede sorprenderte, o quizá te conmueva. Si las palabras te llenan los ojos de lágrimas o si te sientes conmovido, sabrás que tu ángel ha hablado a través de ti.

La primera pregunta que Carol formuló a su ángel fue: "¿Cómo te llamas?" "Freda", fue lo que oyó; lo anotó responsablemente en su cuaderno, bajo la fecha: 4 de febrero de 1989. Estaba intrigada. Una tía suya se llamaba así, pero, hasta donde podía saber, su tía no era ningún ángel. Mientras reflexionaba en silencio, oyó que su ángel volvía a hablarle: "Escúchame bien y óyeme en tu corazón. Me llamo Freedom ("Libertad").

Cuando Allan preguntó: "¿Qué mensaje tienes para mí?", no recibió ninguna palabra. Lo que experimentó fue una sensación cálida y vibrante en su corazón, como si desbordara ternura y amor. Contó al grupo que se sentía invadido de amor, tanto que hacía cantar y resonar todo su cuerpo.

Carol lanzaba risitas infantiles y se sentía algo azorada. En los ojos de Allan había lágrimas. Se las limpió con ambas manos, sacudiendo la cabeza.

—No lo puedo creer —dijo—. No he visto a ningún ángel, no he oído a ningún ángel, pero sé que estaba allí.

No cabían dudas de que habían conocido a sus ángeles.

En otro taller, Darryl, un joven músico, preguntó: "¿Qué necesito saber ahora?" Y oyó esta palabra: "Sabe que ahora estoy contigo y que jamás te abandonaré. Estoy contigo, tu suave amigo, y guío tu andar. ¡Abreme el alma y vamos a jugar!"

Frente a Darryl se había sentado Elsita, una deliciosa octogenaria de corazón joven. Ella no recibió un mensaje en palabras, pero he aquí lo que anotó en su cuaderno después de hacer el ejercicio la primera vez:

"Siento vibraciones muy fuertes en las manos, los brazos, la cara. Veo hermosos colores en diseños geométricos cambiantes. No tengo pensamientos lúcidos."

Elsita volvió a hacer el ejercicio. En esa oportunidad escribió:

"Veo reflejos en un plácido estanque; la corriente de un río ancho, olas que rompen en una playa; largas líneas de olas, espuma, movimiento. Ahora un brillante rayo de luz cruza las olas. Hacia mí viene una palabra: Belleza."

Encantada con las imágenes, pero ansiosa por oír el mensaje de su ángel, Elsita hizo el ejercicio por tercera vez, preguntando: "¿Qué necesito saber en este momento?"

Entonces las palabras se presentaron con claridad: "Belleza es Verdad, Verdad es Belleza. Eso es todo lo que sabes y todo lo que necesitas saber." Y la voz continuó: "Estoy en el río que fluye, en las olas, en la espuma, en la Luz y en la Oscuridad. Soy el Creador y la creación."

Elsita estaba algo embriagada de placer.

—¡Y yo sólo pedía hablar con un ángel! —dijo.

Los ángeles se presentan a nosotros de modo que podamos recibirlos. En un principio, Darryl se mostró algo renuente a compartir el mensaje recibido. No esperaba algo poético ni suponía que los ángeles pudieran ser tan juguetones. Elsita tiene un gran amor por la belleza y la naturaleza, pero también sentía algunos temores al abrirse a su ángel por primera vez. Por eso su ángel la calmó con bellas escenas naturales, con lo cual le permitió relajarse lo suficiente para oír la voz de su Mente Superior.

Si no estás seguro de haber recibido nada, vuelve a cerrar los ojos y repite el ejercicio desde el comienzo, estableciendo una conexión más potente con tu deseo de comunicarte con tu ángel. Acepta con gratitud lo que recibas. No deseches ni critiques lo que aparezca, porque eso cerrará tu corazón, bloqueando la comunicación. Cuando aceptas, te abres; cuando estás abierto, es mucho más probable que recibas.

Practica, practica, practica

Por simple que sea el proceso de apertura, su éxito depende de que hayas hecho a conciencia la Cimentación, la Liberación y la Alineación. La práctica mejorará tu habilidad y continuará abriendo el canal de comunicación entre tú y tu guardián. Es bueno reservar un rato al día para la cita, como aconsejó el ángel de Lee, preferiblemente en el espacio sagrado que hayas creado, un sitio cómodo y sereno, donde recuerdes que estás entrando en el reino angélico. Puedes encender un cirio o poner en ese lugar algunas flores frescas. Debe ser especial, tan especial como tu relación con tu ángel.

A esta altura pueden presentarse algunas preguntas:

¿Cómo saber cuándo es tu ángel quien habla y cuándo tu mente?
¿Cómo saber si es un ángel o un guía?

Utilicemos la analogía del televisor, imaginando por un momento que tú eres el aparato. Hay muchos canales o emisoras que transmiten. (En este caso, al hablar de canales nos referimos a una voz, no a la persona que la recibe.) Mientras no te abras a los ángeles, el único canal que puedes recibir en tu televisor proviene de tu mente, de tu yo. No es difícil detectar la diferencia entre tu mente y tu ángel. Tu mente está llena de críticas y palabras tales como "deberías". Te dice qué hacer, cómo y cuándo hacerlo. Y nunca deja de indicarte lo que has hecho mal.

Practicando el Proceso de GRACIA aprendes a sintonizar otro canal, que transmite en una frecuencia más alta: la voz de tu ángel. Esa voz es serena y compasiva. A veces, irónica. ¡A veces habla en rimas! Nunca censura ni te dice que te has equivocado; tampoco te indica qué hacer, aparte de indicarte mirar hacia adentro o ser más amante contigo mismo. Siempre señala el punto de vista positivo y ofrece consejos constructivos. ¡Qué diferente suena del antiguo programa negativo que proviene de nuestra mente! ¡Es un espectáculo completamente nuevo!

Cómo saber si es un ángel

En realidad, una de las maneras de identificar la voz angélica es la sensación que te produce. Gilda es una periodista independiente, conocida por su ingenio agudo. Es intelectualmente curiosa y no cae en lo sentimental. Quiso ver si podía hablar con los ángeles desde la postura de una periodista investigadora. Después de los ejercicios de Cimentación, Liberación y Alineación, Gilda cerró los ojos y preguntó: "¿Qué deseas decirme?" Al oír la respuesta de su ángel, las lágrimas le corrieron por la cara. El cuaderno quedó en su regazo; la estilográfica, muerta en sus dedos. Por primera vez desde que era periodista profesional, no pudo anotar la cita exacta, pero estaba radiante.

—Nunca he experimentado nada como el amor que sentí al oír a mi ángel —explicó después—. Estaba bañada en amor, limpia de mis dudas acuciantes. ¡Me sentía protegida!

Las sensaciones de amor, de mayor autoaceptación, de paz interior, de ser profundamente queridos y reconocidos son señales de comunicación angelical. También puedes tener una reacción física. Larry, técnico de informática, miraba con escepticismo la posibilidad de recibir mensajes de un ángel, pero se sentía impulsado a probar porque su novia había cambiado ("se había dulcificado", según sus palabras) desde que hablaba con el suyo. Su primer intento le pareció un fracaso.

—No recibí ningún mensaje —dijo—. Sólo tuve una

sensación extraña en el corazón, como si fuera una esponja que alguien estrujaba y soltaba.

El ángel le había tocado el corazón, aun antes de que él escuchara sus palabras. Lo sintió físicamente, aunque no con sus emociones, porque las estaba bloqueando. Cuando le hicimos notar que se le estaba abriendo el corazón emocional, se sintió lo bastante alentado como para perseverar. El estado de corazón abierto es un requisito previo para hablar con los ángeles. Pero, como aún se aferraba a cierto escepticismo, tuvo que intentarlo tres veces más para que su ángel hablara.

"Eres suficiente", le dijo. "Eres bastante bueno. Bastante inteligente. Eres digno de amor así como eres."

Sin fallar, su ángel señalaba el problema que había retrasado la conexión: la falta de valer. Ahora Larry se comunica con sus ángeles regularmente, utilizando su ordenador personal.

Señales físicas

Otras manifestaciones físicas que pueden acompañar la comunicación angélica son: escalofríos, carne de gallina, cosquilleos en el dorso del cuello; una claridad de visión fuera de lo habitual; lágrimas, que fluyen cuando se abre súbitamente el corazón emocional, y un olor dulce o fragante que no tiene explicación. Tal vez percibas algo que huele a flores... cuando no hay flores alrededor. Todo esto indica las visitaciones angelicales.

Conversando

Una vez que estableces el contacto inicial con tu ángel, hemos descubierto dos maneras de conversar con ellos. La primera es hacer una pregunta de carácter general y abrirse para recibir la respuesta. Algunas de las preguntas que puedes formular son:

¿Cuál es mi finalidad en esta vida?
¿Cuáles son mis dones?
¿Cómo debo llamarte? ¿Cuál es tu nombre?
¿Cuál es el mejor modo de comunicarme contigo?
¿Qué necesito saber en este momento?
¿Cómo puedo servir?

He aquí algunos extractos de respuestas a la misma pregunta. La primera fue recibida por nuestra querida amiga Elsita; la segunda, por Anne, excelente hipnoterapeuta; la tercera, por un músico y compositor que se hace llamar Mercury; la última, por Jackie, que comercia con antigüedades y hermana en el sendero espiritual.

PREGUNTA: ¿Cómo puedo servir?
DANIEL, ANGEL DE ELSITA: Hablando. Diciendo a la gente. Hay muchos que están listos para escuchar tu mensaje: el mensaje de amor y unidad que puede salvar vuestro planeta. Abre tu corazón y ayuda a otros a abrir el suyo. Es por el corazón de los humanos, antes que por su mente, por donde vuestro mundo puede ser curado y entrar a una nueva y gloriosa era de paz y satisfacción.
LEANDOR, ANGEL DE ANNE: El verdadero significado del servicio es dar lo que se pide con amor. Si escuchas con el "Tercer" Oído, si ves con el "Tercer" Ojo y sientes con el cáliz del corazón, darás

con amor eso que se te pida. Dar sin amor es un engaño.

ANGEL DE MERCURY, ANONIMO: Eres un vínculo de comunicación. Un elemento conductor en un circuito. Así como el espíritu desciende al cuerpo, así descenderás al mundo para restablecer el vínculo entre la dimensión material y la espiritual. Debes servir como portavoz de los ángeles.

JEDIDIAH, ANGEL DE JACKIE: Tu trabajo en el universo es expandir la temeridad amando abiertamente. La gracia de Dios está presente y tu manifestación de ella inspirará a otros. Tu voluntad de hacer el Trabajo afectará a quienes te rodean, hasta que también ellos sean atraídos al círculo de luz. Sé una misionera sonriente. La gracia de Dios está siempre presente. Refleja esa gracia. Permanece en la presencia de Dios. Refleja fluidez, integridad, unidad.

Voces y nombres

Nos resulta fascinante ver que, si bien la pregunta fue formulada por cuatro personas en diferentes lugares y momentos, existe entre las respuestas notable similitud; en todas están presentes los temas de amor y unidad. Sin embargo, ¡qué individuales suenan las voces! En nuestros talleres de trabajo hemos descubierto que, cuando grupos de tres o cuatro personas formulan la misma pregunta, con frecuencia las respuestas son similares y utilizan palabras e imágenes idénticas. Para nosotros, esto es prueba incontrovertible de que todos estamos conectados a la Fuente y que, cuando nos reunimos con nuestros queridos ángeles, los mensajes que todos necesitamos oír llegan con claridad.

Cada ángel se comunica a su modo. Tal vez el tuyo quiera hablar contigo en cuanto te levantes. El estado soñoliento y relajado en que te encuentras un momento antes de dormir y al despertar por la mañana es sumamente apto para hablar con los ángeles. Por este motivo, algunas personas tienen siempre la libreta de anotaciones y la estilográfica cerca de la cama. Quizá tu ángel prefiera comunicarse sólo en viernes o en otro día determinado. Y, si dice que se llama Juan, como el de Gail, no te sorprendas. No todos los ángeles tienen nombres caprichosos. Si le preguntas su nombre y no recibes respuesta, no te preocupes. Un ángel nos dijo que, en realidad, no tienen nombres personales; los que recibimos al preguntar corresponden a una vibración a la que nosotros damos un nombre.

Si tu ángel dice llamarse Gabriel o Rafael, ¿estás hablando con un arcángel? Probablemente no, pero el ángel pertenece al clan de Gabriel o al de Rafael. Cuando tropieces con un arcángel te darás cuenta, sin duda.

Dialogando

La segunda manera de conversar con tu ángel es interactuando, utilizando el formato del diálogo. Una vez que empieces a desprenderte de viejas barreras mentales y emocionales, gracias al proceso de Liberación, comenzarás a revelar tus verdaderas fuerzas, tus dones y tu bondad. Nuestros ángeles vienen a nuestra vida para ayudarnos en eso. Cuanto más dialoguemos con ellos, más información compartirán.

Ahora que te has abierto a tu ángel, puedes utilizar el ejercicio siguiente cada vez que desees conversar. Lee el ejercicio varias veces; luego puedes grabarlo. Antes de hacer este ejercicio, haz primero los de Cimentación, Liberación y Alineamiento. Omitirlos es como omitir el precalentamiento cuando vas a correr. Cuanto más te estires, mejor correrás... o volarás, en este caso.

Ejercicio 14:
PREGUNTA A TUS ANGELES

Para hacer este proceso, necesitarás tu diario angelical, estilográfica y una grabación de este ejercicio, además de cualquier otro que puedas necesitar.

1. Cómodamente sentado en tu lugar sagrado, siente la presencia de tu ángel y comienza a inhalar todo su amor. Saluda a tu ángel con el corazón y recibe su saludo.
2. Deja que en tu mente se forme una pregunta. Ponla en tu corazón. Cuando puedas sentir las palabras en el corazón, abre los ojos, anótala y formúlala a tu ángel.
3. En el silencio, ábrete a las palabras que vengan a ti de tu ángel. Anótalas sin pensar en ellas.
4. Como en cualquier conversación, tendrás cosas que decir en respuesta a lo que tu ángel haya expresado. Anota esas palabras mientras las emites a tu ángel.
5. Una vez más, recibe la respuesta que te dé tu ángel y anota las palabras.
6. Continúa hasta que hayas llegado al final de la conversación.
7. Da las gracias a tu ángel.

Presta atención a tu cuerpo, a tu respiración, a lo que te rodea. Lee lo que recibiste. ¿Qué te enseñó sobre ti mismo? ¿Qué sensaciones te inspira? Si no crees que la información sea correcta o útil, si te parece que todo es un invento tuyo, guárdala. Vuelve a leerla más adelante, quizá después de una o dos semanas. El tiempo te dará distancia suficiente para evaluar sus méritos con una actitud menos crítica. Cuando tu ángel habla, puede sacudir algunas de tus creencias más antiguas y arraigadas. Cualesquiera que sean los motivos, los humanos nos aferramos mucho a nuestras creencias y estamos convencidos de que son acertadas. Tal como dijo cierta vez LNO· "Casi todos prefieren tener razón a ser felices."

Los momentos íntimos con tu ángel son una honda fuente de placer. Tu ayudante celestial trae a tu vida consuelo y alegría, así como iluminación para enfrentar temas problemáticos. En este momento estás disfrutando de tu primer contacto con tu ángel. ¡Felicitaciones! Y te esperan nuevas diversiones. En el capítulo siguiente hallarás otras maneras de disfrutar a tu ángel, utilizando el Oráculo del Angel.

8

Disfrutar
(El Oráculo del Angel)

Sargolais creó el Oráculo del Angel para darte la oportunidad de jugar con tu nuevo compañero y también con una hueste de ángeles sintonizados con la Tierra.

Puedes utilizar el Oráculo cuando, necesitado de orientación, estés demasiado confundido por el caos de tu vida como para sentarte a dialogar con tu ángel. Habrá veces en que quieras trabajar con algo que se pueda tocar y retener en las manos, como las piedras rúnicas, las cartas del tarot o las monedas del *I Ching*. También puedes querer relajarte y disfrutar de la compañía de los ángeles. El Oráculo sirve para todas estas ocasiones.

Casi todas las culturas del mundo han creado su propio sistema para obtener información espiritual, desde el Urim y Thummim mencionados en la Biblia hasta los que nombramos anteriormente. Como otras herramientas de adivinación, el Oráculo del Angel opera según el principio que C. G. Jung, el psicoterapeuta suizo, llamaba "sincronicidad". Jung notó que un acto ejecutado aparentemente al azar, tal como arrojar una moneda o extraer una carta de una baraja, puede proporcionarte una comprensión intuitiva profunda de los hechos de tu vida... si sabes interpretarlo. Cuando consultas el Oráculo del Angel, creas una oportunidad para que los ángeles te acerquen su guía, tengas o no para ellos una pregunta específica.

En qué consiste el Oráculo del Angel

En el Oráculo del Angel hay tres categorías de información. Mediante la combinación sincrónica de tu selección de cada uno de ellos los ángeles pueden comunicarse contigo, con tu más elevado saber propio.

• En la primera categoría están los arcángeles, los seres superlumínicos que harán la coreografía de tu aventura.
• La segunda categoría contiene dieciséis tipos diferentes de ángeles que están dispuestos a conocerte, tratar contigo y guiarte.
• En la tercera categoría encontrarás las veinticuatro situaciones de vida diferentes a través de las cuales puedes convocar a estos ángeles.

Más abajo encontrarás todo lo necesario para utilizar inmediatamente el Oráculo. Pero para disfrutarlo al máximo, dedica algún tiempo para hacerte una baraja de cartas para el Oráculo del Angel. Algo más adelante, en este mismo capítulo, hallarás instrucciones para hacerlas.

Ejercicio 15:
UN MODO RAPIDO DE UTILIZAR
EL ORACULO DEL ANGEL

Antes de utilizar el Oráculo del Angel, te conviene hacer la Meditación Básica para la Cimentación, pero no es requisito imprescindible. La información que necesitas para hacer una lectura es la que encontrarás en los tres recuadros siguientes.

1. Siéntate en silencio y presta atención a tu respiración.

2. Si tienes una pregunta para los ángeles, concéntrate en ella. Si no tienes una pregunta, simplemente invítalos a entrar en tu vida.

3. El lado izquierdo del cuerpo está relacionado con el hemisferio derecho del cerebro, que es el más intuitivo. Cuando estés listo, apunta el dedo índice de la mano izquierda por encima del recuadro que contiene los nombres de los arcángeles. Cierra los ojos, haz rotar el dedo tres veces en la dirección contraria a la del reloj y luego bájalo hasta la página. Abre los ojos para ver qué arcángel elegiste.

4. A continuación apunta el dedo por encima del segundo recuadro, donde figura la lista de los dieciséis tipos de ángeles diferentes. Como antes, cierra los ojos y deja que tu dedo toque la página. Abre los ojos para ver en qué tipo de ángel se posó tu dedo.

5. Por fin, repite el mismo proceso con el tercer recuadro. En esta ocasión descubrirás las circunstancias por las que llegará el ángel específico que elegiste. Estos tres puntos reunidos forman tu lectura del Oráculo del Angel.

6. Pasa a la sección *Interpretación del Oráculo del Angel* y lee el significado de cada uno de los tres puntos que elegiste.

Uriel
Gabriel
Rafael
Miguel

Tu Angel Acompañante
Un Angel de Vinculación
Un Angel de Información
Un Angel que Trabaja con Sueños
Un Angel de Curación
Un Angel de Conexión
Un Angel de Proceso
Un Angel de Transformación
Un Angel de Modelo
Un Angel de Reorganización
Un Angel de Tecnología
Un Angel de Ambiente
Un Angel de Naturaleza
Un Angel de Afinación
Un Angel de Paz
Un Angel de Gracia

Visita a una persona sabia
Crea un lugar sagrado y crea tu propio rito
Sé con una planta, un animal o con la tierra misma
No hagas nada
Haz algo nuevo
Dedica tiempo a alguien que amas
Dedica tiempo a estar solo en un sitio hermoso
Visita a un reparador
Diviértete
Visita un sitio sagrado y participa en un rito
Habla con alguien a quien conoces desde hace mucho
Haz algo que no te guste
Busca un objeto de poder
Despréndete de algo
Fabrica algo
Conéctate por medio de un libro, una grabación, una
película, la televisión o la pintura
Ríndete a cada momento
Incuba un sueño
Busca otro oráculo
Abre un libro al azar
Recuerda algo de tu niñez
Deja que los ángeles escriban por intermedio de ti
Espera la guía de un desconocido
Espera la guía de lo inesperado.

Ahora que has utilizado el oráculo

Esto es lo que ocurre cuando consultas el Oráculo del Angel. La selección de un arcángel te sintoniza con su presencia superlumínica. Avisado de tu consulta, "despachará" al ángel específico que elegiste del segundo recuadro. Este ángel es el que se comunicará contigo mediante la situación que elegiste del tercer recuadro.

Como los ángeles existen en un reino que está más allá del tiempo que conocemos; la situación que elegiste en tu lectura puede no presentarse inmediatamente. Libérate de cualquier noción preconcebida acerca de cómo se te presentará el ángel. Confía en que el arcángel que elegiste lo dispondrá todo según sea necesario.

Lleva un registro de tus lecturas en tu cuaderno angelical. No olvides fecharlas. Luego manténte alerta a lo que ocurra en tu vida. Más adelante, será conveniente que retrocedas y agregues más anotaciones a cada lectura sobre hechos subsiguientes y lo que aprendiste con ellos. Esto también te ayudará a acordarte de los ángeles que has conocido y de cómo trabajan contigo en tu vida cotidiana, para que puedas llamarlos libremente en el futuro y no sólo cuando estés utilizando el Oráculo.

Al terminar este capítulo encontrarás cuatro muestras de lecturas que te enseñarán a interpretar las tuyas.

Cómo hacer una baraja de cartas para el Oráculo del Angel

Puedes consultar el Oráculo del Angel de manera rápida, pero si haces una baraja de cartas para tu uso agregarás otra dimensión a tu manera de utilizarlo. Los objetos que tú mismo haces portan el amor y la energía que surge de tus propias manos. Y el acto de crear la baraja, en sí, te pondrá en contacto con los ángeles.

Hacer un mazo de cartas para el Oráculo del Angel es bastante simple. Sólo necesitas tres paquetes de tarjetas de 7cm x 12cm, cada paquete de un color diferente. Puedes usar tarjetas más grandes, si quieres, pero serán algo más difíciles de mezclar.

Deja que el niño espontáneo que hay en ti juegue, eligiendo tus colores favoritos para las cartas y la tinta que vas a utilizar. Usa la imaginación para ilustrar las cartas o recorta figuras para decorarlas, si quieres. Para protegerlas, puedes envolverlas en un trozo de tela, hacerles un saquito o conservarlas en un sobre. Una vez más, tú eliges. Conviene llevar las cartas cuando salgas de viaje o visites a un amigo.

En el primer juego de cartas, que son cuatro, escribirás los nombres de los cuatro arcángeles nombrados en el primer recuadro. Los ángeles no tienen sexo, tal como los conocemos. Tradicionalmente se da a estos arcángeles nombres masculinos, pero puedes invocarlos igualmente como Uriela, Gabriela, Rafaela y Micaela, o las variantes que prefieras. Si te sientes más a gusto llamándolos por nombres femeninos, úsalos en tus cartas.

En el segundo juego de cartas, utilizando un color diferente, escribe los nombres de las dieciséis categorías de ángeles que figuran en el segundo recuadro, uno en cada carta.

En el tercer juego, copia las veinticuatro situaciones diferentes del tercer recuadro, por las que los ángeles pueden presentarse a ti.

Ejercicio 16:

UNA LECTURA DE TUS CARTAS
PARA EL ORACULO DEL ANGEL

Tus cartas te permitirán combinar la información que obtuviste con el ejercicio 15. Siéntate en tu lugar sagrado. Enciende una vela o una varilla de incienso. Pon frente a ti tus cartas y tu cuaderno angelical. Antes de comenzar, haz la Meditación Básica de Cimentación.

1. Siéntate en silencio. Concentra la atención en tu pregunta a los ángeles. Si no tienes una pregunta específica, invita simplemente a los ángeles a entrar en tu vida.

2. Cuando estés listo, mezcla las cuatro tarjetas de los arcángeles, con el nombre hacia abajo. Puedes disponerlas en abanico en la mano o extenderlas en la mesa, frente a ti. Elige una y ponla aparte con el nombre hacia abajo.

3. A continuación mezcla las dieciséis tarjetas que contienen los distintos tipos de ángeles y elige una. Ponla aparte con la cara hacia abajo.

4. Por último mezcla las cartas de situación y elige una. Ahora puedes darle la vuelta, y también a las otras dos cartas elegidas.

5. Busca el significado de estas cartas en la información que sigue a fin de interpretar tu lectura. Anota la lectura en tu cuaderno angelical.

Interpretando el Oráculo del Angel
LOS ARCANGELES

Uriel: Cuando eliges este arcángel te estás comunicando con el ser cuyo nombre significa "Luz de Dios" o "Fuego de Dios". Uriel es el Protector del Este, del sol naciente, de la mañana y los nuevos principios, de la primavera y el color amarillo. Uriel trae a la mente energías transformativas y es el guardián del reino mental. Bajo su dominio caen la ciencia, la economía y la política. Esto lo incluye todo, desde la limpieza de tóxicos a los problemas del hambre, la falta de vivienda y las reformas políticas. La obra de Uriel incluye sistemas, organizaciones y todos los temas relacionados con el trabajo.

Gabriel: Al sacar este arcángel estás estableciendo contacto con aquel cuyo nombre significa "Hombre de Dios" o "Dios es mi fuerza". Gabriel es el Protector del Sur, del mediodía y el calor solar, del verano y el color verde. Gabriel es el ángel de la esperanza y la revelación, del amor y los contactos del corazón. Al elegir a Gabriel, te abres a todas estas cualidades y al terreno especial de este arcángel: la creatividad y las artes, las emociones y todas nuestras relaciones: con animales, con personas y con ángeles.

Rafael: El nombre de este arcángel significa "curado por Dios" o "Dios cura". Es el Protector del Oeste, del crepúsculo, la noche, el otoño y el color rojo. Rafael es el guardián de nuestro cuerpo físico y de la curación. Su dominio es la casa del crecimiento y la transformación; por eso al elegir a este arcángel eres receptivo a todas esas cualidades y sintonizas al mundo físico en sí. Invoca a Rafael si estás trabajando para la curación global o personal en cualquier plano, desde las enfermedades al maltrato y las adicciones.

Miguel: El nombre de este arcángel es "¿Quién es como Dios?" Miguel es el Protector del Norte, que es la casa de la noche, el invierno y el color azul. El Norte es el reino del espíritu y de los sueños. Miguel es el guardián de la paz, la armonía y la cooperación global. Y mientras realizas tu búsqueda espiritual es útil recordar las ocultas enseñanzas que Miguel nos ofrece. A veces estamos tan dedicados a buscar respuestas que olvidamos la importancia de formular las preguntas correctas. En estos momentos acuérdate de Miguel, cuyo nombre es una pregunta.

Categorías de ángeles

Tu ángel acompañante: Este es el ángel que trabaja más íntimamente contigo, en todas las situaciones de tu vida. Tu ángel personal es maestro, consuelo y bienamado amigo. Antes los llamábamos ángeles de la guarda. Pero hablar de guarda implica un peligro del que debes ser protegido, mientras que evolucionamos hacia un modo de vivir en el mundo en el que siempre estaremos a salvo. Cuanto más intiméis tú y tu ángel, más cerca estaremos de crear esa realidad.

Tu ángel acompañante es tu puente al reino espiritual, así como tú eres su puente a lo físico. Cuando escoges a este ángel estás invocando al que siempre está contigo. Ábrete a su amor por ti, siente su presencia y deja que te llene de gozo.

Un ángel de vinculación: Son los guardianes/acompañantes de grupos y relaciones. También se les conoce como ángeles coordinadores o colectivos. Cuando quieren que se reúnen dos o más personas, atraen a uno de esos ángeles que trabajará con ellas, ayudándolas a vincular sus energías y sus intenciones. Algunos pasan con nosotros largos períodos; otros son temporales, según el marco cronológico de la relación. De tal modo, hay un ángel de vinculación trabajando con cada pareja, con padres e hijos, con amigos, parientes, compañeros de trabajo, corporaciones, talleres y reuniones, aulas, ejércitos y naciones. En el capítulo 13 encontrarás más información sobre estos ángeles.

Si eliges a este ángel en particular, debes saber que en alguna parte de tu vida hay una relación que necesita claridad, curación y transformación. El vinculador celestial está en vuelo para ayudar.

Un ángel de información: Se les conoce también como ángeles narradores o de sabiduría. Su función es, simplemente, proporcionar información a todo el que la pida. Estos ángeles son los bibliotecarios del cielo, los custodios de lo que se ha dado en llamar Registros Akáshicos. Pueden ofrecerte información directamente o servirte de musas, llenándote de inspiración. Sin embargo, con más frecuencia trabajan indirectamente con nosotros, guiándonos hacia la información que buscamos. La revelación puede surgir de un libro que se cae del estante, una película que ves en una noche de insomnio o de una canción que no puedes quitarte de la cabeza.

Un ángel que trabaja con los sueños: Estos ángeles se relacionan con los de información, pero trabajan con nosotros cuando dormimos y no durante nuestra vigilia. También nos asisten en estados de conciencia alterados, tales como trances y experiencias de abandono del cuerpo. Su dominio especial es el inconsciente. Si eliges a este ángel, llama a uno de estos guías de turismo celestiales en el momento de quedarte dormido o cuando estés meditando. En el capítulo 10 hay más información sobre cómo trabajar con los sueños.

Un ángel reparador: Estos ángeles sirven para despertar al curandero que hay en ti, para facilitar la curación en todos los planos. Atienden a los enfermos, sirven en hospitales y asilos y trabajan con los profesionales del arte de curar.

Si has sacado a este ángel, debes saber que algún aspecto de tu vida está listo para ser curado con asistencia angélica. Vas a desprenderte de algo que te ha limitado en lo físico o en otro sentido. Estos ángeles reciben también el nombre de ángeles purificadores. En el capítulo 12 hay más información sobre las curaciones.

Un ángel de conexión: Estos ángeles se relacionan con los reparadores. Pero los reparadores vienen a nuestra vida para devolvernos el equilibrio interior, componer y purificar, mientras que los ángeles de conexión elevan nuestro organismo e incrementan nuestra capacidad de conciencia. Los ángeles reparadores reparan. Los ángeles de conexión mejoran.

Si elegiste a este ángel, estás abierto y listo para crecer. Así como el proceso de purificación y curación puede ser desagradable, así también el proceso de reconexión puede inquietar y desorientar. La enfermedad es el modo en que el cuerpo se purifica a sí mismo. Si tienes síntomas de gripe pero no te ha subido la temperatura y sabes que no estás enfermo, lo más probable es que te estén reconectando. Por desconcertante que esto resulte, al terminar el proceso estarás más despejado y presente, más concentrado.

Un ángel de proceso: En la vida necesitamos equilibrar el movimiento y el descanso, el devenir y el ser, el cambio y la falta de cambios. Hay un ángel de proceso que facilita cada uno de estos pares de cualidades. Algunos trabajan con el desplegarse del universo y nos ayudan a mudar, mientras que otros trabajan con la naturaleza invariable y nos ayudan a reposar. El ángel de procesos te ayuda a equilibrar tu conducta.

Si has elegido a este ángel, quizá te has vuelto demasiado pasivo en alguna parte de tu vida y necesitas volver a moverte. El ángel de proceso te ayudará con ese cambio. Por otra parte, esta selección puede estar indicando que te has vuelto demasiado activo y que te involucras demasiado. El ángel de proceso, a cargo del descanso y la calma, te ayudará a hacer el cambio hacia el equilibrio.

Un ángel de transformación: Estos ángeles son responsables de la transformación del espíritu y el pensamiento en el reino físico. También se les llama ángeles de manifestación; entre ellos encontrarás a los ángeles de prosperidad. Debido a su obra transformadora, estos ángeles nos ayudarán cada vez que hagamos un trabajo creativo; también asisten en sus misiones a los ángeles del nacimiento y de la muerte, más elevados.

Si esa es tu elección, es hora de crear maneras nuevas de estar en tu vida. Un nacimiento o una muerte acaecidos en tu círculo pueden precipitar tu transformación. El nacimiento y la muerte son también metáforas que representan los cambios que necesitas efectuar. Este es el momento de poner en práctica las ideas nuevas, desprendiéndose de las viejas que no han dado fruto. Al haber elegido a este ángel, prepárate para la transformación que pronto llegará a tu vida.

Un ángel de modelo: Conocidos también como ángeles del plano o la finalidad, los ángeles de modelo vienen a ayudarnos a alinearnos con los grandes patrones del universo. Portan la energía de esos patrones y pasan los planos a los ángeles de transformación, que ayudan a convertirlos en cosa física. Luego intervienen los ángeles de proceso para ocuparse de mantener el equilibrio.

Si sacaste a este ángel, estás buscando un mayor sentido de la finalidad y el significado, pues modelo y finalidad son lo mismo. Todo lo que existe tiene una finalidad, pero no se la puede hallar en el aislamiento. La finalidad consiste en interrelaciones. En tu viaje espiritual, ha llegado el momento de recurrir a uno de estos ángeles, a fin de comprender mejor tu propia parte en la intrincada trama de la creación en la que todos estamos incluidos.

Un ángel de reorganización: Si has elegido a este ángel, es hora de analizar las partes de tu vida donde estás empantanado. Es importante tener en cuenta que, cuanto más firmemente atrincherado parezcas estar, mayor será la tarea de reorganización a efectuar y más grande la conmoción resultante. Las cosas pueden ponerse patas arriba y hasta desaparecer: las llaves del auto, un empleo, una relación. Esto se debe a que esos ángeles están también a cargo de la demanifestación. Como su obra puede ser inquietante (y en realidad, así debe ser), no siempre reciben una cálida bienvenida. Toda reorganización proviene del amor y avanza hacia él. Si recuerdas esto te sentirás menos amenazado en medio de todos los cambios. La reorganización es una parte de la evolución. Es hora de efectuar cambios profundos, que el alma necesita. Cuando estás ordenando un ropero las cosas parecen estar más revueltas que nunca. No te dejes arrastrar por el caos. Continúa, que los resultados siempre valen la pena. A medida que te libres de los patrones viejos, emergerán otros nuevos y más satisfactorios.

Un ángel de tecnología: A medida que aprendemos a trabajar con estos seres y a alinearnos con su visión, creamos cosas equilibradas, ecológicas y sustentadoras de vida.

Todo lo que hacemos, desde el acero hasta el plástico, proviene de la Tierra. Los ángeles de tecnología son parientes de los ángeles de ambiente y de naturaleza y trabajan en colaboración con ellos.

Si escogiste a un ángel de tecnología, debes saber que, cuando participas en cualquier actividad que se refiere a artículos manufacturados, desde bolígrafos a grandes ordenadores, santificas las herramientas con las cuales trabajas y las utilizas de un modo sagrado.

Un ángel de ambiente: Estos son los custodios de los lugares del mundo: montañas, ríos, selvas y mares. También son los ángeles de ambiente los que vigilan sitios creados por el hombre: casas, oficinas, aeropuertos y otros lugares públicos. Su función consiste en mantener y elevar la integridad espiritual del ambiente que cuidan.

Dondequiera que estés, detente por un momento y piensa en el ángel ambiental de ese sitio. Cuando lo hagas, su presencia te infundirá la maravilla y la belleza de nuestro planeta, ayudándote a sentirte parte de Todo Lo Que Es. Al sentir esto aportas respeto a cualquier sitio donde estás.

Un ángel de naturaleza: Estos seres son primos de los ángeles de ambiente. Trabajan con los cuatro elementos: Tierra, Agua, Fuego y Aire. Incluyen a los espíritus de la Naturaleza, todos esos seres a los que hemos llamado devas, elfos, hadas, gnomos, etcétera. Si los ángeles ambientales se relacionan con lugares, estos tienen que ver con las formas de vida. Son los custodios de todo, desde lo diminuto a lo magnífico, desde un virus o un guijarro hasta los ríos y las grandes secoyas. Si has elegido a un ángel de la Naturaleza, se te pide que establezcas contacto con uno entre esta miríada de espíritus en cambio constante, que te conectes una vez más con la fuerza primitiva que circula por toda la vida.

Un ángel de afinación: Mientras que los ángeles ambientales se ocupan del espacio, los ángeles de afinación se interesan por el tiempo. Cuando te conectas con un ángel de ambiente, el sitio en que estás se convierte en un sitio sagrado. Cuando te conectas con un ángel de afinación, creas tiempo sagrado.

Debido a su trabajo, estos ángeles han sido llamados también ángeles de rito o de ceremonial. Puedes entrar en armonía con ellos en cualquier momento, pero, cuando los buscas al orar o meditar, estarán allí para sintonizarte con lo sagrado de cada momento atemporal. Si has elegido un ángel de afinación, tal vez sea hora de que crees una ceremonia o rito formal que santifique tu vida o tu finalidad.

Un ángel de paz: Paz es armonía, un libre fluir de varios elementos que trabajan juntos para permitir la creatividad y el crecimiento. La paz es una energía que impregna el universo. No es pasiva, sino activa. Si has seleccionado a este ángel, tienes el poder de poner colaboración y paz a problemas o personas de tu vida. Al hacerlo, abres nuevas puertas para que la energía de la paz entre a nuestro mundo.

Si eliges este ángel, debes saber que eres un agente para el cambio, un mensajero del principio que está transformando la conciencia de este planeta. Los ángeles de paz portan las visiones y la energía que necesitamos para hacer esto. Pregúntate cuáles son tus sueños más profundos y recuerda que, al poner paz en tu propia vida, sueños aun más grandes que estos se manifestarán para todos.

Un ángel de gracia: El trabajo de estos ángeles consiste en entretejer el reino espiritual con el material. Estos ángeles nunca abandonan su tejido. Quienquiera que se les cruza en el camino es tejido a su obra por un instante imborrable, experimentando el amor y la bondad de Dios.

La gracia llega como un don, sin que se la llame, para enriquecer y catalizar la vida. Si alguna vez has tenido un momento de gozo en medio de tu dolor, sabes lo que es la gracia. Cuanta más conciencia tengas de estos ángeles, más abierto estarás a sentir constantemente estos momentos de gracia. Cuando elijas este ser en tu lectura, abre el corazón y sonríe.

Invita a los ángeles a tu vida

Visita a una persona sabia: Existen muchos tipos de personas sabias, jóvenes y ancianas, interiores y exteriores. Escoger esta situación puede ser una invitación a que te sientes con un anciano de la comunidad, un sabio o un maestro. Puede estar sugiriéndote que asistas a un taller de trabajo con alguien a quien respetes. Tal vez te convoca a iniciar un viaje hacia adentro, para encontrarte con la persona sabia que llevas en tu interior. Quizás esta sea el anciano en que vas a convertirte en esta vida o el que viste en una existencia anterior. Por medio de la persona sabia, los ángeles se te darán a conocer, en palabras o en silencio, por un gesto o una sensación.

Crea un lugar sagrado y crea tu propio rito: Esto puede referirse a una meditación que hagas en el rincón de tu cuarto o una danza que ejecutes en un claro del bosque. Cuando lo lleves a cabo, debes saber que, mediante la creación de lo sagrado, un ángel se comunicará contigo para danzar y orar a tu lado. Profundiza y expande tu ser con este contacto.

Sé con una planta, un animal o con la tierra misma: Mediante la sintonización del planeta y todas sus formas de vida, el ángel con quien necesitas comunicarte vendrá a ti. Concédete tiempo para salir al mundo. Siéntate con un árbol, juega con tu mascota, camina por los bosques o por un parque, escala una montaña. Date la oportunidad de vincularte con el planeta mismo. Extiéndete en el césped o en la arena. Siente el viento. Abrete al cielo que está por encima de ti. Cuando lo haces, abres el camino para que acuda a ti el ángel que has elegido, para susurrarte en las hojas, en el viento, en las olas.

No hagas nada: Deja de buscar, de esforzarte, de ansiar. Deja que todo pase, que los ángeles vengan a ti a su modo, a su tiempo. Recuerda que no todo debes hacerlo tú. Por el contrario: en este momento no tienes que hacer nada. Deja que los ángeles vengan a ti como les parezca adecuado. Quizá sea cuando y donde menos los esperes. Ve hacia adentro, a un profundo lugar de rendición. Deja los mandos y que los ángeles se encarguen de todo.

Haz algo nuevo: Con frecuencia vivimos en pequeñas cárceles de rutina y hábito que nosotros mismos creamos. No vemos lo vasta y plena de posibilidades que es la vida. Si eliges esta circunstancia, haz algo que no hayas hecho antes. Quizá sea hora de hacer algo que te amedrenta, algo que sea un desafío para tu poder físico o mental. Al estirar tus límites expandes tu potencial de autoestima y renuevas la fe en ti mismo. Te sientes más vivo y vigoroso.

Dedica tiempo a alguien que ames: Hazte de un rato especial para estar con tu ser más amado. Cítate con un viejo amigo. Si en este momento no hay en tu vida nadie que te inspire ese afecto, invita al amor, invita a la amistad. Visita a tu abuela o a otro pariente. Ve a casa de un vecino. A veces olvidamos dedicar tiempo a nuestros seres queridos: olvidamos que el amor está allí.

Pasa tiempo a solas en un sitio hermoso: La belleza nutre. Concédete un descanso para que te cure la belleza que nos ofrece este planeta o la belleza que hemos creado los humanos; en una mezquita, en una catedral, caminando por un jardín formal o en lo alto de una torre, desde donde se vea un glorioso panorama. Cuando estés allí, siente los ángeles que te rodean y aprecia también su belleza.

Visita a un reparador: Como en el caso de visitar a una persona sabia, este puede ser un viaje hacia afuera o hacia adentro, pues al fin y al cabo eres el más indicado para curarte. Un amigo afectuoso puede ser un reparador. También puede serlo una imagen que represente poder para ti. Tal vez esta selección sugiere que necesitas ser nutrido, alimentado, atendido. ¿Viene a recordarte que has estado postergando tu cita con el médico? Siéntate en silencio y recuerda que hallarás la respuesta a la pregunta que esta ocasión te propone. Cuando visites a un reparador, los ángeles estarán allí contigo, trabajando con esa persona y a través de ella para profundizar tu corazón.

Diviértete: Esta puede ser la más difícil de todas las aventuras. Con frecuencia es difícil ser liviano y despreocupado, permitirse un desborde de placer. Pero, cuando lo hagas, los ángeles estarán todos contigo, riendo, y también felices. Algunas personas no crecen nunca porque creen que los adultos no se divierten. Pero divertirse es, simplemente, un modo de estar vivo, disfrutando de cada momento. Si crees que has olvidado cómo se hace, recuerda que en otros tiempos lo sabías. Divertirse es como andar en bicicleta. No se olvida nunca; sólo te olvidas de hacerlo.

Visita un lugar sagrado y participa en un rito: A diferencia de la invitación anterior a crear algo sagrado, esta parte de tu lectura requiere que participes en algo establecido y tradicional, algo arraigado en la historia. Puede pertenecer a la tradición en la que te criaste o a alguna otra. Al elegir ese acto, se te pide que te abras a los ángeles rindiéndote a algo exterior a ti. No necesitas hacer tú el trabajo. Sólo debes permitir que algo externo y antiguo obre en ti.

Habla con alguien a quien conozcas desde hace mucho: Puede tratarse de un pariente, un viejo amigo, un hermano o alguien con quien hayas perdido el contacto y a quien necesites hallar. Al elegir este hecho, alguien que te ha visto crecer a través del tiempo dará voz a lo que los ángeles deben decirte. Lo que digan puede no ser lo que esperabas (o querías) oír. Pero será lo que necesitas escuchar ahora mismo, a fin de crecer. Tal vez se te pida que observes patrones que te limitan o se te obligue a reconocer algo maravilloso sobre ti mismo que has estado negando.

Haz algo que no te guste: Hay mucho que aprender mediante el examen de tus criterios y disgustos. Esta situación que has elegido puede ayudarte a ver cómo te limitan. Hay algunas cosas que no queremos hacer porque son antiéticas a nuestra naturaleza, pero a otras las evitamos por miedo o por orgullo. Esta situación es una oportunidad para liberarse de las limitaciones. Si la has elegido, haz algo que hayas decidido no hacer jamás. Observa tu resistencia y fíjate si puedes desprenderte de ella. Pregúntate qué es lo que te molesta. Sé tan abierto y receptivo como puedas. Siente la presencia de los ángeles. Están aquí para apoyarte mientras te muevas entre tus criterios y temores. Baila y ríe con ellos hacia la luz.

Busca un objeto de poder: Un objeto de poder centra tu energía y tu decisión. Puede ser un libro, un cristal, una piedra, un palillo raro que hayas encontrado en el bosque o una conchilla especial descubierta mientras vagabas por la playa. La búsqueda de ese objeto de poder es un peregrinaje hacia esa parte de ti que estás dispuesto a honrar y conocer. Es la parte que recuerda a qué viniste a este planeta y para qué estás aquí. Mediante este objeto tendrás el poder de conocerte mejor y de ser más tú mismo.

Despréndete de algo: Puede ser algo que ames, algo que no uses nunca o algo a lo que te aferras aunque tenga asociaciones negativas para ti. Puede ser valioso o insignificante. El acto de desprenderte de él liberará una parte de tu vida, dejando lugar para algo nuevo. Creas la oportunidad para un don angélico. Tal vez no llegue de inmediato. Llegará cuando sea el tiempo de los ángeles. Estáte abierto para recibirlo y, cuando llegue, da las gracias.

Fabrica algo: Un cuadro, una comida, una danza, una tricota, un poema. Mientras lo hagas, invita a los ángeles a estar contigo. Dales la bienvenida como a musas que te inspiran suavemente, vinculándote con esa parte de ti que es tan creativa y rica como la vida misma. Tu creatividad podría emerger en una broma, un poema o las flores que plantas en tu jardín. Al elegir esta experiencia, recuerda que todos somos cocreadores con Dios. Deja que tus impulsos creativos fluyan libremente, como la luz del sol, brillando en todas direcciones.

Conéctate por medio de un libro, una grabación, una película, televisión o pintura: Si has elegido este acontecimiento, los ángeles se te presentarán mediante la obra creativa de otra persona. Podría ser un libro que estés leyendo. Una película puede brindarte el relato que necesitas oír. Un cuadro o una danza pueden estar tan llenos de vinculaciones angélicas que te contagien su alegría. Algo, allí afuera, ha sido creado con una información que es para ti. Tal vez haya sido creado hace mil años; tal vez sea tan reciente como ayer. Allí afuera, en el mundo, algo espera para hablarte, algo creado para ti. Confía en que los ángeles lo harán llegar a tu camino.

Ríndete a cada momento: Si has elegido esta situación se te pide que te encuentres con los ángeles en todo momento, sea alegre o triste, divertido o temible. Cada momento es un maestro. Nada de lo que ocurre es un error; no hay casualidades. Cada situación de tu vida tiene algo que enseñarte. Un *error* puede enseñarte más que una movida *correcta*. Recuérdalo. Recuerda que, al rendirte a cada momento, los ángeles están contigo, brindándote apoyo mientras experimentas la gran unidad de Todo Lo Que Es.

Incuba un sueño: Esta es una de las maneras más sencillas de permitir que los ángeles vengan a ti. Cuando te estés quedando dormido, invita a un ángel a comunicarte contigo en un sueño. Puedes pedir a tu yo soñador un sueño referido a una situación específica y confiar que tu ángel te hablará mientras duermas. Puede llevarte varias noches incubar el sueño, pero si tienes paciencia los ángeles se comunicarán. Puedes pedir a tu ángel que te ayude a identificarlo dentro del sueño. En el capítulo 10 hay más información sobre los sueños.

Busca otro oráculo: Si has elegido este hecho se te invita a recibir la guía de los ángeles utilizando otro oráculo. Puede ser otra herramienta de adivinación, como las runas, las cartas del tarot o el *I ching*. O puede ser una sugerencia para que te hagas leer las líneas de la mano o trazar la carta astrológica. Si has elegido esto, permite que tu sapiente ser interior te guíe al oráculo adecuado y confía en que allí te encontrará un ángel.

Abre un libro al azar: Puede ser un libro amado o cualquier libro viejo que te atraiga dentro del estante. Ten la seguridad de que los ángeles guiarán tus manos para que abras el libro en la página adecuada y te ayudarán a poner el dedo en el párrafo debido; sus palabras te dirán lo que necesitas saber y oír.

Recuerda algo de tu infancia: En la niñez, todos estamos mucho más cerca de los ángeles; por eso a los ángeles les resulta mucho más fácil acompañarnos. Al recordar algo de tu niñez, algo que hiciste, pensaste, sentiste, algo que amabas o querías hacer, los ángeles volverán a tenderte los brazos, con inocencia y alegría. Quizá te ayude mirar las fotos de la infancia o mirar y tocar algún objeto que te haya pertenecido cuando eras pequeño.

Deja que los ángeles escriban a través de ti. Es hora de sentarte en silencio y comunicarse directamente con un ángel. Dedica algún tiempo a hacer el Proceso de GRACIA; deja que aparezca el ángel elegido por ti entre el grupo de distintos ángeles. Saborea su sabiduría en las palabras que escribas. Como ya sabes, es también una oportunidad para dialogar con el ángel.

Espera la guía de un desconocido: Nunca se sabe si una persona cualquiera no es un ángel disfrazado. Nunca se sabe si un ángel nos habla por medio de alguien a quien no conocemos. Puede ocurrir en un autobús o esperando en una fila. Mantén los oídos abiertos. Cuando menos lo esperes, un desconocido te dará una información sobre cierta parte de tu vida que necesita elucidación. Puede ser un rumbo que nunca tuviste en cuenta. Con frecuencia es más fácil hablar con desconocidos que con amigos; quizá descubras que eres tú quien dice lo que necesitabas oír.

Espera guía de lo inesperado: Los ángeles viven en un reino de espacio y tiempo fluidos. Si has elegido esta situación, ten la seguridad de que un ángel llegará a ti de una manera que nadie puede prever, ni siquiera este oráculo.

Algunos ejemplos de lecturas del Oráculo del Angel

Las relaciones de Carol con Lois, su madre, habían mejorado mucho. Por eso la desequilibró el hecho de que, un día, su madre la llamara para criticarla como antes. Después de la llamada, Carol quedó tan agitada que no perdió tiempo en alinearse con su ángel: buscó orientación en el Oráculo del Angel. Sacó a "Uriel" del primer grupo, "Un Angel Reparador" del segundo y "Dedica tiempo a alguien que ames" del tercero.

Buscó "Uriel" y leyó que es el arcángel de las primeras horas del día y que su color es el amarillo. Entonces encendió una vela amarilla para invocar al arcángel. No tenía dudas de que un Angel Reparador vendría para ayudarla a resolver sus problemas con su madre; invocó también su presencia. En su meditación con estos ángeles, comprendió que había estado descuidando a su madre. "Dedica tiempo a alguien que ames" era un mensaje claro.

A la mañana siguiente, Carol decidió llamar a su madre. Antes de telefonear encendió otra vela amarilla e invocó nuevamente a los ángeles. Cuando su madre atendió, ella la saludó alegremente y le preguntó si le gustaría recibir una visita tuya. Lois pareció sorprendida. "Tenía la esperanza de que vinieras", le dijo, "pero tuve miedo de pedírtelo. No pensé que quisieras."

En la semana que pasaron juntas tuvieron mucho tiempo para conversar. Ventilaron antiguas quejas y se liberaron de ellas. Se creó un vínculo nuevo y saludable. Hasta hicieron una merienda campestre bajo el olmo donde Carol solía jugar cuando era niña. Fue un tiempo reparador para ambas.

Bobby usó el Oráculo sin tener pensada una pregunta específica. Sólo quería comunicarse con los ángeles. Sacó la baraja de cartas que había hecho, las mezcló y eligió a "Rafael". Un "Angel de Ambiente" y "Diviértete". Leyó las descripciones correspondientes a cada carta. Como Rafael es el guardián del Oeste, decidió ir en esa dirección a su parque favorito, para comunicarse con un ángel de ambiente. Como Bobby es pintor, llevó consigo un bloc de apuntes. Pasó varias horas recorriendo el parque, hasta hallar un sitio tranquilo. El sol empezaba a ponerse. El cielo era rojo y coral, algo espectacular. Sacó su bloc y realizó algunos esbozos. Sólo más tarde recordó que la hora especial de Rafael es el crepúsculo. Los esbozos resultaron ser la inspiración para una serie de pinturas. Al observarlos después, comprendió que en verdad había sido bendecido por los ángeles.

Kevin acababa de celebrar el primer aniversario del trato con su ángel. Habían estado trabajando juntos en sus objetivos (véase el capítulo 11). Kevin había dejado su empleo en el bar para instalar un servicio de confitería para fiestas. Su negocio marchaba bien, pero él trabajaba desde las seis de la mañana hasta las once o doce de la noche, todos los días. Y aunque cocinar le gustaba mucho, algo faltaba.

Como no tenía tiempo ni energías de sobra, decidió consultar al Oráculo del Angel. Eligió a "Gabriel", un "Angel de Gracia", y "Habla con alguien a quien conozcas desde hace mucho".

Descubrió que Gabriel era el arcángel de la creatividad y las relaciones. Reflexionó sobre sus tres selecciones y comprendió que estaba descuidando a sus amigos. Le vino a la mente uno en especial. Echaba de menos a Richard, un amigo de la infancia con el que no hablaba desde hacía mucho. Quería llamarlo de inmediato, pero antes debía terminar la comida para una fiesta que se celebraba esa noche.

Cuando volvió de entregar la comida, el teléfono estaba sonando. Kevin corrió a atender y se echó a reír al reconocer esa voz familiar. Era Richard. mantuvieron una estupenda conversación. Más adelante, al pensarlo, Kevin se preguntó si la llamada de Richard era una coincidencia. O si había sido un Angel de Gracia.

Mientras Andrew trabajaba en la revisión de este capítulo, su amiga Maryanne llamó para decirle que se había lastimado el hombro y preguntó si podía visitarlo para que le echara un vistazo.

Cuando llegó Maryanne, Andrew comprobó que el hombro no estaba dislocado, como ella temía. Sus ángeles dijeron que, simplemente, se la estaba reconectando. Para ella fue un alivio al enterarse de que Andrew estaba trabajando en este oráculo, así que quiso probar.

Las cartas extraídas fueron "Rafael", el arcángel a cargo de las curaciones, Un Angel de Conexión, como confirmación instantánea de lo que los ángeles acababan de decir, y "Ríndete a Cada Momento". El impulso de Maryanne había sido negar el dolor y hacerse la valiente. Cuando volvió la tercera carta y leyó lo que decía, rompió en lágrimas. Había temido que el daño le impidiera salir de vacaciones y sufría mucho. Andrew le explicó que un Angel de Conexión estaba haciendo su obra por medio del daño y que en el momento del viaje estaría perfectamente. Al día siguiente el hombro de Maryanne estaba mucho mejor; cuando subió al avión, el dolor había desaparecido.

Vivir con gracia

Has completado el Proceso de GRACIA. Tienes los pasos básicos que necesitabas. Tómate un momento para recapitular y recuerda cómo era tu vida antes de que comenzaras a hablar con tu ángel. ¿En qué sentido es ahora diferente?

Lee tus anotaciones. ¿Ves algún punto donde tu mente se haya interpuesto, dificultando la voz de tu ángel? Al revisarlos ahora, algunos de los mensajes de tu ángel pueden ser más claros y adecuados que cuando los recibiste. Analiza tu progreso.

Te ha llevado tiempo aprender el Proceso de GRACIA y trabajar con cada uno de los ejercicios. Cuanto más los practicas, con mayor facilidad y prontitud se fundirán cada uno en el siguiente. Si crees que necesitas más práctica en alguna parte del proceso, pide a tu ángel que te ayude. A su debido tiempo, el Proceso de GRACIA se convertirá en algo perfectamente natural para ti.

En la sección siguiente del libro, te enseñamos a aplicar lo que has aprendido a tu vida cotidiana. Cuando formas equipo con los ángeles, hasta las actividades más comunes se llenan de amor y espiritualidad. En cuanto te abriste a tu ángel, te uniste en gozosa celebración con todos los humanos de la historia que han tenido encuentros angélicos. Al vivir con GRACIA, tú y tu ángel ayudan a crear el Cielo en la Tierra.

TERCERA PARTE

En sociedad con los ángeles

Ahora que has establecido contacto con los ángeles tornándolos reales, es hora de aplicar más ampliamente lo que has aprendido para hacerlos reales en el mundo.

Si alguna vez la humanidad necesitó partidarios de
los ángeles, este es el momento. Y cada vez que alguien
establece contacto con un ángel nace un partidario; se enciende una nueva luz. Persona a persona, ángel por ángel,
se están encendiendo luces en todo este planeta. Cada luz
es importante. Cada luz se agrega a la luz del mundo. Eso
es lo que se denomina "iluminación".

En esta última sección entras en una sociedad activa
con los ángeles para poner las bendiciones de tus benefac-
tores en todos los sectores de tu vida. En los capítulos siguientes descubrirás cómo pueden los ángeles ayudarte a
alcanzar tus objetivos; cómo pueden allanarte el camino si
se trata de curaciones o adicciones; cómo pueden inspirar
y formar relaciones íntimas y cómo introducir su gozosa
compañía en todas tus relaciones.

Para comenzar, te ofrecemos algunas sugerencias para
afinar tus comunicaciones con los ayudantes celestiales,

además de utilizar los sueños y la escritura de cartas para acentuar y aumentar tu contacto. Para terminar, exploramos las maneras en que nuestras conexiones con los celestiales podrían crecer y cambiar, al entrar nosotros en un nuevo siglo y en un nuevo milenio.

La asociación que escribió este libro

Sería agradable decir que el acto de escribir este libro fue tan fluido y armonioso como el conocernos mutuamente y conseguir que se aceptara nuestra propuesta, pero no fue así, por cierto. Cada uno de nosotros tenía puntos de vista muy definidos con respecto a los ángeles... y cada uno estaba muy apegado a su propia visión del libro y de cómo debía ser.

La tarea parecía interminable. Pero Abigrael nos había dicho desde el comienzo mismo: "El libro tendrá vida en tiempo de ángeles." Por ser humanos no apreciábamos todo este consejo. Con frecuencia trabajábamos diez o doce horas diarias, durante semanas enteras. Y pasaron tres años, desde la aceptación de nuestra propuesta hasta que entregamos la versión definitiva.

Pero los ángeles nos metieron en esto y los ángeles nos llevaron hasta el fin. Cuando ya parecía que no había salida buscábamos orientación en ellos. Una y otra vez abrieron nuestros corazones y nos permitieron ver otro camino. Nos demostraron que cada barrera era un reflejo de un problema personal no resuelto. Practicamos mucho la Liberación.

A medida que aprendíamos a renunciar a nuestros puntos de vista individuales, experimentábamos la libertad, la creatividad expansiva que puede existir en un grupo sin jefes, centrado en el corazón.

Cada uno de nosotros tuvo oportunidad de trabajar de maneras nuevas y armoniosas. En los capítulos siguientes, también descubrirás las alegrías de una asociación con tus ángeles.

9

Afinar la conexión
con los ángeles

Te has abierto a tu ángel, has oído su bondadosa voz o sentido su presencia luminosa y amante. Has comenzado a disfrutar de su compañía celestial. Ahora estás listo para avanzar, desarrollando la capacidad de refinar y mantener una clara línea de comunicación cuando y donde lo desees.

A veces la comunicación se rompe. ¿Por qué ocurre esto y qué se puede hacer para remediarlo? ¿Y en cuanto a los mensajes que no son ciertos? ¿Cuál es la mejor manera de pedir orientación a tu ángel para los asuntos personales?

En este capítulo encontrarás respuestas para esas preguntas y, para ayudar a resolver los pequeños problemas, te ofrecemos técnicas más avanzadas para la Cimentación, Liberación y Alineación.

Abrirnos a los ángeles nos abre a otros mundos, a otras dimensiones de sensitividad. Ahora que te has familiarizado con la Meditación Básica de Cimentación, te gustará explorar los reinos de arquetipos que moran en el inconsciente colectivo. Un arquetipo representa una cualidad o una serie de rasgos en especial; la diosa Venus, por ejemplo, representa la belleza femenina; la Virgen, el amor maternal. Los animales también cumplen funciones arquetípicas: el león es valiente; el zorro, astuto, y así sucesivamente.

En el siguiente ejercicio de Cimentación Avanzada, puedes entablar amistad con el reino animal, el vegetal y el mineral, así como conectarte con ángeles, arcángeles y el reino arquetípico. Descubrirás que los *chakras* son lazos entre tu cuerpo sutil, el físico y otros mundos no vistos.

Ejercicio 17:
CIMENTACION AVANZADA

Tal como lo recomendamos previamente, es mejor grabar este ejercicio para poder escuchar las indicaciones sin tener que recurrir al libro. Antes de comenzar quizá desees consultar nuevamente los gráficos de los *chakras*; no olvides tener a mano tu libreta de anotaciones, estilográfica y el grabador.

1. Entra en tu espacio sagrado. Ponte cómodo y cierra los ojos. Presta atención a tu cuerpo. Concéntrate en tu respiración y en tus latidos cardíacos. Visualiza raíces que se extienden desde tus pies y la base de la columna y se adentran en la Tierra.

2. Absorbe la energía de la Tierra por tus raíces, haciendo que suba por tu cuerpo al primer *chakra*, en la base de la columna. Este *chakra* de la Raíz es tu punto de vinculación con la Tierra y con el reino mineral. Imagina que eres una roca. ¿Qué clase de roca eres? ¿Redonda y lisa? ¿Grande y desigual? Siente tu afinidad con las rocas que te rodean. ¿Estás sepul-

tado en el suelo? ¿Yaces en la superficie? ¿Estás a la luz del sol o bajo la lluvia? ¿Estás en una playa, en el lecho de un río, en un bosque, en un desierto? ¿Cómo es ser lo que eres? ¿Ser sólido, segura de ti mismo, completamente firme en tu condición de roca? Deja que esta sensación se extienda por ti, desde tu *chakra* de la Raíz, llenándote con una sensación de seguridad e invulnerabilidad.

3. Cuando estés listo, deja que la energía de la Tierra se eleve hasta el segundo *chakra*. El *chakra* Sexual es, dentro de tu cuerpo, el punto de acceso al reino vegetal o de las plantas, el sitio donde interactúas con los espíritus de la naturaleza, que cuidan de todas las cosas que crecen. Ahora, concentrando la energía terrestre a través de la pelvis y los genitales, comienza a sentir tu propia naturaleza vegetal. ¿Eres un árbol, una planta, una flor? ¿Eres una simple brizna de hierba o un haz de trigo? Siente el sol sobre tu cuerpo de planta. Siente el viento, la lluvia, el paso de las estaciones. Siente lo fructuoso que eres, exuberante y fértil. Percibe los ríos de creatividad que circulan naturalmente por ti.

4. Ahora la energía se eleva hasta tu tercer *chakra*, tu Plexo Solar, el centro del poder y punto de contacto con el dominio de los animales. Cuando la energía de la Tierra fluya dentro de esa zona, pregúntate qué clase de animal eres. ¿Grande o pequeño? ¿Manso o salvaje? ¿Eres una criatura de las aguas, la Tierra o el Cielo? ¿Qué te dice tu animal sobre ti mismo? Permite que tu naturaleza animal se extienda por todo tu cuerpo. Conviértete en tu ser animal. Reclama tu antigua sabiduría animal.

5. Como una fuente, la energía terrestre sube hasta tu *chakra* del Corazón, el centro del amor incondicional y el territorio especial de la humanidad dentro de

ti. Entra en la energía de tu corazón y experimenta profundamente el sentido de tu propia humanidad, tu naturaleza amante, tus fragilidades y debilidades, tus sueños y tus fracasos. Entra en compasión hacia ti mismo, en amorosa aceptación. Recuerda a todos los que te han amado y a todos los que amaste.

6. En su constante ascenso, la energía terrestre fluye dentro del *chakra* del Timo. Este *chakra* se está despertando actualmente en toda la humanidad. Es un centro de conexión y hermandad globales, de paz y comunidad. Siente las vibraciones de este lugar interior que te vinculan con toda la humanidad. Eres parte de todo eso; nunca estás solo, sino siempre en armonía con las necesidades más profundas y más elevadas de nuestra especie.

7. Al subir, la energía de la tierra llena el *chakra* siguiente: el de la Garganta y los Oídos. Relaja la mandíbula y abre tus oídos interiores. Este es el punto de acceso a nuestros ángeles. Visualiza un triángulo invertido que conecta tus oídos con tu garganta y deja que esa zona se llene de buena energía terrestre cimentadora. Extiende un amante saludo a tus ángeles y escucha. Si vienen a ti imágenes o sentimientos, agradece a tu ángel que se haya acercado a ti.

8. Ahora deja que la energía pase a tu Tercer Ojo, conectándote con el reino de los arcángeles. Puedes atraer su amor y su poder hacia ti, por medio de tu Tercer Ojo, hasta que llene todo tu cuerpo. Permanece abierto para recibir lo que los arcángeles tengan para ti.

9. Permite que la energía de la Tierra mane hasta tu *chakra* de la Coronilla, en lo más alto de tu cabeza. Es el asiento de lo divino dentro de ti, de tu Ser Dios. Abrete al poder y a la majestad de tu Yo Divino. Recuerda quién eres. Recuerda por qué estás aquí.

10. Siente todas las fibras que brotan de tu *chakra* de la Coronilla, extendiéndose hacia el universo, conectándote con todas las partes de la creación. Aspira luz estelar, impúlsala hacia abajo por las fibras de tu chakra de la Coronilla, una a una. Deja que todo descienda por tus *chakras*, llenándote, entretejiendo la energía universal en cada uno de ellos. Deja que esta cascada de luz estelar sea una bendición para lo divino dentro de ti, para el arcángel interior, el ángel, el yo del mundo, el yo amante, el yo animal, el yo planta y el yo roca.

11. Ahora tu cuerpo está radiante. Siéntelo, vivo y palpitante. Siéntete vinculado con Todo Lo Que Es. Recuerda que estás bendito e íntegro. Recuerda que eres suficiente. Descansa en este tiempo fuera del tiempo, sabiendo por fin, quizás hasta recordando, qué se siente al estar completo dentro de uno mismo.

12. Cuando estés listo, sin darte prisa, presta otra vez atención a tu cuerpo, siente la silla en la que estás sentado, el cuarto que te rodea. Pon una mano sobre el corazón. Y lenta, lentamente, abre los ojos.

Anota tus experiencias en tu cuaderno. No olvides fechar tu anotación. Utiliza las imágenes que surjan en esta meditación durante todo el día. Cuando necesites sentirte estable y confiado, recuerda cómo era ser roca. Cuando quieras sentirte más poderoso, recuerda cómo era ser animal. Cada vez que hagas esta meditación, debes estar preparado para que las imágenes cambien. Acepta todo lo que surja como lo más adecuado para ti en este momento.

Este ejercicio fue notablemente efectivo para Dorothy. Es una joven suave, sensible y muy tímida. Hasta esta altura del taller no había pronunciado una palabra. Pero después del proceso de Cimentación Avanzada fue la primera en compartir:

—Ocurrió algo, aunque no estoy segura de lo que fue —dijo, con voz clara y fuerte—. Lo cierto es que me sentí como una roca, como un árbol y como un águila. Y lo extraño es que parecía absolutamente correcto y natural. No creo haber sabido nunca que tenía tanta fuerza dentro de mí.

Dorothy había descubierto su sentido del valer interior. Y se sintió muy feliz.

Investigando averías: cuando la línea queda muerta

Hablar con los ángeles es como hablar por teléfono con un amigo: de vez en cuando la comunicación puede cortarse. Aun después de haber establecido un fuerte contacto puedes descubrir, de vez en cuando, que el mensaje se interrumpe. Las transmisiones que se detienen en medio de una frase o cambian notablemente de lenguaje o de tono se deben a la conciencia del yo. El entusiasmo o la exuberancia pueden poner al yo en primer plano.

¿Alguna vez has notado súbitamente que estabas fuera de tu cuerpo? En cuanto eso ocurre, ¡BUM!, vuelves adentro como un disparo de cañón. A veces hablar con los ángeles produce un efecto similar. Cuando uno comienza es bastante natural reaccionar con un asombrado: "¡Eh, mira esto!", pero eso puede disipar el estado de apertura y receptividad que tanto te costó crear. Si la conversación se empantana, bastará con que pidas a tu ángel que regrese; también puedes utilizar la visualización del ejercicio 14 para comunicarte de nuevo. Cuando tengas alguna práctica con los ejercicios básicos del capítulo 6, puedes emplear este como ejercicio de Alineación Avanzada.

Ejercicio 18:

TELEFONO INTERIOR

1. Ponte cómodo. Cierra los ojos y concéntrate en tu respiración. Relájate.
2. Pon la punta de los dedos en el Tercer Ojo. Imagina que el contacto crea allí un punto de luz dorada.
3. A continuación mueve la punta de tus dedos hasta la Coronilla. Siente el contacto que crea allí otro punto de luz dorada. Visualiza una línea de luz dorada que conecta estos dos puntos, pasando por tu cerebro.
4. A continuación desliza los dedos hacia la parte posterior de tu cabeza, hasta que se posen en la protuberancia occipital, ese bulto que tienes en la nuca, justo sobre el cuello. Siente un tercer punto de luz dorada que aparece allí cuando lo tocas y visualiza una segunda línea de luz dorada que se conecta con tu Coronilla.
5. Ahora lleva nuevamente los dedos al Tercer Ojo, al primer punto de luz dorada. Siente una tercera línea de luz dorada que avanza a través de tu cerebro conectando el punto de tu nuca con el Tercer Ojo.
6. Has creado en tu cabeza un triángulo de luz dorada. Cuando tengas de él una sensación clara, separa la punta de tus dedos y llévalas a las sienes. Busca por encima de cada oreja un punto que parezca cómodo y visualiza otros dos puntos de luz dorada que aparecen allí. Conecta los puntos de las sienes con otra línea de luz dorada que cruza el triángulo dorado, atravesando el cerebro por el centro.
7. Este artefacto funciona como transmisor interno para hablar con tus ángeles. Es como el micrófono de tu teléfono. Cuando lo tengas claramente instalado en

Transmisor interno

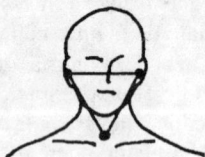

Receptor interno

la cabeza, estarás listo para crear el receptor telefónico interior, la parte por la que oirás a tus ángeles.

8. Apoya levemente la punta de los dedos sobre las orejas, imaginando en cada una otros dos puntos de luz dorada. Conéctalos a una línea de luz dorada.

9. Une las puntas de los dedos en la garganta, en la zona de la nuez de Adán, e imagina allí un tercer punto de luz dorada. Visualiza dos líneas doradas que conectan los puntos de las orejas con el de la garganta formando otro triángulo. Ese es tu receptor para comunicarte con tu ángel.

Usa el ejercicio del Teléfono Interior para llamar a tus ángeles cuando algo te desconcierte o, simplemente, si deseas mantener una íntima conversación. Después de practicarlo dos o tres veces no necesitarás ejecutar todos los pasos, pues podrás visualizar tu Teléfono inmediatamente.

Irradia tus pensamientos a tu ángel desde el primer triángulo que formaste; percibe el mensaje de tu ángel vibrando en el triángulo entre la garganta y las orejas. Al principio puede parecer algo complicado, pero, como dijo Ronny: "Una vez que le tomé la mano, fue como la compañía telefónica. La única diferencia es que, si llamas a un ángel, nunca te da ocupado."

Deseo

Cuando pides consejo a tu ángel sobre algo muy importante para ti, tu apego a un resultado o punto de vista en particular puede corromper o distorsionar la información que recibas. Por eso es muy importante despejar a conciencia la mente y las emociones de cualquier aporte a la respuesta antes de recibirla.

Corrie es una querida amiga nuestra, sensible e inteligente. En la época en que conoció a su ángel y comenzó a
hablar con él, era auxiliar ejecutiva de una compañía nacio-
nal de ballet. También mantenía una relación amorosa llena
de altibajos. Al cabo de un tiempo comenzó a pedir consejos
a su ángel sobre lo que estaba ocurriendo. La información
que recibió y anotó le aseguraba que todo estaba bien, que
ella y su novio se casarían y tendrían un hijo, que debía permanecer abierta y amorosa en su interacción con él. Cuando
descubrió que él mantenía relaciones con otra mujer, rompió
con él y arrojó los mensajes escritos a la basura.

¿Holgazanean los ángeles?

—Ahora sí que estoy lista —dijo Corrie, con la cara
nublada por la angustia—. ¿Cómo puedo creer ahora en lo
que me diga mi ángel? ¿Por qué no me reveló lo que estaba pasando? ¿Cómo pudo decir que nos casaríamos, que
yo tendría un hijo de él? No comprendo.

Como nosotros tampoco comprendíamos, le preguntamos a nuestros ángeles.

LNO: Con respecto a la autenticidad del material
recibido, las distorsiones se originan en el deseo y
el miedo, que impiden que la voz intuitiva o más
elevada surja veraz y con claridad. El deseo y el
miedo crean un estado de capricho.
Corrie tiene un pronunciado rechazo a oír y ver la
verdad cuando no se corresponde con lo que ella
desea o quiere creer. Es ese capricho lo que impreg-
nó las transmisiones. Reflejaba sus deseos.
Preguntas cómo se puede saber si la información
proviene del deseo o si está contaminada por él.

Respondemos: pregunta. Respondemos: libérate de toda consideración antes de pedir una guía. Ten en la mente y en el corazón tu deseo de saber sólo la verdad. Pide que se te diga esa verdad que lo ilumine todo. Si hay alguna duda sobre la veracidad de la información, pregunta. Pregunta y vuelve a preguntar. Lo que se pregunta con sencillez y seriedad siempre recibe respuesta.

Miedo

El miedo es el complemento del deseo. Es lo que no quieres que suceda. Perturba la recepción angélica tanto como el deseo, con apegos y caprichos. En la vinculación con los ángeles, una palabra que se usa mucho es "rendición". Rendirse significa renunciar a los miedos y confiar que se impondrá el bien más elevado. Significa no ser caprichoso, sino voluntarioso.

Antes de formular a tu ángel una pregunta que te parezca importante, atiende a cualquier miedo que puedas tener formulándote estas preguntas.

Si ocurriera (lo que temes) ¿qué sentiría?
¿Qué haría?
¿Y luego?
¿Estoy dispuesto a liberarme de este miedo?
¿Estoy dispuesto a conocer la verdad?

Si la respuesta es sí, utiliza una de las técnicas de Liberación avanzada que siguen. Se basan en los elementos de tierra, agua y fuego. (En el capítulo 11 ofrecemos una técnica de Liberación Avanzada que emplea el elemento aire.) Puedes descubrir que te relacionas mejor con uno de ellos que con los otros. Te recomendamos realizar una vez cada uno de ellos, para ver cuál es el más adecuado.

Ejercicio 19:
LIBERACION POR LA TIERRA

A medida que practiques los ejercicios de cimentación y vayas conociendo tus *chakras*, puedes querer aclarar un problema específico que corresponda a un centro de energía en especial. Por ejemplo, los problemas de seguridad se relacionan con el *chakra* de la Raíz; las desilusiones amorosas se relacionan con el *chakra* del Corazón, etcétera. Consulta nuevamente el gráfico 2 de los *chakras* para refrescar la memoria. Si no estás seguro de cuál es el *chakra* involucrado, puedes cubrir todas las bases liberando el bloqueo de todos los centros. Una solución más rápida es liberar desde el Corazón y luego desde el *chakra* de la Raíz.

Este ejercicio amplía el esquema del Ejercicio Básico de Liberación; te permite profundizar más en el cuerpo sutil, para que puedas llegar al sitio donde están almacenados estos bloqueos. Puedes pasar por todos tus *chakras* en una sesión o trabajar con uno solo. Para despejar un bloqueo en un solo *chakra*, puedes pasar directamente allí después de cimentarte en tu *chakra* de la Raíz. Este ejercicio es especialmente efectivo para liberar miedos, dudas, desilusiones y sensaciones de poco valer, ineptitud y autocrítica.

1. Relájate y cierra los ojos. Invita a tu ángel a estar contigo. Concéntrate en la respiración, en tanto envías tus raíces a la Tierra. Cuando hayan penetrado y estén afirmadas, comienza a extraer por tus raíces la

energía de la Tierra, llevándola a cada uno de tus *chakras*, uno a uno.

2. Imagina finas hebras o filamentos que surgen del *chakra* de la Coronilla, alargándose al Cielo y conectándote con él. Aspira la energía de los cielos por medio de estas fibras, llevándolas a todos tus *chakras*, uno a uno. Vuelve a concentrarte en el *chakra* de la Raíz.

3. Fíjate si hay allí emociones, recuerdos o bloqueos que necesites liberar. En ese caso, concéntrate en cada uno de ellos, sucesivamente. Averigua de dónde han venido y pregúntate qué te han enseñado.

4. Cuando estés listo para liberar, agradece al recuerdo o bloqueo lo que hayas aprendido. Inhala profundamente y luego exhala el bloqueo con fuerza, por la boca, con un sonido sibilante. Siente cómo viaja por tus raíces hasta la Tierra, a medida que exhalas. Repite dos veces más.

5. Cuando estés listo, aspira hondo, lleva la energía de la Tierra a tu *chakra* Sexual y repite los pasos 3 y 4. Continúa avanzando por los *chakras*, uno a uno, explorando y liberando.

6. Agradece a tus ángeles y a nuestra madre, la Tierra, por trabajar contigo. Presta atención a tu cuerpo físico. Repara en tu respiración. Y, cuando estés listo, abre los ojos.

Tal vez descubras que este ejercicio de Liberación por la Tierra ofrece una bonificación: te deja más cimentado, más centrado y estable.

Allan utilizó la Liberación por la Tierra para desprenderse del resentimiento, aunque en un principio no figuraba en su Lista para Limpieza Espiritual. Sin embargo, cuando efectuó el ejercicio Básico de Liberación para liberarse de la envidia que sentía por su hermano, notó que ya no deseaba lo que su hermano había tenido pero que aún guardaba resentimientos. Entonces empezó a estudiar otras cosas por las que estaba resentido: tener que trabajar tanto, estar siempre endeudado, haber sufrido un ataque al corazón. Y vio, por primera vez, un patrón negativo que lo había afectado durante toda su vida.

Antes de hacer la Liberación por la Tierra, se abrió a su ángel. Esperaba recibir la misma exquisita sensación de amor que había experimentado en el taller. En realidad, no esperaba oír ninguna palabra ni recibir ningún mensaje, pero desde el fondo mismo de su corazón formuló una pregunta:

—Angel: ¿qué debo hacer para desprenderme de todos mis resentimientos?

Con estupefacción y deleite oyó estas palabras:

—Despréndete del pasado. Puedes. Ven a este minuto. No enumeres tus problemas, sino las bondades que te han sido dadas.

Allan se relajó. Empezó a pensar en las cosas buenas de su vida: la familia, los amigos, los hombres que trabajaban para él, las vacaciones que proyectaba. Al cabo de algunos minutos descubrió que ya no podía hacer contacto con ningún resentimiento. Pero sólo para asegurarse, hizo la Liberación por la Tierra. Fue fácil y hasta la disfrutó.

Algunos pensamos mejor en la ducha. El ejercicio siguiente te permite obtener claridad y limpieza en el cuerpo físico, el mental y el emocional.

Ejercicio 20:
LIBERACION POR EL AGUA

Si no puedes recurrir a una verdadera ducha, puedes hacer esta liberación como visualización. Descubrirás que es sumamente efectiva para trabajar con sensaciones de ambivalencia, indecisión, pereza, postergaciones y falta de concentración. Pero puedes lavar también cualquier otro problema.

1. Ponte de pie, con la cabeza bajo la ducha, de modo que el agua te rodee por todas partes.
2. Señala el problema del que quieres liberarte y experiméntalo dentro de ti. Siéntelo a tu alrededor, en el campo de energía que rodea tu cuerpo.
3. Mientras el agua cae a tu alrededor, siente cómo se lleva lo que deseas liberar. Usa las manos para escurrir el problema e imagina que se va por el desagüe.
4. Recuerda agradecer al problema las lecciones que te ha enseñado y a los ángeles del agua el haberte ayudado a limpiar tu acto.
5. Disfruta del resto de la ducha.

Rosie realiza este ejercicio todas las mañanas cuando se ducha con el fin de prepararse para la jornada. Trabaja en el primer turno de McDonald's, pero también le gusta salir de fiesta por la noche; por eso le cuesta levantarse cuando suena el despertador, a las cinco. Rosie solía mostrarse bastante gruñona cuando llegaba al trabajo, pero desde que se ducha con los ángeles entra de buen ánimo.

El fuego purifica. Cuando estés "quemado" por algo, puedes utilizar el ejercicio siguiente para combatir el fuego con el fuego.

Ejercicio 21:
LIBERACION POR EL FUEGO

La Liberación por el Fuego es un ejercicio multipropósito. Sin embargo, es especialmente bueno para desprenderse de rencores, resentimientos, envidia, celos y cualquier otro problema que se relacione con otras personas. Para hacerlo necesitarás papel y estilográfica, fósforos, un recipiente con agua y un par de pinzas de metal. Y los ángeles del fuego.

1. En un trozo de papel en blanco anota el rasgo o la cualidad que te mantiene ligado con otro, tal como los celos o la envidia. Usa un trozo de papel aparte para cada problema. Pliégalo dos veces para poder ver lo que está escrito en él.

2. Mezcla las hojas plegadas y elige una.

3. Despliega el papel y reflexiona sobre la situación (o situaciones) que ha provocado el sentimiento anotado. Imagina cómo sería tu vida si no albergaras esa cualidad. ¿Cómo cambiaría tu relación con esa persona? Pregúntate si estás dispuesto a liberarte ahora de eso. Si no, deja el papel a un lado y elige otro que estés dispuesto a liberar.

4. Retuerce el papel hasta formar una mecha que puedas sujetar con las pinzas. Préndele fuego, sosteniéndola por encima de cualquier recipiente con agua. Claro que, si tienes la suerte de contar con un hogar, esa alternativa es excelente.

5. Pide a los ángeles del fuego que purifiquen tu mente, tu cuerpo y tus emociones de ese estado y que te liberen completamente de él. Deja caer en el agua el papel quemado.

6. Repite los pasos 2 a 5 con cada problema que hayas anotado y del que estés dispuesto a liberarte. Y no olvides agradecer a los ángeles del fuego.

Astrológicamente, Carol es Leo, un signo de fuego. (Muchos actores y actrices son de este signo.) Se sintió atraída por la Liberación por el Fuego para limpiar una relación amor-odio que mantenía con una amiga, también actriz. Ella y Melissa son amigas muy íntimas, pero, cada vez que Melissa obtenía un buen papel, Carol sentía envidia. Siempre hallaba el modo de fastidiarla, haciendo comentarios secos sobre su pelo, su peso o los hombres con quienes salía. Melissa acababa de obtener una jugosa parte en un teleteatro, por lo cual Carol se sentía desgraciada.

Escribió la palabra "envidia" en un trozo de papel, reflexionando en cómo se sentiría si no envidiara a Melissa. Al principio le resultó muy difícil. Entonces imaginó que ella había obtenido el papel y que la situación se invertía. En su mente vio a Melissa entusiasmada y celebrándolo con ella. Se sintió confiada y segura de sí. Así comprendió que el éxito de Melissa la amenazaba y la llevaba a dudar de su propio talento. Rompió la hoja donde había escrito "envidia" y se apresuró a anotar en otro "dudas de mi valer". No vaciló en quemarlo y, al hacerlo, se sintió mucho mejor con respecto a sí misma y a Melissa.

A veces estos problemas llegan muy hondo, y eso significa que pueden resurgir. Si eso ocurre, dedica tiempo a hacer primero los ejercicios de Cimentación, Liberación y Alineación. Luego pide a tu ángel información sobre los orígenes del problema así como consejo sobre el remedio. Con frecuencia, lo que tu ángel tenga que decir será sorprendente, muy clarificador y muy útil.

Qué preguntar a los ángeles

¿Quién no tiene problemas en una relación? ¿Me ama? ¿Me dejará? ¿Nos casaremos? Además, están los problemas de seguridad relacionados con tu trabajo, tu alojamiento, tus finanzas, que suelen estar cargados de deseo y miedo. ¿Cómo obtener información sobre estos temas?

Pide a tus ángeles esclarecimiento e iluminación para evaluar la situación. Al pedir entendimiento y claridad, orientación sobre lo que es correcto hacer, dejas la puerta bien abierta para opciones ilimitadas. En vez de preguntar: "¿Tom me ama?", pide que se te aclare lo que Tom siente por ti. O pregunta: "¿Cuál es la naturaleza de nuestras relaciones?, ¿Para aprender qué lecciones estamos juntos?, ¿Cómo puedo mejorar la relación?, ¿Qué debo saber sobre sus necesidades?"

Recuerda que los ángeles operan de un modo afectuoso, sutil y paciente. Están dispuestos a tomar las cosas poco a poco, aunque nosotros no lo estemos. Los problemas antiguos y crónicos requieren su tiempo. Requieren abrirse paso por capas de defensas que erigimos con el mejor de los motivos: para protegernos. Podemos confiar en que los ángeles nos llevarán sólo hasta donde podamos llegar con cada paso, despejando gradualmente el camino. Sé paciente contigo mismo y con tu amoroso ayudante.

Nada más que la verdad

Así como un televisor debe estar en buen estado de funcionamiento y con la pantalla limpia, así debes convertirte en un receptor más nítido. La inconsciencia en un aspecto de tu vida (la dieta o la alimentación, por ejemplo) pueden afectar a otras zonas, por cierto. La repetición de hábitos perjudiciales o insalubres, ya sea en lo físico, lo mental o lo emocional, perpetúa la inconsciencia.

Una vez que te abres a tus ángeles, toda tu vida comienza a conmoverse. Phil, un abogado amigo nuestro, llama a su ángel "el Hada de la Verdad", porque mediante sus conversaciones con ella ha podido ver de sí mismo muchas cosas que había logrado evitar durante treinta y nueve años, buenas o malas. Es un hombre cortés y considerado, pero desde que conoció al Hada de la Verdad se ha tornado profundamente afectuoso. Antes desdeñaba la celebración de los cumpleaños, sobre todo del propio, pero ahora cuida de no olvidar los natalicios de sus amigos; cuando llega el suyo ofrece una gran fiesta para sí mismo y para todos sus amigos.

Avances

En este proceso de búsqueda de la verdad, puedes descubrir que aparecen habilidades y dones antes escondidos, para ponerte en contacto con tu poder y tu éxito potencial. Pero también descubrirás impurezas, deshonestidades, adicciones y miedos. Todo esto surge a la superficie con la finalidad de ser visto, aceptado y liberado o puesto a servir. Tu reacción inicial puede ser correr hacia las montañas o embarcarte hacia los mares del Sur para evitar esas partes de ti que te parecen un desafío, una amenaza o un bochorno. Ten fe en ti mismo y en los ángeles. Resiste. Recibe de buen grado todo lo que se presente como parte de tu crecimiento espiritual y elabóralo con la ayuda de tus devotos ángeles. Desprenderte de tus costumbres y esquemas mentales perjudiciales te ayudará a construir una buena base de saludable autoestima y te allanará el camino hacia comunicaciones aun más claras con tus ángeles.

Como ya hemos dicho, lo único que necesitas para hablar con tu ángel es una mente abierta y un corazón bien dispuesto. En el capítulo siguiente se te ofrece la alternativa de utilizar la escritura de cartas y los sueños para aumentar el contacto con tu compañero angelical. Te ofrecemos esta orientación en el uso de tales herramientas como realce y variación, no porque esto haga falta, sino porque es divertido.

10

Escribir cartas y soñar con los ángeles

A medida que fortalezcas tu relación con tu gran amigo celestial, te será grato explorar otros modos de entretejerla a tu vida cotidiana. Escribir cartas a tu ángel y a los compañeros angélicos de otras personas te permite centrar tu atención y mejorar tu capacidad de comunicación. Y al aprender a soñar con los ángeles te abrirás a un rico depósito de información valiosa que normalmente permanece oculta en el inconsciente.

Digno de tomar nota

Escribir a los ángeles es un excelente modo de alinearse y ponerse en contacto con ellos; además, puede brindarte una mayor claridad en tus problemas personales. Escribirles, tal como escribirías una carta a un amigo íntimo y querido, te ayuda a fortalecer el contacto que ya habías formado estableciendo un vínculo mente-corazón. Ese vínculo se desarrolla según pongas al ángel en tu mente y en tu corazón para dirigir tus pensamientos hacia él.

El acto de escribir también te ayuda a organizar tus pensamientos, despejando tu mente. Al hacerlo permitirás que los ángeles lleguen a ti en una frecuencia más alta. La correspondencia con tus amigos celestiales despeja la estática y la cháchara mental que dificulta una buena recepción. Otro beneficio es que, cuando exteriorizas tus intenciones y deseos, comienzas a liberarlos. Un pensamiento en papel es algo encapsulado y completo. Al anotarlo despejas la parte de tu cerebro que lo contenía, dejando espacio para algo nuevo.

Despréndete y prosigue

Escribir también puede ayudarte a debilitar tu apego con respecto a los deseos. Cuando los anotas puedes desprenderte de ellos. Si continúas aferrado a ellos, no hay modo de que te abras a tu ángel a fin de recibir el apoyo que necesitas para conseguir lo que quieres. Sólo podemos recibir con la mano abierta y vacía. Sin embargo, si lo que deseas no viene a ti cuando o como lo deseas, no pierdas de vista el resultado. Con mucha frecuencia descubrirás que, en cambio, ocurrió algo mejor.

Conviene recordar que los ángeles son seres de contacto, no de control. Sus maneras de apoyarnos no provienen del poder, sino del amor. Por ejemplo, si te atrae una persona, puedes escribir a tu ángel para pedirle apoyo. Pero si escribes "Querido Angel: Quiero que Arthur me ame", no recibirás tanto apoyo como si escribes "Querido Angel: ayúdame a hallar el modo adecuado de demostrar mi amor a Arthur." De modo similar, antes que "Consígueme este empleo, por favor", te conviene pedir "ayuda para encontrar ahora el trabajo conveniente con un sueldo justo".

Cuando pedimos ayuda, nuestros ángeles nos respaldarán siempre. Pero lo hacen desde una perspectiva más amplia de la que con frecuencia podemos apreciar. Lo que percibimos como el amante ideal o el empleo perfecto puede no ser lo más conveniente para nosotros a largo plazo, aunque por el momento pueda parecernos bueno y adecuado a la imagen actual de lo que deseamos. Al conversar y comunicarnos con nuestros ángeles, aprendemos a refinar nuestros deseos: a no desear simplemente lo que nosotros queremos, sino lo que sea mejor para todos. Con el correr del tiempo descubrimos que eso nos brinda una satisfacción más profunda. Y ese es sólo uno de los dones del contacto angelical.

Escribir a tu ángel es fácil. Sigue sólo los pasos que detallamos abajo.

Ejercicio 22:
CARTAS A TU ANGEL

Para realzar tu experiencia y ayudar a crear una atmósfera que conduzca a la comunicación angélica, es conveniente encender una vela o una varilla de incienso. Necesitarás papel y estilográfica, o tu ordenador, si es lo que usas. Te conviene hacer la Meditación Básica de Cimentación antes de comenzar, sobre todo si te sientes atolondrado.

1. Siéntate cómodamente y dedica unos instantes a concentrarte en tu respiración, regulándola de modo tal que inhalación y exhalación duren aproximadamente el mismo tiempo.

2. Ahora vuelve tu atención hacia adentro y piensa en tu ángel, tal como lo haces cuando escribes a tus amigos. Piensas en tus amigos, en su aspecto, y luego te diriges a ellos teniendo en cuenta su personalidad. De la misma forma, piensa en tu ángel y permítete sentir su suave energía.

3. Fecha tu carta, escribe "Querido Angel" y deja que fluyan las palabras. Pide a tu ángel orientación y/o apoyo y agradécele su ayuda por anticipado. Luego firma al pie, como lo harías en una carta a un amigo.

4. Si tienes un altar de meditación o una caja en la que guardes cosas especiales, puedes guardar la carta allí. Algunos ponen las cartas a sus ángeles bajo la almohada. Otros las queman, enviando el mensaje a los cielos con el humo que se eleva. Tú sabrás qué hacer con la tuya. Y, si no lo sabes, ¡pregunta a tus ángeles!

Correo aéreo para otros ángeles

Además de escribir a tu propio ángel, puedes enviar cartas a todos los tipos de ángeles descritos en el capítulo 8. Escribir una carta a uno de esos ángeles es un modo de invitarlo a tu vida. Quizá quieras releer ese capítulo.

Si estás en una etapa de transición, puedes escribir una carta para un ángel de modelo, pidiéndole que te ayude a ver el plano de la siguiente parte de tu vida. Si acabas de tomar un nuevo empleo y debes trabajar por primera vez con un ordenador, escribe a los ángeles de la tecnología, específicamente a un ángel de ordenadores, para pedir su apoyo y su orientación. Si tu vida es un torbellino, envía una nota a un ángel de paz o un ángel de gracia, pidiéndole que venga a tu vida.

Escribir a los ángeles superlumínicos

Así como escribiste a los ángeles, también puedes enviar una carta a los arcángeles. Si no recuerdas sus funciones, vuelve a las descripciones del capítulo 8.

Por ejemplo, si necesitas curación, puedes escribir una nota a Rafael. Conviene que te expreses con tus propias palabras, pero puedes decir algo así: "Querido Rafael: Por favor, acompáñame en mi viaje de curación. Ayúdame a ver qué puedo aprender de esta situación. Guíame hacia los médicos y reparadores con los que puedo trabajar adecuadamente en este momento." Luego agrega cualquier preocupación o pedido especial que tengas. Y nunca viene mal agradecerles anticipadamente su amorosa ayuda.

Si buscas claridad con un amante o un amigo, escribe a Gabriel, el guardián de las relaciones. Intenta algo así: "Querido Gabriel: me vuelvo a ti en busca de consuelo, apoyo y orientación en mis relaciones con... (agrega el nombre de esa persona). Por favor, ayúdanos a estar presentes, francos y con el corazón abierto. Ayúdanos a descubrir qué es lo que debemos compartir, en armonía contigo y con nuestras más elevadas intenciones. Gracias por tu guía y por tu amorosa presencia."

Uriel es el ángel superlumínico para todo lo referido al trabajo. Para invocar el apoyo de Uriel, la carta podría tomar esta forma: "Querido Uriel: Por favor, guíame hacia el trabajo que sea adecuado para mí en este momento de mi vida." O: "Querido Uriel: Ayúdame a estar presente en mi trabajo, tanto por mí como por mis compañeros, y en armonía con las necesidades del planeta en este momento. Gracias por tu sabiduría y apoyo."

Miguel es tanto el guardián de la paz global como de nuestro desarrollo espiritual. Una carta a este arcángel podría decir: "Querido Miguel: Por favor, acompáñame en mi viaje, como guía e inspiración. Que mi corazón y mis ojos estén abiertos; permíteme saber la verdad, decir la verdad y crecer en paz con todo lo que vive. Acepta mi amor y mi gratitud por tus enseñanzas."

Escribir a los ángeles de otros

Ten en cuenta que también puedes escribir a los ángeles de otras personas, no para tratar de dominarlas, sino para expresar lo tuyo. A veces puedes encontrarte en situaciones difíciles o incómodas con una persona con quien no puedes hablar, o quizá temes herirla si dices lo que quieres decir. También puedes tener la necesidad de decir algo a una persona que ha muerto o desaparecido de tu vida. En estos casos, es útil escribir al ángel de esa persona. Di la verdad. Quítate el peso de encima. Esto no es para censurar, sino para expresar lo que sientes sobre lo que te preocupa y cómo desearías que fueran las cosas.

Cuando escribes al guardián de otra persona, el mensaje es entregado en el plano angélico. Con frecuencia el acto de escribir coincide con una inesperada apertura de comunicación con esa otra persona o la precede inmediatamente. Y, si no se presenta un mejoramiento de la relación, el solo hecho de escribir la carta puede ayudarte a liberar el enojo, el miedo o la necesidad de obtener algo que esa persona no puede darte.

Respuesta de los ángeles

En una buena relación, la comunicación fluye en ambos sentidos. Algunas cartas a tu ángel no necesitan respuesta. Son mensajes de final abierto. Pero lo maravilloso de tener amistad epistolar con un ángel es que no necesitas rondar tu buzón a la espera de una respuesta. Si quieres recibir noticias inmediatas de tu compañero, basta con que, después de haber escrito a tu ángel, tomes otra hoja de papel y dejes que tu ángel te escriba. En esta ocasión, encabeza la carta dirigiéndola a tu propio nombre. Luego descansa y deja que las palabras de tu ángel lleguen a ti bajo la forma de una carta.

Toby y Zeke, su ángel, mantienen correspondencia desde hace tres años. Toby archiva pulcramente todas las cartas, en el orden en que fueron escritas y respondidas. De vez en cuando vuelve a leerlas. El nos dijo que le servían como diario. Al releerlas obtiene una imagen más clara de lo que estaba pasando, tanto en su vida exterior como en la inferior. También Margaret mantiene una correspondencia regular con Blue, su ángel. Pero Margaret, a diferencia de Toby, quema todas las cartas que escribe y todas las que recibe de Blue. "Algunas son muy hermosas", dice. "Pero quemarlas me ayuda a liberar." Todo el mundo tiene su propia manera de intercambiar cartas. Confía en que tu sentido interior te guíe hacia la forma más adecuada para ti.

Soñar con ángeles

Los sueños son una puerta al inconsciente, pero también una puerta a los reinos sutiles. Representan largas cartas de tu inconsciente, con frecuencia escritas en un lenguaje extraño y misterioso. Los sueños son también otro portal por el que puedes llegar a conocer a tus ángeles y disfrutar de tu relación. Conectarse de este modo con los ángeles es fácil y natural; sucede aun cuando no tengamos conciencia de ello.

El estado de sueño es un punto de acceso que ofrece

especiales ventajas para nuestros compañeros celestiales, pues, cuando dormimos, la mente inconsciente está bien abierta. Desaparecen las resistencias y los bloqueos que la conciencia (el yo) levanta para mantener a raya a los ángeles. La cualidad fluida y espontánea de los sueños se acerca más al comportamiento de los ángeles que al estado reglamentado, muy organizado, en el que existimos los humanos en nuestras horas de vigilia.

¿Eso era un ángel?

Con frecuencia nuestros ángeles se nos presentan en sueños, pero no siempre los recordamos o, si lo hacemos, no siempre los reconocemos. En el sueño pueden parecer amigos íntimos, pero al despertar nos damos cuenta de que nunca los hemos visto. O pueden presentarse como figuras sabias, poderosas o importantes, no necesariamente con alas u otros símbolos estereotipados de su identidad, tales como arpas y halos.

Durante años enteros, Linda tuvo un sueño recurrente en el que se veía sentada en un aula escuchando a una maestra. Nunca recordaba lo que la maestra decía y estaba segura de no haberla visto en sus horas de vigilia. Varias semanas después de conocer a su ángel, Linda lo identificó con la maestra de sus sueños. No se le había ocurrido relacionarla con él.

Ken vive en Boston, pero con frecuencia sueña que se reúne con amigos en Los Angeles. Cuando consultó a su ángel al respecto, se le hizo notar el significado literal del nombre de la ciudad y el hecho de que, cada vez que sueña eso, su ángel tiene alguna información especial que compartir con él.

Ginny, una abogada a quien le gusta que todo esté en

orden, sueña de vez en cuando que todo es un caos y, como sus colegas se niegan a ayudarla, tiene que "pasarlo por alto". Estos sueños son una manera que tiene su ángel de aconsejarle que tome las cosas con más calma.

A veces los ángeles se presentan bajo formas animales. Richard sueña con halcones desde que era niño; su ángel le reveló que esa es una de las maneras que tiene su alado amigo de llegar a él.

Algunos ángeles no hacen notar su presencia asumiendo forma alguna. Cada vez que Barbara sueña con una luz intensa, blanca o dorada, sabe que eso indica la presencia de un cuidador celestial.

Otras veces despertamos con una sensación de bienestar, de que todo está bien, de que estar vivos es una bendición. Tal vez no recordemos siquiera haber soñado, pero el buen humor impregna la rutina normal de la mañana, como la luz del sol al iluminar súbitamente un cielo gris y opaco. Cuando eso ocurre hay una buena posibilidad de que uno de nuestros ángeles haya hecho una presentación estelar mientras dormíamos. Pregunta a tu ángel cómo puedes reconocer su presencia en sueños.

Todos nos hemos educado en la creencia de que existe una separación entre humanos y ángeles, si acaso se nos enseñó a creer en los ángeles. Pero esa separación es sólo un estado de la mente... ¡de nuestra mente, no de la angelical! En nuestros sueños es posible cambiar la mente y superar las barreras mentales que hemos erigido a fin de estar con nuestros ángeles con toda naturalidad.

Recuerda que no sólo nuestros compañeros nos buscan en el sueño. El arcángel Miguel es el guardián del tiempo de los sueños, así que puedes invocar su vigilante presencia. Y existe toda una categoría de ángeles que trabajan con los sueños; su misión es proporcionarnos información mientras dormimos. En el capítulo 8 leíste lo referido a ellos. Estos ángeles rara vez hacen notar directamente su presencia en nuestros sueños, como nuetros ángeles acompañantes. Son primordialmente mensajeros; sólo podemos reconocerlos por los regalos que nos hacen en el sueño.

Recordar el sueño

El primer paso consiste en recordar tus sueños, todo un desafío. Los sueños son elusivos. Es esencial tener una actitud mental positiva. Basta con comenzar a creer en tus sueños. Cuando creemos en algo, lo valoramos. Cuando valoramos algo, le infundimos energía, y aquello en lo que ponemos energía comienza a crecer.

Si te has pasado la mayor parte de la vida convencido de que no vale la pena recordar los sueños, no esperes despertar mañana con uno sobre la almohada. Inaugurar una nueva creencia requiere tiempo. Pero puedes programar de nuevo tu mente consciente para permitir que te llegue el recuerdo de los sueños. Lo bueno es que puedes esperar confiado. Los sueños pueden tornarse realidad. Y cuando eso ocurre, son manifestaciones del deseo más profundo de nuestro corazón. Ellos nos ponen en contacto con nuestras pasiones.

La motivación ayuda

El deseo apasionado de conectarte con tus ángeles es la motivación que te permitirá conocerlos en tus sueños. Luego viene la diligencia. Debes estar dispuesto a seguir adelante con el proceso y superar resistencias profundamente arraigadas. Si despiertas con un sueño en medio de la noche, no te muevas y trata de recobrarlo. Revívelo;

puedes comenzar con cualquier fragmento que recuerdes y permitir que se expanda. Luego anótalo y ponle la fecha antes de volver a dormir.

Cada vez que despiertes después de haber soñado sigue el mismo procedimiento. Si cambias el cuerpo de posición puedes perderlo mientras lo revives; por eso debes permanecer quieto y recordar del sueño todo lo que puedas. Luego anótalo, con tantos detalles como recuerdes. Fecha tus sueños. Hasta puedes dar a cada uno un título que lo resuma. Eso te ayudará a recordarlo o hallarlo más adelante.

Existe una resistencia innata a hacer esto y es preciso superarla a conciencia. La resistencia se presenta también en el hecho de que despertemos ciertos sueños porque no tienen sentido o porque no recordamos todos los detalles. Pero, a medida que los valores más, descubrirás que la resistencia desaparece.

He aquí algunas maneras de utilizar el dormir y de estimular el recuerdo de los sueños.

Ejercicio 23:
AFIRMACIONES DE SUEÑOS

Las afirmaciones establecen un estado mental positivo y de aceptación. Cuando se las repite una y otra vez, sobre todo expresándolas con mucha convicción, las afirmaciones entran en el inconsciente, alineándolo con la conciencia.

Las afirmaciones resuenan más cuando las acompaña una visualización. Mientras pronuncias tu afirmación, es conveniente que la visualices o imagines.

Si no sueles recordar tus sueños, prueba con esta:

Afirmación N º 1:
Soñaré.
Recordaré mi sueño.
Mañana despertaré y escribiré mi sueño.

Al pronunciar estas palabras, imagínate dormido y soñando. Luego visualízate al despertar, alargando la mano hacia el cuaderno donde pones por escrito tus sueños o los mensajes de tus ángeles para anotarlo.

Si tienes buena memoria para tus sueños, puedes saltear la primera afirmación y pasar a esta:

Afirmación Nº 2:
Estoy abierto a ti, ángel mío.
Te invito a visitarme en mi sueño.

Siempre es mejor, al crear tus afirmaciones, invocar a tu ángel por su nombre, si lo conoces. Elige tus propias palabras, utilizando los dos ejemplos citados como guía. También en este caso, cuanto más te conectes con tus sentimientos, más poder darás a tu afirmación. Es útil visualizar, mientras pronuncias tu afirmación; un rayo de luz rosada o dorada que brota de tu corazón te conecta con el corazón de tu ángel. O puedes imaginar un lugar hermoso donde reunirte con tu ángel. Repite tu afirmación mientras imagines la escena.

Una vez que has establecido contacto con tu ángel en tus sueños, puedes comenzar a trabajar con él en temas específicos, formulando preguntas en el momento de quedarte dormido. Esto causa el mismo efecto que escribir a tu ángel. En realidad, te conviene escribir las preguntas en una hoja de papel y ponerlas bajo la almohada. Aunque lo hagas, es buena idea vocalizar también la afirmación:

Afirmación Nº 3:
Querido ángel: En mi sueño de esta noche querría una aclaración sobre... o:
Por favor, esclaréceme sobre... o:
Ayúdame a comprender, por favor...

Sembrar el sueño

Utiliza tu intención como punto central para sembrar el estado de sueño. Cuando estés quedándote dormido, imagina que tienes un sueño en el que tu ángel viene a ti. Inventa el sueño, tal como querrías tenerlo. El sueño que recuerdes por la mañana contendrá algunos elementos o rastros de esa semilla. Afirma que es así, aunque debas hacer de detective para hallar la clave.

Timothy tuvo una serie de pesadillas sobre el fin del mundo. Soñaba con todas las catástrofes que puedas imaginar. Preocupado, pidió a su ángel que lo ayudara a comprender lo que estaba pasando. Esa noche soñó que un avión se estrellaba contra su casa. El salía corriendo y veía al piloto salir de la cabina, envuelto en llamas. Cuando Timothy abrazó al hombre ardiente, se sintió consumido... no por el fuego, sino por el éxtasis. Despertó con una sensación de paz y un profundo entendimiento de que la situación actual del mundo no es destrucción, por cierto, sino purificación. Obviamente el piloto en llamas era su ángel.

La clave para identificarlos en nuestros sueños, según nos han dicho nuestros ángeles, es sentir el tono del sueño. Las emociones o sensaciones que hayas tenido de la atmósfera, una cualidad o hecho que resulte fuera de lo común, exótico o ultraterreno, pueden señalar la presencia de los ángeles.

Paciencia y fe

Hemos descubierto que, aun después de establecer el contacto del sueño, puedes tener que formular la misma pregunta durante varios días y hasta semanas enteras antes de recibir o comprender plenamente la respuesta. Y quizá no surja en una aparición directa de los ángeles. El sueño en sí puede ser la respuesta de tu ángel. O quizá se presente en una sola palabra, una imagen o una canción que recordaste al despertar. La respuesta también puede ser el don de un sueño en el que te encontraste volando, sin esfuerzo y sin alas. Y a veces no llega en un sueño, sino en un suceso o en un instante de súbita iluminación. Tal vez se presente bajo la forma de una llamada telefónica casual, hecha por un amigo, en una frase que leas en el periódico de la mañana o un fragmento de conversación oído por casualidad en la calle. Lo principal es permanecer alerta y abierto.

La paciencia te permitirá perseverar, aunque no obtengas resultados de inmediato. Te ayudará a tener fe en tus ángeles, confiando que, a su debido tiempo, vendrán también de este modo. La fe te gana el cariño de tus invisibles defensores, además de crear un espacio para los milagros, que es donde pululan y prosperan. Los milagros no tienen por qué ser algo que sacuda la Tierra. Bien pueden ser pequeños acontecimientos de tu vida diaria que te hagan sentir bien, reír o hasta llorar de felicidad.

Diarios

Puedes registrar tus sueños en tu cuaderno de ángeles o aparte, en un diario especial. Cualquiera que sea, ponlo junto a tu cama cuando te acuestes. Si eres de los que no pueden despertar y tomar nota sin tomar primero una taza de café, lavarse los dientes o abrirle la puerta al gato, sería mejor que tuvieras a mano un grabador. El más conveniente es el que se activa con la voz, para que puedas encenderlo sin cambiar de postura.

Los sueños son efímeros. Por eso es mejor anotar (o grabar) lo que recuerdes en cuanto despiertes. Cualquier actividad, tal como levantarte o cambiar de posición, puede barrer toda una noche de sueños hacia la oscuridad del inconsciente.

Cuando anotes o grabes lo que ha ocurrido en tu sueño, será útil ponerlo todo en tiempo presente: "Camino por el bosque. Un búho ulula a poca distancia..." Ese búho, sabio ser alado, bien podría ser tu ángel disfrazado.

A veces, durante el día salen a la superficie fragmentos del sueño: una escena, una sensación, el rostro de una persona. Es importante anotar cualquier cosa que recuerdes, aunque no le encuentres sentido o creas que no tiene importancia. Cada fragmento merece el respeto de tu atención: cuando se la concedes, el mundo de los sueños se te revela más y más.

Llevar un diario no sirve sólo para conservar imágenes e información que normalmente olvidarías, sino también para aumentar tu memoria de los sueños. Al dedicarte a escribir lo que recuerdas, refuerzas tu intención en un plano físico. Tu intención se origina en el plano mental. El refuerzo de tu intención obra sobre el inconsciente, así como sobre la conciencia.

Otra ventaja de llevar un diario es que puedes releerlo de vez en cuando. Eso te brinda una idea de dónde has estado y adónde vas. Puede revelarte sitios de estancamiento y ayudarte a aclarar sueños desconcertantes, que sólo con el tiempo comienzan a tener sentido. Un diario de sueños es una herramienta importante para el crecimiento interior.

El mero repaso de los títulos que diste a tus sueños puede servirte de clave para marcar temas recurrentes y bloqueos interiores de los que no tenías conciencia. La esposa de Brad no dejaba de preguntarle si todo le iba bien en el trabajo. El era un abogado con empresa propia, casa nueva y auto nuevo; desde fuera, todo parecía estupendo. Pero, cuando repasó los títulos de sus sueños, cayó en la cuenta de que se sentía infeliz: "Atrapado en un tren", "Perdido en un aeropuerto desconocido por la noche" y "Mi maletín desaparece" eran algunos. Al leerlos a la vez, pudo experimentar la diferencia entre la apariencia de su vida y lo que él sentía en realidad.

Diálogos

Puedes utilizar tu diario de sueños para desarrollar diálogos con personas, objetos y elementos que aparecen en los sueños. Este es uno de los mejores medios para decodificar la compleja simbología que caracteriza a los sueños. Al dialogar, hablas con aspectos de ti mismo que son inconscientes y aparecen bajo la apariencia de objetos o de otras personas. Los sueños están llenos de chistes y juegos de palabras: otra clave de la presencia angélica. Da rienda libre a tu imaginación y permítete hablar francamente. Al escribir con libertad puedes descubrir tus sensaciones ocultas, tus miedos y deseos, además de comprender cosas que ocurren en tu vida.

He aquí, a manera de ejemplo, un fragmento del diario de sueños de Cathy. En su sueño está en un supermercado y derriba un exhibidor de bombillas eléctricas.

CATHY: ¿Por qué te has caído?

BOMBILLAS: Tú me has empujado.

CATHY: No te vi.

BOMBILLAS: Ese es el problema. Actuaste con torpeza.

CATHY: ¿Por qué dices eso?

BOMBILLAS: No estabas atenta a mi posición.

Al continuar con el diálogo, Cathy empezó a asociar los sucesos del sueño con algo que le había ocurrido durante la vigilia. Comprendió que había herido los sentimientos de un amigo al no tener en cuenta su "posición". Una vez que eso estuvo claro, se preguntó qué significaban las bombillas. Y entonces se hizo la luz: puesto que arrojaban luz sobre su conducta, eran una representación de su ángel.

Ejercicio 24:
EL ASCENSOR ANGELICAL

Según la Biblia, Jacob soñó con una escalerilla que subía hasta el cielo, por donde los ángeles subían y bajaban. Pero como los tiempos han cambiado, cuando estés a punto de quedarte dormido puedes visualizar un ascensor dorado en el que tú y tu ángel viajéis al mundo de los sueños. Hacerlo te ayudará a recordar los sueños, a trabajar con tus afirmaciones y a sembrar un sueño.

Si prefieres grabar este ejercicio, pon el grabador muy cerca de tu cama, donde puedas apagarlo sin abrir los ojos al terminar el ejercicio.

1. Cierra los ojos y siente cómo caes en el sueño. Tu respiración es lenta y fácil.

2. Relaja el cuello. Relaja los hombros. Siente cómo se relaja toda tu espalda. Desde la cabeza hasta la punta de los pies, siente que todo tu cuerpo deja escapar la tensión.

3. Ahora visualiza un pasillo largo, muy largo. Las paredes y el suelo están hechos de luz intensa. Observa la luz e imagina que caminas lentamente por ese pasillo luminoso, con tu ángel a un lado.

4. Al final del pasillo ves un portal refulgente. Es la puerta del ascensor angélico. Cuando te acercas con tu ángel, la puerta se abre lentamente.

5. De la mano, con una de sus alas envuelta a tu espalda, tu ángel y tú entráis al ascensor. Al hacerlo, tu cuerpo se baña en la luz más pura y cálida que puedas imaginar. Eso relaja tu cuerpo y penetra en ti, inundando todas las células.

6. Ves que tu ángel estira la punta de un ala para oprimir uno de los centelleantes botones del tablero, junto a la puerta.

7. El ascensor se cierra lentamente. Bañados en la luz, tú y tu ángel os eleváis lentamente en tus sueños.

8. Si estás trabajando con una afirmación, repítela ahora lentamente, varias veces.

9. Si quieres formular una pregunta específica a tu ángel o sembrar un sueño en especial, este es el momento de hacerlo.

10. Concéntrate nuevamente en tu respiración. Siente cómo caes en el sueño. Junto con tu ángel estás ascendiendo, ascendiendo hacia el mundo de los sueños.

Cate es maestra de parvulario. Desde que comenzó a usar el ascensor angélico recuerda los sueños por primera vez en la vida. "Es como despertar de la amnesia", nos dice. Su cuaderno angélico estalla de aventuras. Cate recicla muchas de ellas cuando dedica una hora a narrar cuentos a su clase.

Ricardo trabaja en la sala de urgencias de un hospital. Su trabajo está lleno de tensiones y, por muy cansado que llegue a su casa, le cuesta dormir. Sin embargo, desde que comenzó a hacer esta visualización nos dice que se duerme de inmediato. Y, aunque rara vez recuerda sus sueños, despierta descansado y con energías.

Escribir cartas a tus ángeles y soñar con ellos son sólo dos de los distintos medios por los que puedes afinar y profundizar tu vínculo. En el capítulo siguiente aprenderás a concentrarte en las metas de tu vida y a trabajar con tus ángeles para que tus sueños se hagan realidad.

11

Trabajar con los ángeles para alcanzar tus metas

Los convoquemos o no, los ángeles están con nosotros en nuestra vida cotidiana, dispuestos, deseosos y encantados de ayudarnos. No importa lo que hagamos: meditar, hacer compras, conducir el auto o bucear a profundidad, ninguna tarea es demasiado pequeña, ningún objetivo demasiado grandioso como para no merecer su afectuosa atención.

En este capítulo compartiremos ejemplos de las maneras en que nuestros compañeros celestiales acompañan y animan las actividades cotidianas, y de cómo puedes solicitar su ayuda para alcanzar tus objetivos. Los ejercicios avanzados muestran otros medios para la Liberación y la Alineación.

Algunos libros contemporáneos sobre los ángeles se concentran en las intervenciones milagrosas, incidentes en que se salvaron vidas y se evitaron calamidades. Aunque son apasionantes, indiscutiblemente, esos acontecimientos suelen producirse sólo una vez en la vida. Los relatos y los ejercicios siguientes demuestran hasta qué punto los ángeles están muy presentes y disponibles para todos y cada uno de nosotros, todos los días y no sólo en ocasiones especiales.

No hay varita mágica

Por dispuestos que estén a ayudarnos, los ángeles no son hadas de la buena suerte que toquen tu copa con una varita mágica y te otorguen todos tus deseos. Pueden ayudarte a alcanzar lo que desea tu corazón, pero no crear tu destino. Eso sólo pueden hacerlo Dios y tú. Lo que hacen los ángeles es servir a nuestro Bienamado mediante cada uno de nosotros. En realidad, más de uno de nuestros invisibles ayudantes nos ha sugerido, en muchas ocasiones, que los humanos somos las manos de los ángeles y la voz de sus mensajes inspirados.

En sociedad con los ángeles

Cuando aprendes a conversar con tus ángeles, entras en una asociación de trabajo con ellos. Un socio es alguien que trabaja contigo, que comparte tu alegría, te arroja la pelota y te respalda en tiempos de vacas flacas. Para desarrollar esa sociedad, basta con acordarte de pedir ayuda a tus ángeles. Y con frecuencia se te presentarán cuando realmente los necesites, aunque hayas olvidado llamarlos.

Pide a tus ángeles que te acompañen durante tu vida cotidiana. Pídeles que te aquieten o te guíen las manos cuando hagas algo que requiera habilidad o precisión. Pídeles que te conduzcan a alojamientos adecuados si estás en una ciudad que no conoces. Pídeles que aseguren un viaje y un regreso sin peligros y que faciliten los trasbordos cuando viajéis tú o tus personas queridas. Cuando quieras expandir tus conocimientos, tu capacidad o tus habilidades, no dejes de pedírselo a tus ángeles.

Acentuar lo positivo

Uno de los beneficios de recurrir a los ángeles es que el acto de pedir elevará tu manera de encarar las cosas. Al refinar tu actitud, al abrirte a la afirmación y a un punto de vista positivo, realzas tus posibilidades de éxito en todo lo que haces o deseas lograr. Al visualizar el mejor resultado posible, atraes las energías positivas para que fluyan hacia ti.

Desde los tiempos más remotos, la gente ha trabajado con las energías positivas para crear lo que deseaban en un plano físico. Como resultado han crecido culturas y civilizaciones. A lo largo de milenios, ciertas maneras de operar energéticamente han resultado invariablemente efectivas para el propósito de la manifestación. Reciben diferentes nombres de los distintos sistemas y escuelas de pensamiento; algunos cambian el orden de la ejecución. Pero las leyes o pasos siguen siendo los mismos. En realidad son muy simples y, con ayuda de tu ángel, puedes utilizarlos para alcanzar tus objetivos.

Cinco pasos para manifestaciones efectivas

Si bien hemos encontrado muchas variaciones y agregados al proceso de manifestación, existen sólo cinco principios que se aplican universalmente. Con la asistencia angélica puedes ampliar notablemente el poder de estas leyes, porque la naturaleza angélica contiene un ingrediente vital para la manifestación: una amorosa aceptación. Como los ángeles existen en un plano de pensamiento superior, más próximo al reino de la Fuente Creativa, pueden ayudarte a sembrar tu meta en la dimensión donde el pensamiento es, realmente, creación.

El primer paso en la manifestación es la intención: Toma la decisión consciente de tener lo que deseas. Si no estás seguro de desearlo de verdad, dedica unos minutos a imaginarte teniéndolo. Si no puedes visualizar o sentir cómo es, quizá no lo quieras del todo. O tal vez no crees poder tenerlo. A veces dejamos de desear algo cuando pensamos que no podemos tenerlo, aunque no dejemos de quererlo, por supuesto; simplemente negamos el deseo. Con frecuencia, el miedo a la desilusión debilita la intención. Tenemos miedo de no conseguir lo que deseamos. Este miedo se crea en la sensación de poco valer.

El segundo paso para alcanzar tu meta es el compromiso de obtenerla... y estar dispuesto a aceptar todo lo que traiga. Tienes que estar seguro. Nada de melancólicos "tal vez" o "si yo pudiera". Nada de ambivalencias. Este paso requiere que concentres tu intención y experimentes la convicción de que puedes tenerlo. ¿Alguna vez obtuviste algo que deseabas desesperadamente, sólo para descubir que, después de todo, no lo querías? ¿O no supiste qué hacer con lo obtenido? La culpa está en la falta de compromiso.

El tercer paso requiere afirmación: Reclama lo que deseas utilizando una visualización, afirmándolo en voz alta y escribiéndolo o dibujándolo. Puedes hacer cualquiera de estas tres cosas, pero cuantas más hagas, mejor, porque cada una activa tu intención y comienza a establecerla en el reino físico. Para visualizar el logro de tu objetivo, experiméntalo tan plenamente como puedas, por medio de tantos sentidos como te sea posible: debes verlo y sentirlo, oírlo, tocarlo y hasta degustarlo, si se puede.

Afirma lo que deseas diciendo en voz alta: "Ángel, quiero tener..." Recuerda las palabras de la Biblia: "En el principio fue el Verbo." El sonido de tu voz crea una onda y el poder de tu intención, la claridad de tu visualización, dan a esa onda potencia y duración.

Algunas personas hacen un *mapa del tesoro* de lo que desean, recortando figuras que ilustren su meta y pegándolas en una hoja de papel o cartón.

Cada uno de estos actos reforzará tu convicción interior, iniciando la realización de lo que deseas. Estás cocreando con nuestro Creador, con la ayuda de tus bienamados ángeles. Tu parte consiste en concebir todo el cuadro y cómo quieres que sea.

El cuarto paso es la gratitud, dar gracias por la manifestación, como si ya se hubiera producido. Existe ya en otra dimensión, que es familiar a nuestros alados colegas. Sé generoso con tu agradecimiento y tus alabanzas a la Fuente de Todo.

El quinto paso es el más difícil: el desprendimiento. Tienes que liberar tu meta hacia el universo, para que este pueda hacerse cargo y entregar lo que has pedido. Cinco breves palabras te ayudarán a recordarlo: "Déjalo y deja a Dios".

Definir objetivos

Para poder utilizar estos peldaños al éxito, debes definir lo que deseas. Conversar con tus ángeles puede ayudarte a fijar tus objetivos. ¿Realmente necesitas ese descapotable Alfa Romeo o, simplemente, deseas la sensación que asocias con la posesión de uno? En otras palabras: ¿quieres lo que quieres por ti mismo o para impresionar a otros? Si tu meta es ser rico, ¿con qué propósito deseas el dinero? ¿Es para disfrutar del bienestar en un plano físico, mental o emocional, o para demostrarte y demostrar a otros que estás bien? ¿De qué otra manera podrías satisfacer estas necesidades? Al establecer lo que realmente deseas allanarás el camino de su obtención.

Puedes dialogar con tu ángel para analizar tu motivación y desentrañar cualquier renuncia de tu parte a recibir lo que dices desear. A veces el inconsciente retiene una agenda oculta, tal como la falta de valer o el miedo a la envidia, que bloquea la realización de tu meta.

Carol hizo una prueba para un papel de protagonista en una comedia musical de Broadway. Aunque la llamaron para una segunda prueba, no obtuvo el papel. Su desilusión fue terrible, sobre todo porque creía haber bailado y cantado mejor que nunca. Para ver por qué había perdido dialogó con su ángel. Mediante la conversación que anotó, Carol descubrió que, si bien quería ese papel, en el fondo tenía miedo de triunfar. Ya se sentía apartada de los amigos que había dejado en Kentucky y albergaba la creencia de que, si se convertía en estrella de Broadway, sería tan diferente de sus amigos que ya nadie la amaría.

Sorprendida, pero considerablemente esclarecida, Carol vio que tenía una agenda oculta: su verdadera meta no era el papel, sino ser amada. Y como tenía la sensación de que ser amada se contraponía al éxito, había fracasado en la obtención del papel. Con su ángel como sabio y amante guía, comenzó a fijar de nuevo sus metas.

Haz una lista de deseos

Para ayudarte a definir tus metas, conviene comenzar con una *lista de deseos*. Esto significa anotar todo lo que deseas, por descabellado que pueda parecer. Repasa la lista y consolida cualquier duplicación. Luego agrega detalles a lo que deseas. Puedes descubrir que se divide en dos categorías, tales como dinero, salud e imagen personal, relaciones y otras cosas. ¿Qué categoría es más importante para ti? Ponlas en orden, desde la primera a la última de tus preferencias. Esto te será de gran ayuda para definir tus prioridades y fijar tus intenciones.

Cuando Frank hizo su lista de deseos comenzó con cinco puntos:

1. Un sitio nuevo para vivir.
2. Mejorar mi relación con Janet.
3. Dos vacaciones al año.
4. Un saco de dormir nuevo y una tienda.
5. Desarrollar mi cuerpo.

Mientras lo pensaba, Frank cayó en la cuenta de que no deseaba sólo un sitio nuevo para vivir. En realidad, lo que pedía era un bonito apartamento nuevo, con una buena localización, buena vista y un alquiler que pudiera pagar cómodamente. Agregó esto a su lista. Luego Frank reflexionó sobre sus relaciones con Janet. Habían durado ya cuatro años, con interrupciones, y parecían no estar de acuerdo en la mayoría de las cosas. A él le encantaban los bolos; ella los odiaba. Janet preparaba platos propios de un *gourmet* y él era feliz recalentando una pizza congelada. Ambos querían casarse, pero Frank quería tener hijos y Janet no, porque su carrera estaba primero. Frank creía que un trabajo era un trabajo, algo que hacer en un horario determinado.

Después de pensarlo mejor, Frank decidió que en realidad deseaba tener otra novia. El tiempo que pasó analizando sus relaciones con Janet rindió sus frutos, pues ahora comenzaba a saber qué cualidades deseaba él en una mujer. Frank comenzó a hacer una nueva lista.

LA MUJER QUE QUIERO POR ESPOSA

1. Tiene un buen sentido del humor.
2. Es atractiva y cuida su aspecto.
3. No es exigente para comer.
4. Quiere tener hijos
5. Le gusta jugar a los bolos.
6. Le gusta salir de campamento.
7. Es bondadosa.

Frank continuó estudiando con mucha atención los otros puntos de su lista. Desde hacía tiempo quería desarrollar el cuerpo. Hasta había ido varias veces a un gimnasio cercano. Pero su fantasía era tener el equipo en su propia casa, donde pudiera ejercitarse cuando quisiera. El gimnasio casero que deseaba costaba mil cuatrocientos dólares. Eso parecía estar fuera de su alcance, de modo que había abandonado la idea. Pero ahora, al repasar su lista, comenzó a preguntarse si no prefería ese gimnasio a un segundo período de vacaciones al año. Comprendió que tenía alternativas y que podía elegir otras cosas si reflexionaba sobre sus verdaderas necesidades.

Cuando sepas con claridad lo que deseas, comienza por seleccionar uno de los puntos, que no sea el primero ni el último de tu lista. Debe ser algo que desees mucho sin que te sientas devastado si no lo consigues. Además, debe ser un objetivo cuyo cumplimiento no dependa de otra persona. Cuando la hayas elegido, puedes hacer el siguiente ejercicio para practicar la manifestación.

Ejercicio 25:
HACER REALIDAD LOS SUEÑOS

En este ejercicio usarás las técnicas de Cimentación, Liberación y Alineación que ya has aprendido, junto con una visualización nueva. Cuida de que no te molesten; ve a tu lugar sagrado e invita a tu ángel a estar contigo. Puedes invocar a otros ángeles específicos. Por ejemplo: si el tema es tu espacio vital, ya porque necesites una casa nueva o quieras redecorarla, invitarás también a un ángel de ambientes. Ten en cuenta cuáles pueden facilitarte mejor el fin que tienes pensado y recíbelos también.

1. Cierra los ojos. Ciméntate, céntrate y alíneate con tu ángel (o tus ángeles).
2. Libera cualquier impedimento, conocido o desconocido para ti, que pudiera estorbarte en el logro de tu objetivo. Pide a tu ángel que te ayude a retirarlos, liberándolos por medio de tus raíces hacia la Tierra.
3. Imagina tu meta y siéntete experimentándola. Imagina que se torna realidad y repara en lo que sientes, la ropa que llevas puesta y las reacciones de cualquiera que pueda estar presenciándolo. Haciendo participar cuanto menos cuatro de tus sentidos, vivificas tu visualización y cifras el mensaje en tu cuerpo físico.
4. Pon esta imagen en tu corazón. Pide y recibe para ella la bendición de tu ángel. Siente el calor y la satisfacción de haber logrado lo que deseas.
5. Agradece el haberlo recibido.
6. Irradia la imagen desde tu corazón hasta los brazos de tu ángel y visualiza a tu guardián rodeándola con una burbuja de luz violácea.

7. Observa cómo asciende la burbuja, subiendo y subiendo rumbo al universo.
8. Cuando ya no puedas ver la burbuja, abre los ojos.

Desperézate, camina. Aparta la cuestión de tu mente, pero permanece abierto para recibir cualquier señal que te indique que comienza a materializarse.

Abundancia

Todos queremos ciertas cosas y todos deseamos disfrutar de los placeres de la vida, aunque cada uno de nosotros tiene una idea individual de lo que eso constituye. Para algunos, la palabra "abundancia" conjura imágenes de vacaciones en Hawai y largas limusinas, de opulencia y plenitud. Esto tiene que ver con los valores materiales.

Para otros, significa una vida equilibrada y en armonía con los propios objetivos, rica en relaciones y amistades amantes, generosa en entusiasmo, gozo y buena salud. Esto tiene que ver con los valores espirituales. La abundancia en el plano espiritual proviene de adentro... y de arriba. La abundancia en el plano material proviene de afuera... y de abajo. Pero no hay motivos para que no puedas tenerlo todo.

Iniciar una asociación con nuestros ángeles crea las condiciones que nos permiten triunfar, prosperar y crecer, desarrollando nuestra naturaleza más elevada. Estas condiciones son la franqueza, la cordialidad y la gratitud. El contacto activo y cotidiano con nuestros guardianes expande el alcance de nuestra visión, que pasa de "yo" a "nosotros", de los intereses personales al interesarse por otros y por el bienestar de nuestro planeta.

Según nos volvemos más y más hacia nuestros ángeles, desarrollamos nuestra abundancia espiritual. Nos tornamos agradecidos por lo que tenemos. Y eso establece una base para que comencemos a recibir también en el plano material. Cuando sabes que Dios te ama, que tus ángeles están bien dispuestos a asistirte para que logres tu mayor deseo, te abres a la abundancia del universo y a las maneras en que esta puede manifestarse en el plano físico. Comprendes y sabes en lo más hondo que eres merecedor.

Cuando Andrew pide abundancia, Sargolais, su ángel, le recuerda que debe pedirla para todos. Una manera de hacerlo, ya sea en la plegaria o en la afirmación, es agregar la frase: "para mayor bien de todos". LNO, el ángel de Alma, le dice: "Todo lo que recibes es un don, si tienes el buen tino y la sabiduría de percibirlo así. Quizá no siempre te guste lo que obtienes, pero todo lo que viene a ti está destinado a tu mejor conveniencia y te proporciona oportunidades para crecer y desarrollarte."

Cuando pidas ayuda a tus ángeles, deja que ellos decidan de qué modo se materializará. Pide que se manifieste lo que deseas (o algo mejor), para el mayor bien de todos.

Uno de los muchos dones que nos traen los ángeles es la claridad. Y ser claro es, en gran parte, liberar pensamientos y sentimientos que puedan impedirnos alcanzar nuestras metas. El Ejercicio Básico de Liberación es una herramienta importante, pero habrá ocasiones en que no tengas tiempo de realizar todo el proceso. Tras haber practicado la técnica básica, ahora podrás utilizar una versión más abreviada, que es la siguiente:

Ejercicio 26:
LIMPIEZA Y LIBERACION RAPIDAS

Este ejercicio resulta útil cuando tienes poco tiempo o quieres liberar una sola cosa. En caso de emergencia, puedes hacerlo de pie, pero es mejor sentarse, con los pies bien apoyados en el suelo. Hemos descubierto que este es especialmente adecuado para liberar la resistencia, los obstáculos, la fatiga y las vibraciones ajenas. Antes de comenzar, pide ayuda a tu ángel.

1. Con los pies bien apoyados en el suelo, inhala profundamente. En tu primera exhalación, envía las raíces hacia la Tierra.
2. Cuando vuelvas a inhalar, siente en el cuerpo lo que quieras liberar. Al exhalar, visualízalo y siente cómo se dispara por tus raíces, bien hacia la Tierra. Continúa exhalando durante tanto tiempo como puedas, hasta que hayas expelido todo el aire de tus pulmones.
3. Cuando tomes el aliento siguiente, lleva los ojos hacia arriba, como si miraras hacia lo alto de tu cabeza. Inhala tan profundamente como puedas.
4. Cuando exhales, envía los filamentos desde la coronilla de tu cabeza hacia los cielos, a gran velocidad.
5. Al inhalar, visualiza la luz solar de los cielos que se vierte hacia tu coronilla. Deja que te llene el cuerpo y fluya por tus raíces hacia el centro de la Tierra, con tu cuarta exhalación.
6. Repite los ciclos de respiración dos veces más, hasta un total de tres, pidiendo ayuda a tus ángeles. Cuando hayas terminado, agradece a los ángeles y a la Tierra.

Becky es enfermera en un hospital de Connecticut. Tiene una supervisora que no hace más que entrometerse en sus cosas y criticarla. A fin de no transmitir a sus pacientes su sensación de incomodidad, después de cada enfrentamiento con la supervisora Becky entra en el armario de la ropa, cierra la puerta y realiza este Ejercicio de Limpieza y Liberación Rápidas. Las otras enfermeras se extrañan de que pueda mantenerse animosa en circunstancias tan difíciles.

Huellas de ángel

Hay coincidencias que son lo que nuestra amiga Sara llama "huellas de ángel". Las huellas de ángel son las sincronizaciones, las coincidencias que reverberan de significado y te dan la sensación de que hay alguien por ahí, ocupándose de beneficiarte. Sara vive en una zona remota de Colorado, lejos de cualquier ciudad. En el prólogo te contamos cómo salvó la vida gracias a los ángeles. Fue ella quien acuñó esta frase al escribirnos lo siguiente:

"Algunas huellas de ángel son tan sutiles que puedes pasarlas por alto, si no tienes la costumbre de buscarlas. Por ejemplo, cierta vez debía ir a la ciudad por provisiones y estaba esperando a la señora que me llevaría; en otras ocasiones la dama había demostrado no ser muy confiable. La primera vez me dejó plantada. Pero no me importó por algún motivo que en ese momento no pude determinar. En la segunda oportunidad apareció demasiado tarde para llegar a tiempo adonde yo debía ir. Volvimos a postergar el viaje, esa vez para la mañana siguiente. Esa misma noche llamó mi esposo, que estaba trabajando fuera de la ciudad, para pedirme que le enviara una herramienta en especial. Así pude empaquetarla para ponerla en el correo al día siguiente. ¡Huellas de ángel!

"Mientras esperaba a la señora, que se estaba demorando otra vez, llegó la correspondencia, trayendo unos libros que mi hija me había encargado enviarle lo antes posible. ¡Huellas de ángel! Si hubiéramos partido temprano, habría sido una verdadera molestia llevar los libros y la herramienta a la ciudad para despacharlos por correo. Todas esas 'demoras' tenían una finalidad. He aprendido a no alterarme cuando los planes parecen empantanarse. Me limito a esperar que aparezca el motivo... y pronto se hace visible.

"Cuando sientes el impulso de llamar a alguien y esa persona te dice: ¡Justamente necesitaba hablar contigo! ¿Cómo supiste que debías llamar?, allí están las huellas de ángel, aunque podrías atribuirlo también a la percepción extrasensorial. Es lo mismo. Cuando en tus manos cae el libro adecuado en el momento justo... ¡Más huellas de ángel!"

Si dedicamos un momento a reflexionar sobre los innumerables momentos de gracia que hemos experimentado, comenzaremos a apreciar un esquema de intervención benévola. Lo que ha sido denominado corazonada, sexto sentido, intuición, bien podría ser la voz de un ángel que nos susurra una indicación, enseñándonos a utilizar la sabiduría que nos fue dada por nuestro Hacedor.

Invocar la atención y la compañía de tus compañeros celestiales favorece la oportunidad de crear más "huellas de ángel". Esas ocasiones en que se encuentra lo que no se buscaba brindan el placer de las sorpresas felices y proporcionan un sentido del flujo y la armonía de la vida. Y, para asegurarte de que los ángeles reinen en tu cortejo, utiliza el siguiente ejercicio.

Ejercicio 27:
EL PARAGUAS ANGELICAL

Cuando quieres a tu ángel especialmente cerca de ti durante todo el día, abre tu Paraguas Angelical. Esta visualización se puede utilizar cuando tienes en la mente un objetivo en particular, como un examen o una entrevista importante, y deseas permanecer centrado y sereno. O cuando necesitas el consuelo de tener junto a ti a un amigo querido.

1. De cara al Este, extiende tus brazos hacia afuera y di: "Permanece conmigo, Angel". Cierra los ojos un momento e imagina a tu ángel de pie detrás de ti; sus alas comienzan a envolverte. Repite esta invocación de cara al Sur, al Oeste y al Norte. Observa si al hacerlo detectas en tu cuerpo o en la atmósfera alguna sensación especial.

2. Cuando hayas completado la invocación hacia los cuatro puntos cardinales, siéntate y levanta los brazos, con la palma de las manos hacia arriba. Imagina a tu ángel de pie a tu espalda, sosteniendo un paraguas grande con varillas hechas de oro. Aunque no hay tela que cubra el armazón del paraguas, las varillas están conectadas por gotas de luz dorada, de modo que te encuentras bajo algo parecido a una gigantesca telaraña dorada, salpicada de rocío celestial.

3. A través de esta red de luz caen unas gotas de luz blanca y dorada, que te rodea y te envuelve. Mueve los brazos para sentir con más potencia los efectos de este paraguas. Mientras lo haces, di: "Mi ángel está conmigo." Repite esto tantas veces como lo desees.

4. Cuando te levantes, percibe el campo de energía creado por ese paraguas especial. Imagínalo suspendido por encima de ti a medida que transcurra el resto de tu día.

En cualquier momento, durante la jornada, puedes decir: "Acompáñame, Angel", y visualizar nuevamente el Paraguas Angelical. A diferencia de los paraguas comunes, a este no puedes dejarlo olvidado en el autobús o en el cine.

Susan utilizó el Paraguas Angelical cierto día en que le faltaban setenta dólares para completar el dinero del alquiler. Hacer el ejercicio calmó sus temores y le ayudó a recordar que siempre superaría todo en la vida, ocurriera lo que ocurriese. Se sentía perfectamente tranquila cuando sonó el teléfono. Era una vecina para preguntarle si podía cuidarle al bebé durante el fin de semana. Como Susan estaba disponible, accedió. El pago de la mujer fue de setenta dólares.

Reciclar energía

En este capítulo hemos hablado del uso de la energía positiva. ¿Existe acaso la energía negativa? Sí y no. Si visualizas la energía como algo que se presenta en cilindros largos, verás que la positiva se mueve derechamente; la negativa, en cambio, se mueve de forma retorcida. La naturaleza fundamental de toda energía es la misma; sólo cambia la forma. No se trata de que haya dos tipos de energía, sino que la energía tiene dos maneras de moverse, fluir y crear la realidad. Si estás dispuesto a crear la realidad, a manifestar lo que deseas en la vida, te conviene asegurarte de que tu energía sea recta, centrada y bien dirigida.

296

Una de las lecciones que estamos aprendiendo en el plano físico es que no podemos arrojar los desperdicios en cualquier parte ni fabricar objetos que no sean reciclables. Lo mismo ocurre con la energía. No podemos jugar con ella sin pensar. Si lo hacemos, bien podemos estar contaminando el plano de realidad de otra persona, que por el momento es invisible para nosotros. Utilizando la técnica siguiente puedes rectificar tu energía. Tal como un producto biodegradable vuelve a la tierra en forma de humus, así también la energía puede convertirse en humus si utilizas este ejercicio.

Ejercicio 28:
ANGELES Y ENERGIA

Esta visualización fue ideada para que la lleves a cabo con tu ángel, para purificar tanto el cuerpo físico como el sutil de la supuesta energía negativa o torcida. El propósito es retirar la energía torcida y enderezarla otra vez, como si la reciclaras. Cuando la liberes, fluirá suave y fácilmente por el universo y será atraída hacia planos de resonancia armónica sin atascar nada en el trayecto. Entonces puedes aprovecharla para materializar tus objetivos personales.

Comienza por hacer la Meditación Básica de Cimentación o la Meditación Centralizadora. Luego pasa a las etapas siguientes.

1. Concéntrate en el problema que quieres transformar. Puede ser una parte de tu cuerpo que necesite curación, un pensamiento, un sentimiento, un recuerdo, un desequilibrio físico o mental.

2. Cierra los ojos y adéntrate en el problema o elemento que deseas liberar. No temas profundizar en el miedo o el dolor. Cuanto más real sea para ti, más plenamente podrás liberarlo. Recuerda también que parte de lo que puedes liberar es cualquier censura que albergues contra ti mismo por tener algún defecto, si en verdad ese defecto existe.

3. A continuación visualiza a tu ángel flotando por encima de ti. Deja que la imagen se haga más fuerte. Percibe o siente a tu ángel, su amor y su interés por ti.

4. Repara en el curioso artefacto que sostiene tu ángel. Es un aparato diseñado para limpiar la energía torcida.

5. Lentamente tu ángel apunta hacia tu cuerpo físico, tu mente, tus sentimientos y/o tu cuerpo sutil, según lo que necesite enderezar.

6. Adentro las partículas torcidas que estaban amontonadas en ti se trasmutan y son disparadas por la parte trasera de la máquina, en un chorro de luz brillante, pura y recta.

7. Siente cómo disminuye cualquier pena, dolor o confusión que hayas estado experimentando. Ahora aspira más profundamente. Déjate aligerarte y ser libre.

8. Si has estado arrastrando energía torcida durante mucho tiempo, puedes tardar un tiempo en retirarla toda. Tal vez necesites repetir este proceso.

9. Al terminar agradece a tu ángel.

¿Cómo te sientes ahora? Levántate, camina y observa si te sientes más ligero en cuanto al ánimo o al cuerpo. Reconoce tu propio valer como ecologista cósmico, por haber participado en el reciclamiento en un plano multidimensional. Pues tu cuerpo no es independiente del universo, como no lo es tu curación. Cuando te curas a ti mismo, curas por todos. Si te sientes algo mareado o extraño un rato después de hacer este ejercicio, no olvides cimentarte; también puedes invocar a un ángel de conexión para que te ayude a pasar a un espacio más positivo. Limpiar el cuerpo, trabajar con afirmaciones y mantener una actitud positiva te ayudará a conservarte limpio por dentro.

A medida que definas tus metas y analices lo que quieres de tu vida, tendrás oportunidades para curarte de las creencias que te limitan. En el capítulo siguiente encontrarás otras maneras de curar con los ángeles.

12

Trabajar con los ángeles para la recuperación y la curación

Cuando invitamos a los ángeles a participar en nuestra vida, comenzamos a comprender que todos los senderos pueden llevarnos a Dios. La enfermedad es una ruta hacia el despertar espiritual; también lo es una adicción. Como timbres de alarma, nos advierten que estamos atascados o fuera de curso y que no podemos progresar en nuestra senda espiritual mientras no despertemos. Para avanzar en nuestro desarrollo superior, necesitamos descubrir el bloqueo y retirar la causa. Debemos curar en un plano profundo.

Creación de la realidad

Una señal de que estamos en el camino hacia la Conciencia Superior es el reconocer que creamos nuestra propia realidad. Todo lo que traemos a nuestra vida (¡incluyendo situaciones que no se nos ocurriría desear!) es una oportunidad, y a veces un desafío, de iniciar la acción correcta. Esta comprensión no encierra ninguna culpa. Sin embargo ¡cuántas veces se nos hace sentir equivocados y hasta culpables por estar enfermos o tener una adicción!

Los ángeles nos dicen que cuanto viene a nuestra vida es una enseñanza, una lección. El cáncer ya es bastante malo sin necesidad de que nos flagelemos por haberlo contraído. Sin embargo, equiparamos enfermedad con maldad. Cuanto más enfermos estamos, peor debemos de ser. Es aquí donde la presencia curadora de los ángeles resulta muy importante, pues los ángeles nos dan amorosa aceptación, sin censuras ni críticas. Están aquí para ayudarnos a salir de las enfermedades y de los problemas que hemos atraído hacia nosotros, a fin de entrar en la salud y el equilibrio. Con la ayuda de nuestros ángeles aprendemos a bendecir la lección, en vez de maldecir el problema. Y lo que bendecimos mejora.

Sin culpa

Alinearnos con nuestros ángeles nos permite descartar la culpa y la vergüenza por nuestro estado, para continuar con la curación. En vez de sentirnos mal al respecto o tratar de negarlo, podemos iniciar acciones responsables que nos liberen y nos curen. Cuando damos intervención a los ángeles nos abrimos a la manera angélica de encarar cualquier situación dada: sin culpa, sin vergüenza, sin reproches. Sin que importe lo que hayamos hecho, los ángeles nos hacen saber que aún estamos bien. No nos juzgan; por eso, cuando unimos nuestras fuerzas a las de ellos, aprendemos a no juzgarnos a nosotros mismos. Esto libera una energía que podemos aprovechar para recuperarnos y curarnos, ya estemos luchando contra el cáncer, el sida o el abuso de drogas. Vale para cualquier clase de abuso, sea físico, mental, emocional o sexual.

La perspectiva espiritual

Los ángeles no nos curan: nos ayudan a curarnos solos. Su presencia permite que cada uno de nosotros, cualquiera que sea nuestra enfermedad o adicción en particular, cure sus sentimientos de separación y soledad. No estamos solos. Desde el momento en que te vinculas con tu ángel no tienes por qué volver a sentirte solo. Y no tienes por qué curarte solo. Los ángeles están contigo; son parte de tu equipo personal de curación, que puede incluir a médicos, terapeutas y otros profesionales del arte de curar, y a miembros de un grupo de recuperación. Así como cada uno de estos auxiliares dará a tu curación una inclinación o una modalidad especiales, así los ángeles te conectarán con una perspectiva espiritual, para que puedas captar la importancia y el significado de la afección que has manifestado.

Orígenes de las adicciones

Las adicciones surgen de una sensación de poco valer, así como todos los abusos provienen de la falta de interés y respeto. Son una señal de que el amor está ausente. Todo abuso de alcohol, drogas, cafeína, nicotina, sexo, re-

laciones, compras, apuestas y comida es un intento de ~
nar el vacío interior.

Las adicciones son técnicas para soportar las deficiencias de amor. Cuando un bebé no recibe las caricias, la alimentación y el vínculo que requiere, crece con un déficit de amor. Eso perjudica la autoestima y retrasa el desarrollo de un saludable amor por uno mismo. Cuanto menos te ames a ti mismo, más propenso serás a alimentarte con un sustituto para sentirte bien. Eso toma la forma de una conducta compulsiva. Las conductas compulsivas o adicciones están fuera de equilibrio con la medida correcta. Cuando no recibes lo que necesitas en cantidad suficiente, tus actos compensatorios también serán desequilibrados.

Caminos hacia Dios

Las adicciones son el camino que muchas personas eligen para hallar a Dios. Es el Yo Superior en marcha, guiando al individuo de la manera que más se adecua a los requerimientos de esa alma. Se podría decir que es una manera rigurosa, como lo son el sida, el abuso sexual u otras vías difíciles. Nuestros ángeles nos dicen que ese rigor guarda proporción con el nivel de obstinación del alma atrapada en él... y su fortaleza final. Si quieres desenterrar una piedra pequeña, puedes hacerlo con los dedos o con una pala. Si quieres retirar un canto rodado, usas dinamita.

Para romper el ciclo de la adicción, la *dinamita* suele presentarse bajo la forma de un suceso dramático: un accidente, una enfermedad, una catástrofe. Esto ocurre con tanta frecuencia que es habitual creer que el adicto debe tocar fondo antes de empezar a recuperarse. No es necesaria-

ro en los casos en que *la dinamita* estalla, se
ue no había otro modo de llamar la atención
na. El hecho es una llamada para despertar.

El final y el principio

Bill Wilson recibió una de esas llamadas en el invierno de 1934. Se había internado en un hospital para alcohólicos de Nueva York. El médico le había dicho que, si no dejaba de beber, se enfrentaría con un daño cerebral permanente y con una muerte próxima. Solo en el cuarto del hospital, profundamente desesperado, tras haber luchado muchos años para dejar la bebida, levantó la voz pidiendo ayuda a Dios. De pronto el cuarto se llenó de luz blanca. Para Bill Wilson, la luz era una Presencia, un ser que lo llenaba de gozo y lo sacaba de la desesperación, llevándolo a la esperanza y la transformación. Jamás volvió a beber.

Muchas personas conocen la historia de Bill W., agente bursátil, y el doctor Bob Smith, un cirujano de Akron, Ohio, dos de los fundadores de Alcohólicos Anónimos. Pero son pocos los que saben del tercer fundador, ese Ser de Luz. ¿Fue acaso un ángel? Bill W. no dijo quién era, en su opinión. Pero cuando clamó a Dios apareció un mensajero, una luz orientadora que podríamos considerar como el ángel guardián de AA y todos los programas de recuperación que se inspiraron en él. Quizás el Ser de Luz era Rafael, el arcángel cuya especialidad es la curación. Si participas en un programa de recuperación, puedes ponerte bajo el timón de Rafael, además de sus propios guardianes.

Así como a Bill W. se le apareció un Ser de Luz, tienes a tu disposición al ángel de la guarda, como fuente de amor curativo. En esos momentos de aislamiento y temor, cuando no sabes cómo seguir adelante, ábrete a tu ángel y deja pasar ese amor, ese cuidado, esa ternura. Si has abandonado tu adicción y tienes miedo de recaer, convócalo para que te colme, para que te sirva de respaldo y apoyo, para que te dé la fuerza que necesitas. Eres digno de ese amor.

Si recaes, no te castigues ni vuelvas a culparte, pero tampoco debes autorizarte a continuar con los abusos. Pide a tu ángel que te envuelva en sus alas grandes y suaves. Aspira su amor sin censuras y ten compasión de ti mismo y de tu problema. La compasión equivale a amorosa aceptación, no de tus acciones, sino de tu Yo. Tu ángel te ama tal como eres. Tu ángel no te juzga.

Los doce pasos del programa angélico

Si estás en un programa de doce pasos, puedes trabajar con los ángeles a cada paso del trayecto. Quizá te convenga leer las descripciones de los diferentes ángeles en el Capítulo 8: *Disfrutar (El Oráculo del Angel)*. No olvides pedir especialmente la ayuda de Rafael. Si estás dispuesto a trabajar en tus adicciones, estudia la posibilidad de incorporarte a un programa de doce pasos en tu zona. Hay grupos en todas las poblaciones del mundo, incluidos Alcohólicos Anónimos, Narcóticos Anónimos, Gordos Anónimos y Jugadores Anónimos.

En el *Paso Uno* de un programa de doce pasos, reconoces que no puedes contra tu adicción, cualquiera que sea, y que tu vida se ha vuelto inmanejable. Ese puede ser el paso más difícil de todos. Pide a tu ángel acompañante que permanezca a tu lado y te eche una mano. Siente su amor y podrás escalar ese peldaño para continuar la marcha. Además, llama a un ángel de curación para que te apoye.

El *Paso Dos* te invita a creer en un Poder más grande que tú mismo, capaz de devolverte la cordura. Puedes identificar este poder con Dios, con Diosa o con tu propio Yo Superior. Cualquiera que sea tu sistema de creencias, tu ángel es un puente hacia ese plano superior. Recurre a él para que fortalezca tu conexión. Invoca también a un ángel de gracia para que se cruce en tu vida y teja algo del amor de Dios en tu corazón.

En el *Paso Tres* decides dedicar tu vida a Dios. Conociendo el amor de tu ángel por ti, puedes permitirte cruzar el puente de su ser hacia un amor aun más grande. Además, un ángel de modelos puede ayudar a que te abras al plan universal mayor.

El *Paso Cuatro* requiere que hagas un inventario moral de tu vida. Invoca a un ángel de información para que te dé apoyo mientras lo haces, ayudándote a repasar tu vida y recordándote cosas que puedas haber bloqueado u olvidado.

A continuación, en el *Paso Cinco*, admites ante Dios, ante ti mismo y ante otra persona la naturaleza de tus equivocaciones. Aquí los ángeles de proceso te asistirán en la difícil tarea de recuperar el equilibrio, liberar pensamientos y sentimientos negativos que hayas albergado quizá durante años.

En el *Paso Seis* pides a Dios que borre los defectos de tu inventario personal. Recurre a un ángel de reorganización para que te ayude a hacerlo. Recuerda que no necesitas hacerlo todo solo; para eso existe el grupo, incluyendo los grupos de los que participan ángeles.

En el *Paso Siete* pides a Dios que te ayude a superar tus deficiencias. Pide a un ángel de transformación que te ayude en este gran cambio. El trabajo no es fácil, pero, después de todo lo que has pasado, puedes hacerlo.

En el *Paso Ocho* haces una lista de todas las personas a las que has hecho daño y te marcas el propósito de saldar cuentas con ellas. En este paso te conviene llamar a los ángeles de conexión para que mejoren tu funcionamiento con el fin de que puedas cambiar tus antiguos patrones de conducta.

El *Paso Nueve* consiste en reparar el daño causado a todas las personas de tu lista, salvo cuando eso los perjudicara o hiciera daño a otros. Aquí puedes invocar a los ángeles de vinculación que has compartido con todas esas personas para que te ayuden a expresarte de la manera más amorosa.

En el *Paso Diez* continúas haciendo un inventario personal y aprendes a admitir de inmediato tus equivocaciones. En este esfuerzo puedes invocar a un ángel de paz para que te ayude a desarrollar sentimientos de serenidad y perdón por tus propias faltas.

El *Paso Once* te invita a mejorar tu relación con Dios, cualquiera que sea la idea que tengas de El. Llama a uno de los ángeles de afinación para que te ayude en tu apertura, te acompañe en la plegaria y la meditación y te ayude a descubrir que cada momento de cada día es tiempo sagrado.

El *Paso Doce* te insta a compartir con otros el mensaje de tu despertar y a practicar los doce pasos en todos los aspectos de tu vida. Recuerda que los ángeles del medio te ayudarán a trabajar en este paso. Según aprendas a hacer un espacio sagrado de todo sitio en el que estés, este paso se te irá haciendo más fácil.

Roger (no es su verdadero nombre) trabaja en una tienda de alquiler de vídeos. En sus primeros meses de sobriedad asistía diariamente a las reuniones y todas las noches llamaba a su patrocinador. Ese apoyo aún no le resultaba suficiente. Si hubiera existido una reunión de AA que durara veinticuatro horas sin interrupción, Roger habría participado. Su patrocinador lo trajo a una de nuestras reuniones con los ángeles, donde aprendió la Cimentación y la Liberación, que le resultaron muy útiles. Pero a veces era como un niñito que cruzara una calle grande: quería que alguien lo llevara de la mano.

Su necesidad de dependencia afloraba a rabiar. Si no estaba en una reunión, estaba hablando por teléfono con alguien. No quería estar solo y se le estaban acabando los amigos en los que podía apoyarse. En una reunión que organizamos para los ex alumnos de uno de nuestros talleres, compartió con nosotros las carencias que sentía. Le explicamos cómo trabajar con los ángeles en cada uno de los doce pasos. Eso le dio la ventaja adicional que necesitaba para desarrollar el sentido de seguridad y compañía que tanto ansiaba.

Recuperación con gracia

El Proceso de GRACIA puede ser muy útil en la recuperación. Cuanto más cimentado estás, más te sustentas en la realidad. Te conviene hacer la Meditación Básica de Cimentación todas las mañanas, al despertar, aunque no planees hablar con tu ángel. Greta lo hace todas las mañanas antes de salir a correr.

Utiliza el Ejercicio Básico de Liberación y pide a tu ángel que te ayude para liberarte de los patrones adictivos. Como ya conoces a tu ángel, puedes formular tu primera apelación de este modo: "Por favor, Angel, ayúdame a reconocer lo que me está impidiendo superar mi adicción para que pueda liberarlo." Luego haz tu Lista de Limpieza Espiritual y realiza el trabajo de Liberación, centrándote en tu adicción.

Cuando te sientas asustado o débil, cuando pongas en duda tu capacidad de cambiar de vida, utiliza los ejercicios de Alineación del capítulo 6 para pasar a una vibración más elevada. El amor y el miedo no pueden existir en un mismo lugar ni a un mismo tiempo. Y cuando estás canturreando con los ángeles no hay sitio para el miedo.

Conversar con tu ángel puede proporcionarte una mayor comprensión sobre la naturaleza de tu adicción y tu recuperación, iluminando tu conducta de maneras tan suaves y amantes que te será mucho más fácil efectuar los cambios necesarios. Todas las mañanas, antes de salir a trabajar, Roger pasa algunos minutos conversando con su ángel y anota todo lo que ella le dice. También le resultó muy útil releer esas charlas espirituales, sobre todo en los días en que se sentía desalentado.

Tras cinco meses de sobriedad, Roger se enfrentó con un desafío. Se casaba Todd, su mejor amigo, y él estaba encargado de organizar la despedida de soltero. Christy, su patrocinadora, le advirtió que se trataba de una situación peligrosa: a sus amigos les gustaba la bebida. Roger creía poder superar la prueba. Pese a sus mejores intenciones, tomó un solo sorbo... y recayó. A la mañana siguiente estaba lleno de vergüenza y odio hacia sí mismo. La sensación de indignidad lo llevó a separarse del equipo de apoyo que había organizado con tanto trabajo, incluyendo a su ángel.

Pasaron varios días antes de que reuniera valor para llamar a Christy. Entonces ella le dijo: "No te castigues. Simplemente, asiste todos los días a una reunión." Le sugirió que pidiera ayuda a su ángel y que practicara los ejercicios de Cimentación y Liberación que había aprendido en el taller. La Cimentación lo puso en un estado más sereno. La Liberación lo ayudó a descargar gran parte de su culpa y su autocrítica. Después de mantenerse sobrio durante una semana, se sintió digno de alinearse otra vez con su ángel. Esas conversaciones diarias ayudaron a Roger a hacer "noventa en noventa": asistir todos los días a una reunión de AA durante tres meses. Aún está utilizando el Proceso de GRACIA y, en el momento de escribirse esto, se aproxima a su primer aniversario de abstinencia.

Ejercicio 29:
INVERNACULO ANGELICAL

Si te sientes atrapado en hábitos antiguos, empantanado en el cuerpo y abrumado por emociones negativas, es porque estás listo para crecer. La siguiente visualización te ayudará a reafinar y reorientar tu vida de una manera nutritiva.

Puedes hacer esta visualización sentado o acostado, como te resulte más cómodo. No dejes de desconectar el teléfono para que nadie te interrumpa. Concédete después tiempo suficiente para integrar plenamente la sensación de paz y curación.

1. Cierra los ojos y aspira profundamente. Relájate y comienza a liberar cualquier tensión de tu cuerpo. Siente los músculos y los huesos, percibe tus órganos internos. Quédate muy quieto dentro de tu cuerpo para sentir cómo palpita de vida.

2. Imagínate sentado tal como estás, en medio de una estructura grande y cristalina, como un invernáculo. Te rodean bellas plantas, árboles y flores. Hay un estanque con peces de colores intensos y una fuente de luz irisada.

3. Ahora expande tus sentidos. ¿Oyes el chapoteo de la fuente? Escucha los gorjeos de pájaros y el sonido del viento. ¿Sientes una brisa suave que te acaricia

la frente con suavidad? Huele el aire fragante de lilas, claveles y rosas.

4. Siente o percibe que tu ángel avanza hacia ti, radiante de luz verde y dorada. Posa una mano ligera en tu hombro, te acaricia la espalda y la mejilla. Mientras tanto, siente esa luz curativa, verde y dorada, que también comienza a llenarte el cuerpo.

5. Experimenta en el cuerpo una sensación de liviandad; te sientes más suave, más fluido, a medida que te invade esa luz verde y dorada. Te estás volviendo tan vital y hermoso como todos los seres vivos que crecen dentro de tu invernáculo angelical.

6. Ahora tu corazón está inundado de luz verde y dorada. Se vierte por tu torrente sanguíneo, entrando en todas las células de tu cuerpo, desde lo alto de tu cabeza hasta la punta de tus pies.

7. Si hay en tu cuerpo algún lugar que necesite atención especial, pide a tu ángel que ponga allí las manos y la punta de las alas; ábrete para recibir las tiernas caricias, para sentir cómo se llenan de luz tus sitios doloridos. Absorbe fuerza y consuelo, curación y equilibrio.

8. Cuando te sientas íntegro y curado, agradece a tu ángel la amorosa atención que ha prestado a tu cuerpo, mente y espíritu, y observa cómo desaparece por el abundante follaje.

9. Cobra lentamente conciencia de tu respiración; siéntete en tu cuerpo y en el sitio donde estás sentado. Sin prisa, vuelve a tu habitual estado de vigilia consciente.

Abre los ojos. Mira a tu alrededor. ¿Qué aspecto tienen las cosas, qué sensación te brindan? Levántate y estira los músculos, flexiónalos y vuelve a caminar. Mientras lo haces, siéntete refulgir con esa luz curativa, verde y dorada, que combina el verdor de la hierba y los árboles con el dorado de la frecuencia angélica.

A Betty le estaba costando mucho bajar los últimos veinte kilos. Como su obesidad había durado tanto, no tenía realmente sentido de su cuerpo. Cuando hizo el ejercicio del Invernáculo Angelical, sintió una increíble corriente de energía que le atravesaba todo el cuerpo, subiendo y bajando por sus miembros. Era un cosquilleo cálido, que la hizo sentir feliz y más viva. La puso en contacto con su cuerpo por primera vez. La luz verde y dorada circulaba por ella, energizándola. Fue el impulso adicional que necesitaba para ceñirse a su objetivo.

Cuando sientas necesidad de consuelo y reafinación, puedes volver al cristalino invernáculo de tu ángel.

Las dimensiones espirituales de la curación

Trabajar con los ángeles no elimina en modo alguno la necesidad de recurrir a los profesionales del arte de curar, pero puede facilitar el proceso curativo del cuerpo sutil, lo cual es un importante agregado al trabajo que estás haciendo en el mundo físico. Cuando perdemos contacto con la negatividad que retenemos dentro del cuerpo o cuando no sabemos liberarla, estamos invitando a que la enfermedad entre en nuestra vida.

Pregunta a tu ángel cuáles son las causas espirituales del desequilibrio que experimentas y qué puedes hacer para facilitar su liberación. Una afección puede desaparecer o curar más rápidamente cuando se sabe qué la provoca. Si pides a tu ángel información sobre una enfermedad, formula tu pregunta de una manera abierta. Por ejemplo: "¿Qué tengo dentro de mí que necesite curarse?", o: "¿cuáles son las lecciones que me enseña esta enfermedad?" No preguntes si debes someterte a la quimioterapia o a una dieta a base de jugos. Las preguntas que se responden por sí o por no (es decir, las que se refieren a decisiones críticas) generalmente reciben respuesta de tu propia mente. Y, cuando estás enfermo o eres adicto, la mente está asediada por el miedo.

Por ejemplo, he aquí lo que dijo el ángel de Leonard cuando él le preguntó qué necesitaba saber sobre sus cálculos biliares: "Todo enojo retenido en el cuerpo se endurece y bloquea el flujo. Es hora de que liberes tu enojo. Es hora de que lo liberes con amor hacia ti mismo por tenerlo y con amor hacia las personas con quienes estás enojado. Tú sabes quiénes son. No hace falta que hables directamente con ellos. Escríbeles una carta y no la envíes. Confía en que tus ángeles entregarán el mensaje. Y confía el resto a tu médico. También podrías tratar de comer más verduras."

Curar con los ángeles

Cuanto más palpable sea la presencia de tu ángel, más fuerte se torna el conducto para que tu ángel comparta su energía contigo. Cuando estés triste o cansado, si te sientes mal o necesitado de curación, imagina a tu ángel envolviéndote con sus alas. El abrazo de un ángel puede ser una curación en sí. Y puedes trabajar con él de distintas formas. He aquí lo que hace Andrew: "Cuando voy al médico, pido a mi ángel que me acompañe. Siento su presencia en el consultorio y también la del ángel de mi médico. El tener conciencia de ellos reafina la situación y la eleva a una frecuencia más alta. Eso facilita cualquier tipo de diagnóstico y tratamiento.

"Durante mis tratamientos de acupuntura, siento y veo a mi ángel flotando por encima de mí, irradiando luz dorada en las puntas de las agujas. Es una sensación maravillosa y profundiza la liberación y la curación."

Toda la ayuda que puedas obtener

Cuando tomes una decisión referida a la salud, utiliza todas las facultades que tengas a tu disposición: la información que te proporcione el médico, la investigación sobre la dolencia que padeces o que afecta a un ser querido y los datos de que dispongan organizaciones o sociedades que trabajen con esa enfermedad.

Usa a tus compañeros celestiales para que te ayuden a despejar y superar el miedo, a fin de elegir la curación que te convenga en todos los planos: el físico, el mental, el emocional y el espiritual. El primer paso hacia la curación es la manifestación de la enfermedad o el reconocer y aceptar la adicción. Con tus ángeles al lado, puedes aprender a recibir de buen grado todas y cada una de sus manifestaciones como parte de tu curación. Llamar a tu guardián personal te infundirá también la actitud correcta, compasiva y de comprensión, neutralidad y aceptación. Recurrir a tu ángel te abre al amor, y este cura.

Si hay una parte especial de tu cuerpo que necesite curación, invoca la presencia de tu ángel compañero. Siente y visualiza la curativa luz dorada que brota de la punta de sus alas, hacia la parte afectada. Invoca también a los ángeles de curación y visualízalos rodeando tu cama, portadores de amor y apoyo. También puedes pedir consejo a tu ángel sobre cómo trabajar con la situación en el plano energético. Una vez más: esto no remplaza el trabajo que debes hacer con un profesional humano. Antes bien, aumenta el efecto al encarar el proceso de curación desde una perspectiva espiritual.

Si te vas a someter a cualquier procedimiento médico, ten la seguridad de que el cuarto está lleno de ángeles: los tuyos, los de todos los presentes y toda una bandada de ángeles de curación. Cada vez que necesites curarte, ábrete al reparador que llevas dentro. No eres la víctima de lo que necesita curación, sino su discípulo. Cuando entras con tus ángeles en el aula, activas la oportunidad de aprender y magnificas la sabiduría que viene a ti.

Valerie debía someterse a un tratamiento de conducto. La noche anterior, se sentó en silencio y visualizó a su ángel enviando energía hacia dentro del diente. Luego tomó dos aspirinas y se acostó. En su consulta anterior, el dentista le había dicho, tras examinar su radiografía, que el procedimiento sería largo y complicado. Pero al día siguiente, al penetrar en el diente, el gran problema que había visto en la radiografía no existía, simplemente, y pudo terminar el trabajo en veinte minutos. El doctor Nathan quedó perplejo. Valerie, agradecida. Cuando llegó a su casa, encendió una pequeña vela y volvió a sentarse en silencio para agradecérselo a los ángeles de todo corazón.

Angeles y medicamentos

Tu ángel puede cargar y alinear con tu cuerpo cualquier tipo de medicación, vitaminas, minerales o fórmulas herbáceas que estés tomando. Sostén en la mano tu medicación. Invoca a tu ángel e imagínalo tocando el frasco o el paquete con sus alas. Visualiza la luz que se vierte dentro del contenido, vigorizándolo y afinándolo con tu cuerpo, para que no haya efectos colaterales y se funda armoniosamente con él.

Radiografía: amor

Si algún conocido tuyo está enfermo, visualízalo rodeado de ángeles de curación, refulgiendo con una suave luz verde y dorada. Reparar o curar significa devolver la integridad en cada paso del trayecto desde el nacimiento hasta la muerte. A veces por medio de una enfermedad o en medio de ella recobramos la integridad. Eso puede ocurrir de diversas maneras. Y no olvides a los ángeles de conexión. Los conociste en el capítulo 8; quizá te convenga releerlo. A veces, lo que parece una enfermedad es un caso de reconexión mal diagnosticado.

El servicio de ángeles visitantes

Cuando visites a un enfermo, invita a los ángeles de curación a que te acompañen. Siente, visualiza o percíbelos llenando la habitación. Cuando te vayas, déjalos allí. Recuerda que sólo pueden entrar cuando los invitamos. Si la persona con quien estás es receptiva a estos celestiales reparadores, comparte con ella lo que sabes y cuéntale cómo te han ayudado a ti. Si no, es más afectuoso no imponerle tus experiencias, pero eso no te impide abrir las alas y llenar el cuarto de energía angelical. Eso beneficiará a todos los que entren en el cuarto: médicos, enfermeras, parientes y amigos.

Una médica que trabaja con los ángeles

La doctora Cecelia Musso, fallecida hace poco, de Nueva York, era una inspirada médica de excelentes credenciales, doctorada en quiropraxia y especializada en una forma de tratamiento llamada terapia craniosacral. Pero Cecelia no se limitaba a hacer crujir los huesos: trabajaba con los ángeles.

Antes de que Cecelia muriera conversamos con ella y le pedimos que nos contara sus experiencias para este libro. Según nos dijo, su primer encuentro no fue con un ángel, sino con un arcángel: Miguel. Se le apareció un día, mientras ella trabajaba con un cliente, y se presentó con bastante formalidad, diciendo que estaba allí para prestarle su energía, guiarla y protegerla a fin de acelerar el trabajo de curación que estaba haciendo.

El trabajo craniosacral incluye el aura y los cuerpos sutiles; requiere que el profesional sea muy sensible a las altas frecuencias de energía. Como Cecelia se tenía por conducto para las necesidades físicas de sus clientes, estaba abierta al reino angélico. Distinguía perfectamente entre ángeles y guías; estos últimos eran otras entidades no corpóreas que, según dijo, "ayudan a la gente a seguir adelante con la vida". Una de las diferencias, apuntó, era que "la voz del ángel es como la música más dulce". Algo después de su primer encuentro con Miguel, comenzó a "ver" ángeles que vagaban a su alrededor durante sus sesiones. Según Cecelia, aparecían según las necesidades del paciente. Si a uno le hacía falta un poco de alegría en la vida, se presentaban pequeños querubines, como los que se ven en las tarjetas de enamorados, que llenaban el sitio de gozo. Un día se presentó el arcángel Gabriel, anunciando que estaba allí para ayudar a esa paciente en especial. Proyectó un rayo azul violeta desde la zona de su plexo solar, directamente hacia el interior de la mujer. Luego indicó a Cecelia que dijera a su paciente (la mujer no podía percibir su presencia) que usara la energía azul violeta para curarse a sí misma. Ella continuó haciéndolo con gran satisfacción personal.

Cecelia informaba que los ángeles que veía "se parecían mucho a los humanos. Los que he visto son masculinos, en general, pero sus energías son decididamente andróginas. Pasan de masculinas a femeninas una y otra vez, pero son muy fuertes. Es una fuerza silenciosa y muy clara". Gabriel se le presentó como hombre joven y rubio. Miguel era moreno. Todas eran presencias de gran estatura y vestían túnicas que parecían traslúcidas.

—¿Y las alas? —preguntamos.

—Tienen alas, sí —respondió ella—, pero en realidad no son alas. Parecen parte de los brazos. Aparecen y desaparecen cuando ellos mueven los brazos.

Cecelia relató el caso de un joven cuyo examen de HIV había dado positivo. Cuando entró en el cuarto de sesiones, venía acompañado por todo un coro de ángeles alegres, quienes le dijeron que estaban allí "para una gran aventura". Ella buscó el modo de decir a su paciente, quien no parecía inclinarse por lo angelical, que en el curso de la terapia iban a tener juntos "una gran aventura."

—¡Sí! —concordó él, con entusiasmo, sin saber por qué eso le gustaba tanto. Poco después conoció a su propio ángel. Ahora trabaja con él para llevar la luz del espíritu a otros afectados por la misma enfermedad.

Cecelia nos dijo que no todos sus pacientes venían acompañados de sus ángeles. Le preguntamos si había algún factor común entre los que entraban con esa compañía.

—Un suave servicio —respondió sin vacilar—. Prácticamente todos servían a la humanidad de alguna manera.

Curar el corazón

El corazón es un órgano vital, esencial para nuestro bienestar físico, emotivo y espiritual. Nos conecta con nuestros ángeles. Cuando nos abrimos a ellos expandimos nuestra capacidad de amor y compasión. Todo el mundo tiene "problemas" del corazón de vez en cuando, sentimientos tales como soledad, dolor, rechazo y culpa. Al trabajar con nuestros ángeles podemos curar esas sensaciones y desarrollar una mayor autoestima, más aceptación de nosotros mismos y de otros. El siguiente ejercicio ha sido ideado para ayudarte a curar el corazón.

Ejercicio 30:
TRABAJAR CON TU ANGEL PARA CURAR EL CORAZON CERRADO

Para esta visualización necesitarás dos sillas, puestas frente a frente, y un rato tranquilo para pasar a solas con tu ángel. No olvides hacer la Meditación Básica de Cimentación antes de comenzar. Para abrir las alas, usa la técnica descrita en el capítulo 6. También conviene grabar las instrucciones para poder mantener los ojos cerrados durante el proceso.

1. Siéntate cómodamente en una de las sillas. Cierra los ojos. Comienza a respirar lenta y profundamente. Relaja los hombros y la frente. Abre las alas.
2. Siente la presencia de tu ángel. Visualízalo sentándose en la silla de enfrente. Siente que tu ángel respira contigo, abriendo sus alas hacia ti.
3. Concéntrate en el corazón y siéntelo latir en el centro del pecho. Apoya las manos en ese lugar y dedica algunos minutos a percibir cómo palpita. Continúa respirando lenta y profundamente con tu ángel.
4. Sintoniza los sentimientos de tu corazón que quieres curar. Déjate experimentarlos plenamente.
5. Siente el corazón de tu ángel, bien frente al tuyo. Mira y siente cómo palpita con una luz cálida y gozosa.

6. De esa luz palpitante que es el corazón de tu ángel se proyecta un rayo de luz, que se dirige en línea recta hacia tu corazón. Es una luz cálida, maravillosa. Repara en su color. Siente esa luz que entra en tu corazón, calentándolo hasta colmarlo.

7. Tu corazón se llena de esa luz. Las paredes de tu corazón y cada una de sus cuatro cámaras están refulgiendo. La luz entra a todos los espacios heridos de tu corazón, fundiendo tu armadura protectora, curando viejas heridas.

8. Si hay alguien a quien necesites perdonar, proyecta esa luz hacia él. Imagina que la persona recibe la luz curadora.

9. Deja que la luz trabaje dentro de ti para derretir los sentimientos específicos que has estado albergando; deja que te lleve a un lugar donde puedas perdonarte a ti mismo por cualquier dolor que hayas causado a otros.

10. Deja que esa luz desborde tu corazón llenando todo el cuerpo. Es la luz del amor angélico. Ahora estás impregnado de él. Desborda y brota de tu cuerpo, rodeándote de un radiante capullo de luz.

11. Agradece a tu ángel ese don de amor curativo. Concéntrate en tu respiración y cobra conciencia de estar sentado en la silla. Cuando estés listo, abre suavemente los ojos.

Puedes repetir este ejercicio cada vez que sientas el corazón cerrado. Si hay un dolor muy profundo o antiguo, será útil repetir el ejercicio durante varios días. También puedes utilizarlo para entrar en un estado de más amor hacia ti mismo.

Sandy da clases en una difícil escuela de ciudad. La mayoría de sus alumnos, si acaso aparecen, son problemas de disciplina. Sandy los llama "heridos ambulantes". A los quince años parecen dañados de por vida. Frustrada y llena de desesperación, Sandy decidió enseñar este ejercicio en una de sus clases. Ellos rieron desde el principio hasta el fin, pero ella estaba acostumbrada a las risas y lo repitió a la semana siguiente.

Como llevaba algún tiempo de relación con los ángeles, Sandy no se sorprendió mucho al notar algunos cambios en ese grupo. Además del ejercicio les asignó, como tarea, escribir acerca de algo que quisieran curar en su vida. El dolor que revelaron la dejó espantada y conmovida. No esperaba que confiaran en ella al punto de mostrarse tan francos. En el curso de ese año continuó repitiendo el ejercicio y hasta el director reparó en los cambios que experimentaba ese grupo en especial. Este año Sandy está enseñando a todos sus alumnos cómo curar el corazón.

Los ángeles del nacimiento y de la muerte

El nacimiento y la muerte nos ofrecen oportunidades para trabajar con los ángeles de manera profundamente curativa. Estos acontecimientos son las puertas por las que el alma entra al cuerpo físico y sale de él. En realidad, tienen tanta importancia para el universo que merecen una categoría de ángeles especiales, provenientes de un orden muy elevado. Flower A. Newhouse, que escribió extensamente sobre los ángeles a principios de siglo, sugiere que los ángeles del nacimiento y de la muerte provienen del rango de cuidadores celestes conocidos como *poderes*. Estos ángeles ocupan la frecuencia que está por encima del plano de los arcángeles y sobre los principados.

En el arte antiguo se mostraba con frecuencia a los poderes como rayos. Newhouse nos dice que esto se debe a que utilizan una carga eléctrica especial para conectar el alma con su cuerpo al nacer, y para liberarla a la hora de la muerte. Las enfermeras, testigos frecuentes de la muerte, dicen a veces que, cuando una persona abandona la vida, se ve un destello de luz. Estos ángeles del nacimiento y de la muerte son deslumbrantes por su belleza y están rodeados por una intensa aura de luz. Flower Newhouse sostiene que son los últimos seres a los que vemos antes de nacer y los primeros en recibirnos después de nuestra muerte. Brindan consuelo y una sensación de seguridad a la persona en tránsito.

A la llegada

Al nacimiento de un bebé asisten muchos ángeles. Además de los poderes, el ángel acompañante del niño y los compañeros de todos los presentes, están también los ángeles de curación y vinculación. Igor Charkovski, el ruso experto en obstetricia y pionero de los nacimientos bajo agua, ha dicho que siente las manos de los ángeles ocupando las suyas cada vez que sostiene a un bebé que surge a la nueva vida.

Si participas en un nacimiento, ya porque el parto sea tuyo o porque estés presente en uno, puedes acentuar la participación de los ángeles invitándolos a unirse contigo en tu corazón. Esto fortalece tu deseo e intención de que el nacimiento sea fácil y no presente dificultades para ninguno de los participantes. Tener el mejor resultado posible en tu corazón es casi como ser un músico en una orquesta: las *notas* que ejecutas resuenan con los ángeles para crear una música armoniosa.

Durante todo el embarazo de Donna, ella y Sal, su esposo, visualizaban a los ángeles vertiendo luz y amor en el niño que iba a nacer, sobre todo por la noche, antes de acostarse. Grabaron una cinta con su música favorita para que Donna la escuchara durante el parto. Ella puso la imagen de un ángel en su maleta y Sal la pegó a la pared de la sala de partos. Pocas horas después del nacimiento, la enfermera llevó a Kirby al cuarto de su madre.

—Aquí tienes a tu angelito —dijo.

Donna alargó los brazos para recibirlo sonriendo.

—¿Cómo lo sabes? —preguntó.

La partida

Así como el nacimiento es la gozosa entrada en una vida llena de lecciones para el crecimiento del alma, así la muerte puede ser un glorioso portal a la síntesis y el entendimiento, un progreso en la evolución. Para muchos, la muerte es la curación que la vida no proporcionó. Permite al alma que se ha atascado o que ya ha completado su misión continuar hacia un mayor desarrollo.

Nuestra cultura perpetúa la idea de que la vida es breve y la muerte, eterna, algo que temer. Ese no es el punto de vista angélico. Ellos nos dicen que somos almas inmortales, que seguimos evolucionando aun después de la muerte.

Si estás cerca de alguien que vaya a abandonar el plano físico, puedes trabajar con tu ángel y el guardián de tu amigo o pariente, a fin de ayudar a esa persona para que se enfrente con la muerte con mayor paz mental, sabiendo que ese es el paso siguiente en el viaje de la evolución. Pide a los ángeles que te ayuden a comprender las necesidades de tu amigo en un plano de empatía. Sabrás si es conveniente o no compartir las palabras o la información que obtengas. En algunos casos, la comunicación que recibes de los ángeles está destinada a elevar tu vibración personal, con el fin de que puedas convertirte en un instrumento más sensible del Poder Superior.

323

Pide a tu ángel que te impregne de luz cuando estés con el moribundo, para que puedas ser una presencia reconfortante: serena, abierta y amante. No dejes de practicar las técnicas para Cimentación y Liberación antes de entrar en el cuarto. Recuerda que, si bien estás allí para celebrar una transición y siempre es un privilegio presenciarlo, también es natural sentir pena. Pide a tu ángel que te ayude a expresar tus sentimientos de un modo que preste apoyo total a quien vaya a efectuar ese paso. Mientras permanezcas allí, ábrete a una mayor conciencia de los ángeles y los seres de luz que están presentes. Si crees que saber eso puede reconfortar a tu amigo, menciónalo. Sin embargo, ese puede ser el momento exacto para alentar a tu amigo para que comparta contigo lo que está experimentando.

Si eres tú mismo el que se enfrenta con la muerte, pregunta a tu ángel si hay algo que debas terminar en esta vida antes de irte y cómo cumplirlo. Siente la presencia de tu ángel en todo momento y relájate en la seguridad de su abrazo. Cada vez que te cimentes, siente que las fibras que brotan de tu cabeza se prolongan más y más hacia los cielos. Si surgen temores, haz el ejercicio de Liberación. Cada vez te será más fácil alinearte con tu ángel, porque ahora estás más cerca de él que nunca desde el día en que naciste. Cuando te prepares para entrar en el reino no físico, puedes conversar constantemente con tu ángel. El te llevará en gozo a la siguiente dimensión.

Traer la luz

Cuando nos acercamos al fin de nuestra vida física, con frecuencia estamos más abiertos a los asuntos espirituales. Algunas personas tienen experiencias místicas que las dejan completamente serenas o con una luz interior que brilla en sus ojos. Ese fue el caso de Fred, un amigo de Andrew que tenía sida.

Cuando ingresó en el hospital, Fred no parecía enfermo. Era cocinero, herbolario y practicante de *shiatsu*; llevaba muchos años dedicado a las prácticas de curación holística. Poco después de internarse, recibió la visitación de un Ser de Luz. Este le dijo que había un cuerpo nuevo preparado para él. Fred contó esto a Andrew por teléfono, con una mezcla de maravilla y sencillez. Podría haber superado ese episodio de neumonía y regresar a su casa. Podría haberse repuesto y volver al trabajo. Pero las palabras de su visitante angélico eran claras y potentes. Sabía que no era preciso continuar. No necesitaba causar a su pareja o a sus amigos el dolor de verlo consumirse poco a poco. Dos días después Fred ya no estaba. Había vuelto a la Luz.

Seguir adelante

A veces, cuando por algún motivo el proceso natural de la muerte no es tan tranquilo como se esperaba, los ángeles guardianes intervienen para ayudar. Timothy recuerda un raro incidente que ocurrió mientras despedía a una conocida que acababa de morir. Según sus propias palabras: "Era uno de esos fallecimientos totalmente inesperados. Jean estuvo ligeramente enferma unos pocos días. Fue hospitalizada sólo 'por si acaso' y, para estupefacción de todos, murió horas después. Uno o dos días después me presenté en el velatorio, en una elegante casa funeraria de la Avenida Madison, no porque conociera a Jean, sino porque alguna profunda urgencia interior me decía que allí se me necesitaba.

"Cuando entré pude ver el ataúd al frente, con la tapa retirada de modo tal que se veía la mitad superior del cuerpo. Como estaba solo, me senté en la parte trasera durante algunos minutos, para acostumbrarme a la atmósfera y llamar a mis ángeles a fin de que me indicaran lo necesario. Cuando mis ojos se acostumbraron a las luces tenues, cobré conciencia de un extraño fenómeno que parecía estar ocurriendo sobre el ataúd y a su alrededor. Al principio pareció una vaga reverberación, como si la realidad misma estuviera ondulando.

"Luego pude ver algo que parecía un cuerpo transparente acostado, pero suspendido en el aire, medio metro por encima del ataúd. Tuve la fuerte sensación de que Jean, la parte esencial de Jean, aún estaba de algún modo sujeta al cuerpo que había sido suyo. En ese momento mi ángel me indicó qué hacer.

"Mientras yo me acercaba lentamente hacia la barandilla, la reverberación descendió ligeramente. Como si estuviera escribiendo al dictado, pronuncié las palabras que me transmitía mi ángel. Debía dirigirme a Jean de un modo sereno y confiado, tranquilizándola con respecto a lo que había ocurrido y diciéndole que había muerto en un momento de gran confusión personal. Ella era una mujer sumamente práctica, que nunca había pensado mucho en la vida después de la vida, concepto que probablemente le parecía el colmo de lo caprichoso. No tenía la menor idea de lo que estaba ocurriendo; en realidad, no sabía si estaba dormida, despierta, anestesiada o soñando.

"De algún modo Jean debió de confiar en mi voz, porque la reverberación pareció perder algo del miedo que la llenaba. Continué hablando con ella, calmándola e instándola a buscar la Luz. Al cabo de algunos minutos de afirmación, lo que yo percibía como reverberación cesó por completo. Tuve la completa certidumbre interior de que su verdadero yo se había ido para retornar a la Luz. Al girar para retirarme, sentí un dulcísimo aliento de gratitud que me llenó de calor.

"Cuando trabajamos con los ángeles en el nacimiento y la muerte, nos abrimos al amor y convertimos el miedo."

Senderos hacia el corazón

El reino angélico nos abre a nuevos senderos hacia el corazón, nuevos entendimientos de la Voz Interior mientras nos esforzamos en alcanzar el estado de unidad con el Todo. Nuestra conciencia de los ángeles nos ablanda, haciéndonos más suaves, y revive nuestra esperanza y nuestra fe. Y, como sabemos por los diarios milagros y las traviesas manifestaciones que se producen a nuestro alrededor, a los mismos ángeles les encanta que los conozcamos y confiemos en ellos. Disfrutan al servir, quizá porque su ayuda contribuye a establecer mejor la fe y la confianza en que somos realmente amados por nuestro Hacedor, que se complace en vernos florecer en la vida.

13

Trabajar con los ángeles en todas tus relaciones

Hasta ahora nos hemos centrado en tu relación con los ángeles. Ahora que has comenzado a comunicarte con ellos, puedes extender lo que has aprendido a tus otras relaciones. Cuando dos o más socios traen a sus ángeles a la relación, la capacidad de transformación aúmenta, ¡tal como podemos atestiguarlo nosotros tres! Pero no importa que tu socio, tus amigos o compañeros de trabajo estén o no en contacto con los ángeles; de cualquier modo puedes trabajar con tus vínculos celestiales para mejorar el entendimiento.

Así como todos tenemos ángeles personales que nos han sido asignados (ángeles acompañantes o de la guarda) todas las relaciones tienen también ángeles guardianes. Estos ayudantes celestes provienen de una clase de seres llamados ángeles de Vinculación o Coordinación (descritos más ampliamente en *El Oráculo del Angel*). Cada pareja, cada amistad tienen uno, cada equipo de trabajo, cada familia. Su presencia es cálida y reconfortante; hace que nos sintamos abrazados y a salvo. Como su campo energético es más grande que el nuestro, nos expanden, abriéndonos a mayores posibilidades de comunicación con otros. Ese enorme campo energético nos incluye también a nosotros, junto con nuestros guardianes personales; por eso no corremos peligro al aventurarnos más allá de cualquier vacilación o timidez que pueda inspirarnos alguien.

Tiempos buenos y tiempos de crecimiento

En cualquier relación hay tiempos buenos y tiempos en los que surgen problemas o conflictos. Estos pueden ser preocupantes, pero en verdad nos ayudan a crecer y a curar problemas que nos acompañaron toda la vida.

Toda relación en la que entramos se basa, hasta cierto punto, en las primeras relaciones que jamás hemos tenido: con nuestros padres. De ellos aprendemos patrones de relación, tanto buenos como malos. Si examinamos lo que no está funcionando en una relación actual, con el objetivo consciente de identificar nuestros modelos negativos, en vez de culpar al otro, tenemos la oportunidad, no sólo de recomponer la relación, sino también de curarnos nosotros mismos. Cuando trabajamos con los ángeles de vinculación, expandimos nuestra capacidad innata para la felicidad y la comunicación sincera. Si hay tensiones o malentendidos, convocar a los ángeles de vinculación allana los puntos escarpados y facilita la reconciliación.

El ejercicio siguiente te presentará a los ángeles de vinculación, para que puedas hablar con ellos cada vez que necesites algo más de luz en una relación.

Ejercicio 31:
SINTONIZAR TUS ANGELES COMUNICANTES

Si tu socio, amante, amigo, colega o compañero de clase está en contacto con los ángeles, podéis hacer juntos este ejercicio. De lo contrario, siéntate en silencio e imagina a la otra persona contigo. Te conviene grabar previamente este ejercicio. Comienza con la Meditación Básica de Cimentación y pasa a lo siguiente:

1. Cierra los ojos. Siente a tu ángel guardián sentado detrás de ti. Presta atención a su energía o vibración particular.

2. Siente al ángel guardián de la otra persona. Visualízalo sentado detrás de ella, esté o no físicamente presente.

3. Cuando percibas al otro ángel, invoca la presencia del ángel vinculante de la relación. Con frecuencia esta energía se presentará como una gran esfera que os rodea, a ti, al otro y a ambos ángeles. También puedes percibirla como otro ser, sentado entre vosotros dos y ligándoos a ambos.

4. Sintoniza al ángel de vinculación y deja que crezca tu captación de su presencia. ¿De qué modo difiere de la de tu ángel guardián? ¿Cómo es? Mientras exploras la nueva presencia, recuerda que está contigo por el vínculo que te conecta con la otra persona. Lleva consigo la energía de lo más amante y armonioso que exista entre vosotros.

5. Así como aprendiste a dialogar con tu ángel personal, ábrete ahora al ángel de vinculación, recibe su energía y escucha sus palabras. Formúlale cualquier pregunta, exprésale todas las dudas o necesidades que

puedas tener. Debes estar abierto para recibir su consejo y su sabiduría: en palabras, imágenes, colores o sensaciones, en cualquier otra forma que puedan presentársete.

6. Si estás haciendo esto con la otra persona, compartid mutuamente vuestras experiencias del encuentro con el ángel de vinculación. Esto ayudará para que vuestra vinculación sea más sólida.

7. Si lo estás haciendo solo, visualiza al otro y sabe que el ángel de vinculación tocará suavemente a esa persona mediante su guardián. Sabe también que tu búsqueda ya ha comenzado a marcar una diferencia.

8. Cuando hayas terminado, agradece al ángel de vinculación, a los dos ángeles de la guarda y también a tu amigo. Una vez más, concéntrate en tu respiración. Cuando estés listo, abre los ojos.

Puedes ponerte en contacto con el ángel de vinculación cuando estés en un momento gozoso de las relaciones para expresarle tu placer y tu gratitud. Si la relación se torna espinosa, no olvides reconectarte. También puedes utilizar esta sintonización cuando estés lejos de la familia o los amigos y desees conectarte con ellos en un plano energético. En el trabajo y en proyectos conjuntos, si otros han aprendido también a hablar con sus ángeles, este ejercicio puede mejorar notablemente el trabajo y ayudar a que todo marche de manera más fácil, eficiente y creativa.

Cuando Carol comenzó a recurrir al ángel de vinculación para sus relaciones con su madre, entre ellas desapareció gran parte de la tensión. Cuando abandonó el intento de ser "la niñita buena de mamá", empezó a descubrir la extraordinaria mujer que es.

En el teatro, además de productores, directores y artistas, son muchas las personas relacionadas con la producción: los encargados del vestuario, el maquillaje, la iluminación, el decorado y los trucos escénicos. Trátese de una prueba, un ensayo general o una representación, Carol convoca ahora a los ángeles de vinculación para trabajar con todos los involucrados. Desde que comenzó a hacerlo, su carrera ha prosperado mucho.

Carol está ahora en Broadway actuando con un papel de protagonista. Acaba de ser nominada para un premio Tony. Hemos cambiado su nombre para proteger su intimidad, pero si lo supieras la conocerías.

Ejercicio 32:
VISUALIZACION PARA CURAR
UNA RELACION

Para esta visualización necesitas dos velas y un ambiente tranquilo y retirado. Cuida de tener a mano tu cuaderno y una estilográfica, por si quieres anotar lo que recibas.

1. Enciende dos velas. Una te representa a ti; la otra, a la persona cuya relación contigo deseas curar. Al encender las velas di: "Invoco a mi ángel para que me asista en esta curación. Invoco al ángel de... (agrega el nombre de la persona) para que asista en esta curación. Invoco la presencia de nuestro ángel vinculante."

2. Cuando ambas velas estén encendidas, di: "Pongo bajo la Luz este momento, esta curación y esta relación." Aspira y, al exhalar, visualiza la ceremonia de curación como si se produjera también en tu corazón.

3. Visualiza a la otra persona. Mírala como es realmente: buena, mala, divertida, triste, tal como la conoces.

4. Cuando hayas repasado las múltiples facetas de la otra persona, pide una impresión de su ángel. Cierra los ojos y deja que esa impresión crezca.

5. Invita a ese ángel a compartir contigo y con tu ángel lo que se debe hacer para curar la relación. Escucha la respuesta del ángel y siéntela también. Quizá recibas impresiones de luz, color o imágenes, además de oír palabras. Permanece abierto a las impresiones que recibas y no rechaces nada, aunque te parezca tonto.

6. Cuando las impresiones se esfumen, da las gracias al ángel de la otra persona. Luego ábrete a las respuestas de tu propio ángel. Pregunta: "¿qué se debe hacer para curar la relación?" Una vez más, ábrete para recibir lo que venga sin juzgar.

7. Cuando hayas recibido el mensaje de tu propio ángel, pregunta al ángel de vinculación si hay algo más que debas saber.

8. Agradece a los ángeles e imagina un hermoso regalo que contenga las impresiones y sugerencias que acabas de recibir. Imagínate entregando ese regalo a la otra persona. Observa su reacción.

Como todos estamos vinculados, cualquier cambio de tu corazón tendrá efecto en tu amigo, amante, cónyuge o compañero de trabajo. Después de hacer esta visualización, tal vez descubras que la otra persona toma la iniciativa de enmendar las cosas.

Patti es secretaria ejecutiva y asistente personal de un brillante magnate, muy conocido en los círculos empresariales de Nueva York. Es también bastante gruñón y famoso por su mal carácter. Poco después de que Patti conociera a su ángel, el magnate la humilló delante de un numeroso grupo de comerciantes, gritándole por una trivialidad. Obviamente sólo quería hacer valer su autoridad, pues Patti es muy hábil en su trabajo y no comete fallos.

Cuando ella regresó para una reunión angélica que celebramos, algunas semanas después de nuestro taller, notamos que se la veía menos animada. Nos contó lo que había ocurrido días antes y le sugerimos que hiciera la visualización de las velas, convocando a los ángeles de vinculación. Al día siguiente nos telefoneó. Había hecho la visualización esa noche al volver a su casa. Por la mañana, cuando entró en la oficina, encontró en su escritorio una docena de rosas de tallo largo. En la nota, su jefe no pedía disculpas. Simplemente decía; "Patti, eres estupenda."

Abrirse a los ángeles con otra persona

Una manera de aumentar y expandir tu disfrute de los encuentros angélicos es compartir el proceso con otra persona. Trabajar con otro para abrirte a los ángeles brinda una energía adicional y torna aun más fácil oír la voz de tu guardián. En nuestra experiencia con grupos, hemos descubierto que la presencia de otros aumenta las vibraciones personales... ¡y atrae más ángeles, por cierto!

Puedes compartir el Proceso de GRACIA con un amigo, con tu pareja, un pariente o un colega que también desee hacer la vinculación angélica. Las mismas técnicas que aprendiste en la Parte II se adaptan aquí para ser utilizadas con otra persona. Los ejercicios de Liberación pueden utilizarse tal como están.

Ejercicio 33:
CIMENTACION
CON OTRA PERSONA

Establece la misma atmósfera serena que hemos recomendado antes, eliminando cualquier distracción. Necesitarás los ejercicios de Introducción a la Cimentación y Cimentación Básica que has grabado. Ocupad dos sillas puestas frente a frente, con las rodillas separadas por una distancia de entre quince y veinticinco centímetros.

1. Dedicad unos minutos a estar juntos, simplemente, con los ojos abiertos. Concedeos tiempo suficiente para superar cualquier timidez o censura que pueda surgir en un principio.
2. Cuando estéis listos, encended la grabación de Introducción a la Cimentación y cerrad los ojos. Haced juntos el ejercicio.
3. A continuación haced la Meditación Básica de Cimentación.
4. Cuando hayáis terminado, decíos qué tipo de roca, planta y animal fuisteis y qué experimentasteis en los otros *chakras*.

Compartir vuestras impresiones y lo que recibisteis aumenta el gozo. De ese modo, lo que sucede parece más real, más vivo. A veces descubriréis que ambos recibisteis imágenes iguales o relacionadas entre sí. Es otra demostración de que todos estamos vinculados, pues somos parte de Todo Lo Que Es.

Cuando Robert y Ellis compararon notas, después de este ejercicio, él había sido una roca grande en medio de una pradera rodeada de flores silvestres. Ellis, una gran formación rocosa cerca de una playa, golpeada suavemente por las olas. Descubrieron que ambos habían recibido imágenes de pájaros al imaginarse animales. Robert era una gaviota marina, encaramada en una roca que asomaba en el agua; Ellis, un halcón que sobrevolaba una pradera. De inmediato recordó haber visto una roca grande rodeada de flores silvestres.

Una vez que tú y tu socio hayáis cimentado y compartido, haced las Listas de Limpieza Espiritual y el Ejercicio de Liberación Básica. Aunque tú puedes tener que liberar cosas diferentes de las de tu compañero, este ejercicio es más efectivo si ambos liberáis todos los problemas juntos, en voz alta, utilizando el aliento con toda la fuerza posible. Personalmente todavía no hemos hallado un problema con el que no nos sintamos relacionados.

Después de la Liberación, os conviene hacer una pequeña pausa. Levantaos y caminad, rotad los hombros, sacudid brazos y piernas, aflojad el cuerpo. Abrid una ventana para respirar aire fresco. Hasta podéis poner un poco de música y bailar un rato. Cuando estéis listos para continuar, sentaos otra vez, a no más de veinticinco centímetros de distancia. El siguiente ejercicio os ayudará a alinear vuestras energías, para pasar luego al ejercicio de *Abrirte a tu Angel*. Como en los otros casos, recomendamos grabarlo, dejando pausas para poder seguir las instrucciones.

Ejercicio 34:
ALINEACION
CON OTRA PERSONA

Esta alineación os permitirá conectar vuestros *chakras*, creando un potente campo de energía para la comunicación angélica. Dejad a mano cuadernos y estilográficas para el proceso de apertura que seguirá poco después.

1. Cerrad los ojos. Enviad raíces hacia la Tierra y fibras al Cielo.
2. Llevad la energía de la tierra hacia el *chakra* de la Raíz y la energía celeste hacia el *chakra* de la Coronilla.
3. Cuando tengáis una clara sensación de las energías en ambos *chakras*, visualizad un rayo de luz que surge de estos *chakras* y conecta a cada uno, en línea recta, con el respectivo del compañero. Sentid la luz que conecta los *chakras* de la Raíz y de la Coronilla de ambos.
5. Cuando hayáis establecido una firme conexión entre vosotros, llevad la energía terrestre hacia arriba, hasta el *chakra* Sexual, y la celeste hacia abajo, hasta el Tercer Ojo. Una vez más, visualizad un rayo de luz que parte de cada uno de esos *chakras* y se conecta con el respectivo del compañero.
6. Recibid cada uno los rayos del otro en los propios *chakras*.
7. Cuando la conexión entre ambos *chakras* Sexuales y del Tercer Ojo sea clara, moved las energías una vez más, hacia los *chakras* del Plexo Solar y de la Garganta. Visualizad rayos de luz que fluyen de ellos y se conectan con los respectivos *chakras* del compañero.
8. Recibid esos rayos en vuestros propios *chakras*.
9. Cuando las energías se conectan en los *chakras* de la Garganta, afinaos juntos emitiendo el sonido *om*. Continuad afinando hasta que ambos sintáis el tono resonando en el cuerpo.
10. A continuación llevad las energías del la Tierra y del Cielo a los *chakras* del Corazón y del Timo. Enviad un rayo de luz desde estos *chakras* hacia los respectivos del compañero.
11. Recibid el rayo de luz que proviene del compañero en vuestros propios *chakras* del Corazón y del Timo.

Observad cómo experimentáis esto. Permitid que la sensación sea tan profunda como se pueda. Reparad en que vuestros ángeles ya están presentes y abríos a sentir su amorosa energía.

12. Cuando ya estéis listos, abrid los ojos.

Esta conexión con otro es fuerte y tierna. Permaneced algunos minutos en silencio y en mutua compañía para permitiros la plenitud del placer en vuestra alineación. Sed receptivos a la presencia de vuestros ángeles.

Rosie y Angie (quien más adelante retomó su verdadero nombre, Angela) nunca se habían visto hasta que se encontraron en uno de nuestros talleres de ángeles. Cuando decidieron hacer juntas este ejercicio, Rosie estaba ansiosa y entusiasmada; Angie, en cambio, se sentía en un principio algo incómoda, pues apenas conocía a Rosie. Cuando completaron la Alineación, ambas jóvenes estaban radiantes. Se abrazaron. Rosie, con su ávido interés por la astrología, preguntó a Angie la fecha de su cumpleaños. Coincidía exactamente con el de Rosie.

Cuando estéis listos para continuar con el ejercicio de *Abrirte a tu ángel*, acordad la pregunta que deseáis formular a vuestros ángeles. Para comenzar, se recomienda formular juntos la misma pregunta; en otras ocasiones cada uno puede preferir preguntar algo diferente. Una pregunta que siempre ha sido fructífera es: "¿Qué nos ha unido a los dos?"

Seguid los pasos del ejercicio 13: Abrirte a tu ángel (página 199). Cuando hayáis recibido vuestros mensajes, dad las gracias a los ángeles y compartid mutuamente vuestras transmisiones. Quizá descubráis similitudes en lo que recibisteis, palabras o imágenes idénticas. También pueden ser mensajes muy diferentes. Disfrutad de ellos y de vuestra mutua alianza con los ángeles.

Pat y Felicia son amigas y disfrutan explorando juntas muchos de los programas y seminarios de progreso espiritual, tan populares en esta época. Ambas están en contacto con sus ángeles personales desde hace algún tiempo. Un día en que ambas se sentían tristes decidieron averiguar juntas algo más sobre lo que estaba ocurriendo. Se cimentaron, hicieron lo posible por liberar su tristeza y se abrieron a los ángeles. He aquí lo que surgió:

ANGEL DE FELICIA: La tristeza libera el corazón y lo expande para nutrirlo y alimentarlo. Cuando lloras y te sientes triste, estás en un espacio de rendición. Pasas a un plano más alto, hacia la serenidad. La ternura abunda. En esta rendición aflojas el control y te colocas en un sitio más abierto, para recibir amor, información, inspiración creativa, mensajes. Te permites escuchar con más verdad y compartir más con otros. Tus miedos, tus lágrimas te llevan y te acercan a una mayor serenidad interior.

ANGEL DE PAT: Llora suave y profundamente con la tristeza y aflójate para saber por qué ha venido. Un vaso de agua alimenta tu garganta y llena y fluye como energía dorada que penetra en las más hondas regiones de tus emociones. Continúa; no te detengas hasta que la mano suave de la transformación tiemble en tu garganta y sepas las palabras: qué son, qué ha ocurrido, qué ha de ser.

A partir de entonces ambas pudieron experimentar la tristeza de una manera totalmente nueva.

Pedir a los ángeles mensajes
para otra persona

Una vez que has contactado con tus ángeles, puedes abrirte para recibir mensajes para otras personas. Puedes hacerlo con amigos que también hayan aprendido a conversar con sus ángeles, siempre que ellos consulten a los ángeles por ti al mismo tiempo. O puedes hacerlo solo... ¡pero sólo por petición de otra persona!

Ejercicio 35:
INVOCAR A LOS ANGELES
POR OTRA PERSONA

Para este proceso debes estar cimentado, liberado y alineado. Ten a mano libreta de anotaciones y estilográfica.

1. Siéntate en silencio, con los ojos cerrados, a una distancia de entre quince a veinticinco centímetros de tu compañero.
2. Invoca a tu ángel y la presencia del ángel de tu amigo. Pide a estos ángeles que permanezcan contigo mientras te abres para recibir información que sirva al mayor bien de todos.
3. Haz surgir una imagen o una sensación de tu ángel. Recibe de buen grado lo que surja, como manifestación de la presencia angelical.
4. Ahora permite que surja una imagen del ángel de tu amigo.
5. Visualiza a los ángeles interactuando en el ojo de tu mente. Imagina que se saludan. ¿Cómo lo hacen? ¿Se estrechan la mano? ¿Agitan las alas? ¿Danzan? ¿Realizan una reverencia formal?

6. Pon la imagen de los ángeles en tu *chakra* del Corazón. Reténla allí algunos instantes hasta que comiences a experimentar calor en el Corazón y sientas la presencia de los ángeles.

7. Ahora pon la imagen de los ángeles en tu Tercer Ojo y reténla también allí.

8. Cuando el Corazón y el Tercer ojo se llenen con la energía de los ángeles, abre los ojos y escribe la pregunta. Cierra los ojos y repite la pregunta para tus adentros imaginando que las palabras están escritas en tu Corazón y en el Tercer Ojo.

9. Cuando comiences a oír palabras o a recibir impresiones, abre los ojos y anota lo que estás recibiendo.

10. Cuando las palabras cesen, no olvides dar las gracias a ambos ángeles.

Dedica algunos instantes a apreciar la energía que te rodea. Luego lee lo que has escrito. Si el tono de la transmisión es afectuoso y está lleno de aceptación, si no da consejos específicos, sino suave orientación, y si crees que a ti te reconfortaría recibir ese mensaje, compártelo con tu amigo. Si su tono es de regaño o de amenaza, si insta a actuar de modo específico, es muy probable que tu mente se haya interpuesto. Deséchalo y pide otro mensaje. Los ángeles no dan órdenes: nos alientan a utilizar nuestras propias facultades de mente, corazón y espíritu, y a tomar decisiones por cuenta propia.

María lo estaba pasando muy mal con José, su novio. El siempre la desilusionaba en algún sentido... y con frecuencia ella lo atrapaba en mentiras. Confió sus problemas a Josephine y le rogó que preguntara a su ángel qué podía hacer. Josephine no tuvo dificultades para convocar a su propio guardián, pero no estaba segura de poder establecer contacto con el de María. Aun así estaba dispuesta a intentarlo.

Josephine pidió a María que se sentara con ella y efectuó todos los pasos escuchando el ejercicio grabado. Obtuvo una clara imagen del ángel de María, que parecía muy diferente del suyo. Y luego oyó estas palabras.

ANGEL DE MARIA: A María le gustan las ilusiones. Prefiere las ilusiones a la realidad. Esto se debe a que, por ser tan dolorosa su relación con su padre, se retiró a la fantasía e imagina al mundo (y a los hombres) como querría que fueran. María nunca ha querido estar con la gente y las cosas tal como son. Se ha aficionado a sus ilusiones. Por eso, cada vez que José se le muestra tal como es, sus ilusiones se hacen añicos. Se desilusiona y comienza a criticarlo y a compadecerse de sí misma.

Josephine se sobresaltó, pero continuó escribiendo y preguntó qué debía hacer su amiga.

ANGEL DE MARIA: María debe liberar su danza de desilusión, tanto con su padre como con los hombres en general, para poder estar con ellos tal como son, con defectos y todo. María debe saber que José no ha sido puesto en la Tierra para hacerla feliz; tampoco es responsable de su infelicidad. Cuando ella se acepte a sí misma más plenamente y deje de esperar su felicidad de otros, emergerá el espíritu brillante y feliz que es.

Josephine leyó el mensaje varias veces antes de decidir que podía compartirlo con su amiga. Cuando lo hizo María se echó a llorar. Dijo que todo era cierto; la verdad la había llevado a las lágrimas. Subsiguientemente María recompuso su relación con José, y Josephine le enseñó a contactarse con su guardián y con los otros ángeles. Aunque la relación aún tiene sus altibajos, María ha aprendido a ser más filosófica al respecto. Con la ayuda de los ángeles, ha aprendido a amar a José tal como es.

A veces puedes sentir la tentación de consultar a los ángeles por alguien que no ha dado su permiso. He aquí lo que ocurrió a alguien que hizo el intento.

Ira estaba preocupado por Ralph, su socio, que parecía estar perdiendo la chaveta. Ralph estaba bebiendo mucho y actuaba de modo tan inadecuado que el negocio estaba en peligro. Ira decidió preguntar al ángel de Ralph: "¿Qué puedo hacer para ayudar a Ralph a retomar su camino?"

No pudo lograr la imagen del ángel de su socio. Sólo veía una nube gris turbia. Luego recordó que no había pedido permiso a Ralph para hacerlo. Su socio se le habría reído en la cara. Sin embargo, deseaba alguna orientación; por ende, en vez de buscar al ángel de Ralph, se abrió al ángel de vinculación de la sociedad. De inmediato sintió una presencia cálida y amorosa; inesperadamente se descubrió relajado. A los pocos minutos "vio" el fin de la sociedad y comprendió que podía continuar solo. Nunca habló con Ralph del asunto, pero se preparó de modo tal que, cuando se produjo la ruptura, algunos meses después, pudo seguir adelante con el negocio y atender los detalles legales sin riesgo.

Puedes hacer también este ejercicio cuando el amigo no está presente, siempre que (como hemos visto en el ejemplo de Ira) él te haya pedido que lo hagas. Simplemente comienza con el paso 2, después de hacer la Cimentación, la Liberación y el Alineamiento. Muchas personas descubren que, cuando comienzan a conversar con sus ángeles, es aun más fácil obtener información para otros. Esto se debe a que no tienen un interés personal en la respuesta. La neutralidad siempre brinda claridad.

Si quieres información sobre tus relaciones con otra

persona y no tienes su acuerdo, consulta con tu guardián personal y con el ángel vinculador de tu relación.

En el capítulo siguiente aprenderás a compartir los ángeles con más personas: familia, amigos y grupos.

14

Trabajar con los ángeles en grupos

Dos o más personas, al trabajar juntas, aumentan la energía que se puede aplicar a un problema o situación. Agrega los ángeles y tendrás una combinación lo bastante potente como para crear milagros. En este capítulo ofrecemos ejercicios y ejemplos de cómo las alianzas angélicas pueden contribuir a la transformación y a la curación de nosotros mismos y de nuestro mundo.

Los ángeles nos dicen que ciertas radiaciones, emanaciones de desperdicios nucleares y algunos de los grandes contaminantes planetarios son especialmente propicios a la transformación por formas de alquimia espiritual. Una de estas técnicas espirituales es la visualización guiada, que se puede ampliar notablemente convocando a los ángeles para que añadan sus considerables energías.

Fusión atómica: la ayuda de los ángeles

Un verdadero ejemplo de uno de esos aparentes milagros en acción fue el que presenció Timothy en 1984, poco después de haber comenzado a trabajar intensamente con los ángeles en proyectos globales. Según sus propias palabras: "En el invierno de 1983 estaba en Gran Bretaña, pasando un tiempo en Glastonbury, que por allí se conoce como el *chakra* del Corazón de Inglaterra. Es un sitio muy poderoso y sagrado, con una vigorosa comunidad espiritual.

"A mediados del mes de diciembre llegaron noticias de un carácter extraño y aterrorizante. Las fechas son importantes porque todo el asunto tiene un flanco muy exacto. Al parecer, en Francia había un hombre, ateo devoto, que había estado recibiendo en sueños la visita de su madre, fallecida recientemente. La mujer, que había muerto pocas semanas antes, según creo, le informaba con insistencia que iba a producirse una fusión en el reactor atómico de Cape de La Haya. Y daba fechas exactas: entre el 16 y el 18 de enero de 1984. Las visitas nocturnas se tornaron tan acuciantes y perturbadoras que el pobre hombre comenzó a hablar del caso con algunas personas. Desde luego, sus advertencias fueron extensamente desechadas, sobre todo por los mismos que tenían la responsabilidad y habrían podido hacer algo al respecto: el círculo científico.

"Por suerte, entre los que se enteraron hubo una mujer vinculada con algunas personas que se tomaban esas situaciones muy en serio: gente que creía en los sueños. Por lo tanto, la noticia llegó a la comunidad espiritual de Glastonbury, Inglaterra. Pronto se descubrió por qué. Tal como el cuerpo humano tiene líneas energéticas llamadas meridianos, que fluyen a través de él, también las tiene nuestro planeta. Los grandes meridianos de energía terrestre que se entrecruzan en la faz de nuestro planeta se llaman 'ley lines'. Glastonbury se alza justamente en una de esas líneas principales, que corre a lo largo de toda Francia, cruzando el Canal de La Mancha y, siempre con rumbo norte, hacia el interior de Inglaterra. Sucedía que la planta de energía atómica de Cape de La Haya estaba situada exactamente en esa línea. Nadie sabía exactamente qué significaba eso, pero causaba malos presentimientos.

"Hubo conciliábulos y meditaciones. Se solicitó ayuda a ángeles y guías y se trazó un plan de acción. Varios individuos fueron enviados a enterrar cristales de cuarzo en puntos claves a lo largo de la línea en la que estaba el reactor.

"Llegado el día predicho, la gente formó grupos pequeños para sentarse a meditar profundamente, concentrando el deseo de su corazón en guiar las energías atómicas y transformarlas con la ayuda de nuestros ángeles en emanaciones positivas de curación.

"¿El resultado? Un tremendo impulso de energía armonizada y regenerativa que fue entregada en sitios significativos del poder espiritual. Entre los participantes, la sensación de poder, por fin, hacer algo práctico para devolver la armonía y el equilibrio a nuestro planeta, y el informe de un niño de ocho años que vio, suspendidos por encima de la famosa Glastonbury Tor, una colina próxima a la Catedral de Glastonbury, un pequeño grupo de discos voladores de brillo refulgente, exactamente a la hora de la máxima energía.

"¿Resultó? ¿Fue todo obra de nuestra imaginación? Las autoridades atómicas de Francia ¿tuvieron algo que decir?

"Pues bien: el reactor no se fundió en enero de 1984. Quienes tengan oídos, que oigan."

Los ángeles y el surgimiento
de la conciencia grupal

Cuando cualquiera de nosotros echa un buen vistazo al estado al que hemos llegado en este planeta, tiende a sentirse abrumado por la increíble complejidad e interdependencia de todos los factores que deben ser tenidos en cuenta en una transformación global. Se explica que parezca tan imposible concebirla... o alcanzarla.

Todo parece ligarse irrevocablemente con todo lo demás. En el Golfo de México mueren los delfines por los efluentes de las fábricas norteamericanas. Los agujeros en las capas polares de ozono se abren y se cierran según el desodorante que utilicemos. Las selvas que se queman en Brasil afectan a la calidad del aire de Boston. El deseo de consumir afrodisíacos en el Extremo Oriente aniquila a los últimos rinocerontes del Africa. La lista es interminable y crece diariamente. Todo parece demasiado complejo para las soluciones simples.

¿O no? ¿Es posible que tengamos ante nosotros algo simplísimo... y a fuerza de buscar no logremos verlo?

La caridad bien entendida
comienza por casa

La respuesta es simple, sí. Consiste en el cuidado humano. La capacidad de interesarse y preocuparse por la situación ajena. Y, como en tantas otras cosas, la caridad bien entendida comienza por casa... con nosotros mismos. Si no nos ocupamos de nosotros mismos, ¿cómo podemos ocuparnos de otras cosas u otras personas?

Si cada uno de nosotros se preocupara por lo que es y por su verdadero propósito en la vida, si cada uno se ocupara de los demás, de la vida en todas sus formas, de las aguas, el aire, las grandes selvas y los animales, todo lo demás se daría naturalmente.

Todos sabemos lo que significa interesarse. Lo sabemos porque nos gusta que los demás se interesen por nosotros. Pero nos dejamos inducir al olvido del interés. Dejamos que el miedo nos aturda y entontezca. Y es el miedo lo que ahuyenta el interés; el miedo y la ignorancia.

Pero cada uno de nosotros puede revertir esa tendencia en sí mismo. En cualquier momento, en cualquier estado de ánimo, podemos comenzar por interesarnos por lo que tenemos aquí mismo, bajo las narices. Si cada uno de nosotros lo hace y persevera, este sencillo acto creará una oleada de interés que provocará, en verdad, la transformación global que todos deseamos ver con todo el corazón. Cuando cada uno de nosotros recuerde hacer lo suyo con más atención y hacer más de lo que nos interesa, de lo que más amamos, entonces la diferencia será inmensa y maravillosa; la sentiremos inmediatamente; primero, cada uno de manera individual; luego, todos nosotros, juntos.

Puedes decir: "Sí, la solución es simple. Pero ¿cómo se hace? ¿Cómo aprenderemos a interesarnos? ¿Cómo nos acordaremos de interesarnos, si en toda nuestra historia nadie se ha cuidado del prójimo?"

La respuesta a esa pregunta también es simple. Es la manera angelical. Cuando nos abrimos a los ángeles, nos abrimos a una fuente de amor que es infinita en su abundancia. Y después de todo, ¿no es amor lo que todos estamos buscando?

Trabajar con los ángeles en grupos

Los ángeles tienen dos maneras de trabajar con nosotros en la curación y la transformación globales. La primera es mediante la información directa, compartiendo con nosotros el conocimiento que nos pondrá a todos en el siguiente paso de tecnología, cultura y conciencia. Esto ocurre cada vez que nos abrimos a nuestros ángeles y dialogamos con ellos. La segunda manera es compartir su energía; al hacerlo, los humanos avanzamos hacia una conciencia colectiva; nos convertimos en un solo corazón, una sola mente.

Los ángeles son seres colectivos, al tiempo que son muy individuales. Desde hace siglos, los humanos luchamos para equilibrar nuestra individualidad con nuestra naturaleza colectiva. En casi todas las culturas, el individuo ha sido incluido en lo colectivo, pero en las últimas centurias hemos visto un creciente interés por el yo, a veces en oposición a la comunidad y, a veces, a expensas de ella, sea esta la familia, la ciudad o la nación.

Cuando alternamos con los ángeles, cada vez que absorbemos su energía, recibimos por ósmosis parte de su capacidad de ser exactamente quienes son, en armonía con el todo, en armonía con Todo lo Que Es.

Los participantes de nuestras reuniones llegan cada uno con su creencia diferente. Al invocar a los ángeles, que son comunes a tantas tradiciones religiosas, eliminamos todas esas diferencias, creando un terreno común, un campo de conciencia unificada. La energía de este campo es más profunda y más amplia que la que puede producir un solo individuo. Abarcados en ese campo que sostiene el ángel vinculador del grupo, a todos nos resulta muy fácil conocer a nuestros propios ángeles.

La contribución de cada uno, cordialmente incorporada a ese campo, se suma a una sabiduría y una visión que una sola persona, por sí, no habría podido crear. Cada individuo cuenta otra porción de la historia humana; cada uno lleva una parte del sueño que todos necesitamos oír. En sucesivas ocasiones alguien expresa un pensamiento utilizando las mismas palabras que otra persona podría decir. Eso reanima y reconforta. Uno se siente completamente escuchado y comprendido. No importa de qué boca hayan surgido esas palabras: lo que se debía decir ha sido dicho. Y uno sabe, con tremendo alivio, que no es necesario hacerlo todo por sí solo. Porque no se está solo.

En nuestros talleres de trabajo, hemos descubierto una y otra vez que, cuando la gente se une en compañía de los ángeles, ocurren cosas mágicas. Hay risas, penas, ternura y, a veces, miedo, pero todo está contenido en el gozo que los ángeles brindan. Al escribir este libro nos ocurrió lo mismo. Si algo debía hacerse, siempre alguno de nosotros estaba dispuesto a hacerlo. Si uno de nosotros estaba atascado o experimentaba resistencias, otro estaba libre de todo eso. Y así continuaba el trabajo, por encima, alrededor y a través de nuestros bloqueos individuales, siempre que dejáramos entrar nuevamente el gozo.

¿Cuántas personas soñaron con el desastre nuclear de Chernobyl y no tuvieron con quién compartir sus sueños? Cada vez somos más los que nos abrimos a nuestros ángeles y trabajamos en grupos con ellos, creamos comunidades como la receptiva de Glastonbury, capaces de trabajar en armonía con los ángeles para evitar desastres.

Angeles y grupos familiares

Dos amigos que forman grupo con sus ángeles crean una diferencia en el mundo. La familia que se abre a los ángeles crea una diferencia en el mundo.

Nuestros ángeles nos dicen que, en la larga historia

351

del planeta, algunas culturas han cobrado conciencia de los reinos celestiales de maneras tan suaves y sinceras que pudieron trabajar con ellos a lo largo de los siglos. Una de esas maneras fue lograda a través de las familias.

A veces, empero, cuando una familia cobraba conocimiento del ángel que la presidía, quizá visualizándolo como un dios doméstico, el ángel se retiraba. Tal como hemos visto, a los ángeles no les gusta que se los adore. Sin embargo, si se puede mantener el equilibrio (tal como ocurrió, según se nos ha dicho, en la gran cultura minoica que floreció en la isla de Creta unos dos mil años a. de C.), durante mil quinientos años sin guerras, entonces puede prosperar una civilización avanzada.

Tu familia o los miembros de ella que estén abiertos a estas cosas ¿querrían reunirse para sintonizar a su ángel vinculador? En momentos de tensión y crisis, tales como una enfermedad o una muerte, sintonizar con el ángel vinculador de una familia facilita la curación y la comunicación. Si vas a mudarte, si esperas un bebé o vas a celebrar otro gozoso rito de transformación, deja que el ángel de tu familia se una contigo y celebre también.

Tina y sus cinco hermanos se criaron en San Francisco. Ahora viven diseminados por todas partes, desde Hawai a Maine. Pero todos están abiertos a los ángeles; todos los domingos a la misma hora, dondequiera estén, se sientan en silencio durante quince minutos y sintonizan al ángel de la familia. Gracias a esto se han armonizado tanto entre ellos que, cuando Tina inició el trabajo del parto, cada uno de sus hermanos la llamó antes de que pasara una hora.

Si al leer *Descubre a tus ángeles* has descubierto que una vinculación con los ángeles es saludable para ti, compártelo con tus amigos y parientes. Pero recuerda que puedes trabajar con los ángeles en grupo, aunque no todos hayan leído este libro. Por ejemplo, cuando os reunís para las comidas, siente la presencia del ángel guardián de cada uno y la del ángel que custodia a toda tu familia. Puedes invocar a estos seres, en voz alta o para tus adentros, y agradecerles su vigilancia.

Allan compartió lo aprendido con su familia poco después de asistir a nuestro taller. Ahora, cuando se sientan a la mesa de la cena, todos dedican un momento a reconocer la presencia de los ángeles. Y sus hijos ya no se quejan de que él "nunca está presente".

Traerlo al mundo

En el trabajo, en la escuela, tú puedes hacer otro tanto. Cuando llegues, siente la presencia de los ángeles guardianes de todos tus compañeros de trabajo o de estudios. Y siente la presencia de los ángeles que vigilan toda la tienda, la empresa, la oficina o la escuela. En asambleas, en reuniones de personal o de directorio, invoca a los ángeles de todos los presentes... y también a los ángeles vinculantes.

Allan todavía no ha llegado al punto de compartir su experiencia con los hombres a los que da trabajo, pero cuando llega a trabajar invoca a los ángeles. Ha notado que ahora parecen producirse muchos menos errores y que los trabajos se terminan a tiempo, cosa rara en sus treinta años de experiencia laboral. Nos dice que, a través de su ángel, ha desarrollado un instinto para saber a qué debe prestar atención antes de que algo salga mal.

Todo el mundo tiene un ángel guardián y todo el mundo recibe el impulso de los ángeles, aunque no entiendan cómo. Puedes poner la imagen de un ángel en tu escritorio o en el tablero de informaciones. Basta hacerlo para tocar una nota muy honda en quienes la vean. Y no tienes por qué decir nada al respecto.

Cuando estés sentado en un autobús o esperando en el banco, formando fila, siente a todos los ángeles, invítalos a acercarse más. Imagina que eres un tejedor del Cielo y de la Tierra. Dondequiera que estés, hagas lo que hagas, a cualquier hora del día o de la noche, cuando te abres a los ángeles haces tu parte en la transformación de nuestro mundo, a través del cuidado y la bondad.

Para llevar ese cuidado un paso más allá, ofrecemos un proceso ideado para un grupo. Es tan simple que cualquiera puede hacerlo, mantengan o no contacto directo con los ángeles. Puedes hacer este ejercicio con un solo compañero, pero sugerimos que trabajes con dos personas más, cuanto menos, para anclar seguramente la energía angélica en el mundo. Si las personas de tu grupo saben qué es el *chakra* del Timo, invítalas a sentir que una telaraña de energía conecta a todas las personas del círculo, de timo a timo.

Es útil poner en el centro del círculo cristales o piedras que sean especiales para ti, una vela, una flor u otros objetos significativos, para crear a un tiempo un altar y una lente que enfoque la energía grupal. También es muy apropiada una imagen de la Tierra o un globo terráqueo.

Ejercicio 36:
VISUALIZACION GRUPAL
PARA LA CURACION PLANETARIA

Mientras el grupo se reúne en un círculo, todos sentados o de pie, convoca a los ángeles acompañantes de cada persona para que se pongan tras ella, con las alas extendidas, a fin de que haya un círculo de personas adentro y un círculo de ángeles afuera, envolviéndolas. Puedes grabar previamente este ejercicio o pedir a alguien que lo coordine.

1. En el círculo, tomaos de la mano, con la palma de la mano izquierda (la mano receptora de energía) hacia arriba y la derecha (mano transmisora) con la palma hacia abajo. Presta atención a la presencia de tu ángel detrás de ti.

2. Usa tu Corazón como central para recibir y bombear la energía alrededor del círculo. Cuando sientas la energía que penetra por la mano izquierda, a través de la persona que está de ese lado, llévala a lo largo de tu brazo y el hombro, para que se vierta en tu Corazón. Luego impulsa la energía fuera de tu Corazón, a tu hombro derecho, por el brazo de ese lado, y libéralo por la mano derecha hacia la mano de la persona siguiente.

3. Siente la energía que se mueve por el círculo durante toda esta visualización. Aspira profundamente por la nariz y deja que la exhalación surja por la boca, haciendo un sonido muy suave. Este sonido se puede utilizar para afinar la respiración del grupo, de modo que todos los del círculo respiren al mismo ritmo. Presta atención a los ángeles acompañantes de las personas que tienes a ambos lados.

4. A medida que la energía se mueve alrededor del círculo, imagina a ángeles suspendidos por encima del grupo, con las alas extendidas, creando una cúpula por sobre todos vosotros.

5. Manteniendo el movimiento de energía, visualiza una imagen de la Tierra en el centro de tu círculo. Visualízala suspendida en el espacio, bella, viva y sagrada.

6. Vuelve tu atención a las masas de tierra, los árboles y la vegetación. Evoca imágenes de bosques tropicales verdes y exuberantes. Mira la Tierra, rica y fértil. Irradia desde el Tercer Ojo la imagen de selvas sanas, curadas, y una Tierra gozosa, directamente hacia el centro del

círculo. Y, desde el *chakra* de tu Corazón, irradia la energía de tu amor más profundo. Pide a tu ángel que guíe tu energía hacia los sitios correctos.

7. Ahora pon tu atención en las aguas del planeta: los océanos, ríos, lagos, fuentes y represas. Imagínalos limpios, claros, chispeantes y libres de desechos. Irradia desde el Tercer Ojo el profundo deseo de tu Corazón: que las aguas sean otra vez claras, puras y llenas de vigor. Envía amor desde tu Corazón. Pide a tu ángel que conecte tu energía con las aguas.

8. Mientras envías la energía de la curación hacia las aguas del planeta, imagina las ballenas, los delfines, los leones marinos, los peces y todas las especies acuáticas que nadan libre y felizmente en las aguas limpias. Mira los corales, las algas, los bosques de plantas marinas y todo lo que vive en las profundidades acuáticas, saludables y florecientes. Envía esta imagen desde tu Tercer Ojo y este deseo desde tu Corazón, hacia la Tierra que está en medio del círculo. Luego conjura imágenes de los animales y los pájaros de tu planeta. Imagínalos saludables y robustos, con el pelaje y las plumas relucientes. Pide a tu ángel que dirija vuestras energías hacia todas las especies que lo necesiten mientras irradias esta visión y envías tu amor.

9. Ahora imagina cielos azules y aire puro y limpio. Al hacerlo, aspira la imagen y exhálala, enviando una visión de esa claridad de aire hacia el centro del círculo, desde tu Tercer Ojo. Conéctate con el deseo de tu Corazón: aire puro y saludable, y envía un torrente de sincera energía hacia el centro del círculo, apuntado hacia la Tierra. Pide a tu ángel que ayude en la purificación.

10. Por fin proyecta un rayo de luz, amor y gratitud desde el *chakra* de tu Corazón, directamente hacia la

imagen de la Tierra. Observa a la Tierra que empieza a girar suavemente, regodeándose bajo la luz. Mira las aguas limpias y chispeantes, la Tierra y las selvas fértiles y exuberantes, el aire cristalino y todas las especies en prosperidad. Pide a tu ángel que ayude a hacer realidad esta imagen. Para cimentar esta energía en vuestros cuerpos, en este punto debéis armonizaros juntos.

11. Para terminar, soltaos las manos y apoyadlas a la altura del Corazón, con las palmas apuntadas hacia el centro del círculo para sentir la energía que ha sido generada por vuestra amorosa intención. Recoge esa energía en las manos e irrádiala nuevamente hacia el Corazón, apoyando las manos sobre él. Al hacerlo, siente a tu ángel que te rodea con su amor. Da las gracias a todos los que han participado en este rito: vosotros mismos, los ángeles y el planeta.

Después sentaos todos a discutir la experiencia. ¿Qué ha sentido, qué ha visto cada uno? Observad que las diferentes experiencias se entretejen en un tapiz más grande. Podéis haber recibido información sobre acciones específicas que hay que iniciar. En una reunión, varias de las personas se sintieron llamadas a plantar árboles. En otro círculo, los participantes fueron convocados a participar en una organización recicladora del vecindario.

Nuestra amiga Lili, quien lleva alegría y magia dondequiera que va, participó con nosotros en esta visualización curativa en una de nuestras reuniones. Lili es una terapeuta espiritual y ecologista cósmica. Al ayudar a las personas a limpiar la mente y las emociones, trabaja para limpiar la Mente del Mundo. Habíamos pedido a todos que estuvieran abiertos para recibir cualquier mensaje de los ángeles referido a la naturaleza específica del grupo reunido. Lili, que tenía experiencia anterior en reuniones angélicas, preparó cuaderno y estilográfica. He aquí lo que recibió:

"Sois parte de un grupo de almas, un núcleo, que atraerá hacia sí a otros a los que conocéis y no conocéis, otros a los que podéis ver y no podéis ver. Relajaos en esto. En esto no hay tiempo. Sólo hechos y evoluciones. Estad en paz, que os acompañamos. Somos uno. Sonreíd y reíd. Sois los Ministros de la Alegría."

Lili se identifica ahora en su tarjeta de visita como Ministra de Alegría de la Iglesia de Uno.

Crear talleres de trabajo angélicos

El ejercicio 36 se puede hacer en cualquier grupo. No hace falta que los participantes conozcan a sus ángeles como tú a fin de incorporarse. Podrías compartirlo con un grupo de oración, con tu familia o con amigos. Sin embargo, hay ciertos niveles de intercambio humanoangelical que requieren una conexión directa para ser efectivos. Si conoces a otras personas que se hayan abierto a sus ángeles, puedes trabajar con ellas. O quizá descubras que se te induce a organizar un grupo angélico propio.

Todos los ejercicios de la segunda parte de este libro se pueden adaptar a grupos. Una vez que mantengas una relación clara y potente con tu ángel acompañante, si sientes la necesidad de organizar un grupo, pide a tu ángel consejo y apoyo.

Alma y Timothy comenzaron a dar clases en sus talleres de trabajo porque su propia comunicación con los ángeles había resultado muy benéfica. Pidieron a los ángeles que acercaran a cualquiera que pudiese beneficiarse con la experiencia. Hicieron imprimir y distribuir cien prospectos. En el primer taller de 1985 se presentaron treinta y cinco personas. Al principio no tenían pensada ninguna estructura formal, pero sí conocían la importancia de la Cimentación y la Liberación, por haber trabajado con sus propios ángeles. Cuando el grupo se reunió en meditación para inaugurar el taller, se abrieron a la guía de LNO y Alegría. Algunas de las meditaciones y procesos de este libro se originaron en esa primera reunión.

Andrew llevaba varios años dando clases individuales sobre cómo trabajar con los ángeles cuando Cathy y Mindy, dos amigas dueñas de una cristalería, le pidieron que impartiera clases en un taller angélico allí. La idea le hizo sentir nervioso, pero también entusiasmado. Se imprimieron anuncios y acudieron doce personas, además de muchos ángeles. Eso ocurría en 1988. Desde entonces Andrew ha hecho muchos talleres, incluyendo una serie para personas que se enfrentan a enfermedades posiblemente mortales. Una y otra vez, descubrió que para esos hombres y mujeres es muy fácil abrirse a sus ángeles.

Aunque las técnicas con que habíamos estado trabajando eran diferentes, cuando los tres nos reunimos para escribir este libro descubrimos que los principios eran los mismos. ¿De qué otro modo habría podido ser, si todos provenían de la misma fuente?

Tu obra surgirá de tu propia sociedad con los ángeles. Pídeles orientación y asistencia. Puedes compartir lo aprendido en este libro con una sola persona o con una habitación llena de gente. Con el consejo de tus ángeles, puedes dejar que la forma se cree sola. Puedes grabar los ejercicios del Proceso de GRACIA o aprenderlos de memoria para guiar a tu grupo.

Como cuando se trata de hablar con tus ángeles, tampoco en esto hay una forma correcta; todas están bien. Simplemente, pide información a tus ángeles, como lo hicimos nosotros.

No olvides que puede haber momentos difíciles. Así como el campo unificado de la conciencia grupal conduce a la gente más directamente hacia los ángeles, así también puede traer a la superficie problemas personales. Con frecuencia, una persona del grupo atrae hacia sí toda la negatividad del cuarto. Si censuras a esa persona, pierdes la oportunidad de liberación para todo el grupo. Cuando la negatividad no es reconocida con compasión y liberada por todos, pasará de uno a otro, como una patata caliente.

La negatividad puede surgir en cualquier momento, bajo la forma de resistencia, aburrimiento o distanciamiento. Cuando esto ocurre, una Liberación grupal despejará el camino para continuar con el trabajo.

Trabajar con los arcángeles... y más allá

En el Capítulo 8 conociste a los arcángeles. Si bien estas presencias superlumínicas son muchas, te presentamos a las cuatro que se ocupan especialmente de los asuntos humanos. Tal como dijimos antes, como todos los seres celestiales son a un tiempo masculinos y femeninos, puedes utilizar una versión femenina de Uriel, Gabriel, Rafael y Miguel, si lo prefieres.

Descontando la aparición ocasional de algún raro individuo esclarecido, los seres angélicos más elevados se mantienen apartados de la experiencia humana. Mientras se escribía este libro, Timothy habló con David Spangler, uno de los fundadores de la comunidad Findhorn. La obra de Spangler se relaciona con los ángeles que interactúan en el proceso evolutivo humano. Eso le ha llevado a observar que, si los ángeles que trabajan con individuos y grupos pequeños parecen tener una cualidad humana y, por cierto, toman aspecto humano de vez en cuando, los ángeles que se ocupan de grupos más numerosos pueden parecer, desde nuestra perspectiva, bastante impersonales.

El surgimiento en nuestro cuerpo de un *chakra* nuevo, el *chakra* del Timo, nos brinda un vínculo energético de persona a persona por primera vez. Este vínculo y la gradual evolución de la conciencia grupal nos permiten conectarnos con estos seres de una nueva manera. Podemos haber sido tan ciegos a su presencia como en otros tiempos a la existencia de virus y bacterias, pero, cuando nos reunimos en grupos, generamos una energía y conciencia suficientes para atraer a hordas de arcángeles.

¿Por qué queremos atraerlos? ¿Es alguna forma de evitar nuestras responsabilidades? ¿O podría ser que ellos fueran la energía transformadora que todos pedimos en nuestras oraciones, aquellos cuyos profundos conocimientos sobre las transformaciones planetarias nos permitirán efectuar los grandes cambios con gracia y elegancia?

Cuando se abran a los arcángeles grupos de médicos, por ejemplo, podrán recibir información sobre curaciones que alterarán radicalmente nuestro modo de cuidarnos.

Las asambleas de científicos que se abran a sus ángeles recibirán información mucho más avanzada que la que podrían conseguir construyendo telescopios multimillonarios o aceleradores de partículas.

Los ambientalistas y expertos en ecología recibirán información que permita limpiar los desperdicios tóxicos y crear fuentes de energía alternativa que nadie ha imaginado aún.

Los políticos que se reúnan en grupos, invocando a los ángeles, obtendrán esclarecimiento e información para resolver los grandes problemas de nuestra época.

Ya estés luchando con problemas familiares o de trabajo, de tu comunidad o del gobierno, cuando trabajas con los arcángeles elevas el plano en el que funcionas y profundizas la trama energética que te conecta con aquellos con quienes trabajas.

Las funciones de los arcángeles

Aunque sus esferas de influencia se sobreponen e interconectan, cada arcángel tiene su propio distrito. Te los presentamos en *El Oráculo del Angel*; aquí compartimos contigo una información más detallada sobre sus funciones, para que sepas con quién sintonizar según el trabajo que quieras hacer.

Uriel brinda energías transformadoras a la mente y es la presencia superlumínica que debes invocar cuando te ocupas de problemas referidos a la ciencia, la economía y la política. Esto incluye tópicos tales como la contaminación ambiental, la purificación de tóxicos, las nuevas tecnologías, la alimentación y el cultivo, viviendas y construcciones, investigación médica, igualdad social, reformas políticas y todo lo que se relaciona con asuntos referidos a organizaciones, sistemas y trabajo.

Gabriel es el guardián de las emociones, las relaciones y la creatividad. Cuando estamos luchando con abusos, adicciones, familias en disfunción o con las dificultades de las minorías sexuales para hallar el amor y ser amadas, el ángel a invocar es Gabriel. En lo referido a las artes y a cualquier tipo de creatividad, pide a Gabriel su amante ayuda.

Rafael es la superlumínica presencia del reino de la curación. Esto incluye todo lo que va desde la cirugía a la herbolaria, desde lo personal hasta lo planetario. Ya te dediques a curar, ya necesites tú mismo una cura, invoca a Rafael. Su poder puede actuar sobre las enfermedades físicas, mentales y emocionales.

Miguel es el guardián de la casa del espíritu y los sueños; trabaja por la cooperación y la reconciliación. Es hora de que aprendamos a vivir en paz y armonía con otros, a derribar las barreras que han separado a naciones, partidos políticos, sectas religiosas, familias e individuos, debido a diferencia de opiniones, miedos y egoísmos. Todos somos ciudadanos de la Tierra, pese a nuestra diversidad. En el avance hacia ese plano de cooperación, Miguel es el ser que hay que invocar.

El guardián de nuestra unidad en desarrollo

Más allá de los arcángeles existe un grupo de seres a los que se suele dar el nombre de principados o ángeles de integración. Son los guardianes de los sistemas mayores, de gobiernos a empresas multinacionales. Son los que vigilan a nuestros dirigentes y cuidan de que los gobiernos funcionen armoniosamente y para bien del planeta.

Según Abigrael, entre los principados que trabajan con nuestro planeta hay uno, en particular, que se está ofreciendo a nosotros para que podamos trabajar con él. Se llama Eularia y tiene los planos de una Tierra armoniosa y unificada. A medida que nos conectemos con Eularia en mayor número, sustentaremos los derechos de toda la humanidad, la apacible cooperación de todos los gobiernos del mundo y el surgimiento de un orden mundial cuerdo y estable que honre toda la vida. Por eso, una de las funciones de Eularia es la de ser custodio de las Naciones Unidas, el centro simiente de la cooperación internacional.

Si observas el mundo actual, puedes pensar que los principados no se están esmerando mucho. Pero debes recordar que somos nosotros quienes debemos abrirnos a los ángeles. Somos los únicos que podemos brindarles acceso a nuestro mundo. Ellos no pueden trabajar con nuestros líderes si estos no se conectan con ellos. Pero juntos, en grupos, podemos comenzar a atraer a los ángeles hacia nuestra vida, creando cables de acceso para que se conecten con nosotros. En realidad, los grupos son muy efectivos para conectarse con Eularia, el ángel modelo de nuestra emergente unidad como ciudadanos del globo.

El ángel de la Tierra

Cada vez son más los que cobran conciencia de la "Hipótesis de Gaia", formulada por primera vez en 1979 en el libro *Gaia: A New Look at Life on Earth* ("Gaia: Una nueva perspectiva de la vida en la Tierra.") En ella Lovelock resucitaba la idea sostenida desde siempre por los pueblos antiguos e indígenas del planeta: que nuestro planeta es un ser viviente, una vasta inteligencia que se regula a sí misma. Todo lo que vive en él y dentro de él es una parte de su ser. Lovelock la llamó Gaia, como los antiguos griegos a la Diosa Madre de toda la vida terrestre.

Cuanto más se piensa en la Hipótesis de Gaia, más lógica y obvia es. La Tierra está viva, sí. Es la progenitora de todos nosotros. Y, así como cada uno tiene su ángel de la guarda, su ángel acompañante, también lo tiene la Tierra

Así como nuestro planeta tiene un millar de nombres (Tierra, Gea o Earth son sólo unos pocos), así también el Angel de la Tierra tiene muchos nombres, todos ellos desconocidos, pero a punto de ser descubiertos.

Por encima de los principados hay muchos órdenes

de ángeles. Por ejemplo, el Angel de la Tierra es un trono. Todos los planetas tienen guardianes de este orden, pues, en cierto sentido, cada mundo es un *asiento* para el Creador y eso es lo que reflejan estos seres angélicos.

Si trataras de visualizar el cuerpo del ángel de la Tierra, verías quizás un vasto cinturón de luz que cubre toda la órbita de nuestro planeta: una forma elíptica, de novecientos cincuenta y dos millones de kilómetros de longitud. La Tierra tarda un año en dar la vuelta al sol dentro del cuerpo de este ser. Cuando nos vinculamos con este ángel, experimentamos una unidad de tiempo y espacio.

La curación de la Tierra

En este momento, nuestra tarea primordial es la curación de la Tierra. Ella sabe curarse sola, sin duda; lo que debemos hacer es sintonizar con nuestra Madre Gaia y el Angel de la Tierra para averiguar cuál es la acción adecuada para la curación en cualquier momento dado. Cuando ejecutas el proceso siguiente, no sólo envías energía curativa al planeta, sino que haces saber a los espíritus de la naturaleza y a los ángeles que estás listo para trabajar en armonía con todos ellos.

Hacer esto en grupo con otros es un paso importante para la curación de nuestro querido planeta. Si conoces a otros que estén dialogando con sus ángeles o si has comenzado a organizar grupos angélicos por tu cuenta, comienza a sentir cómo se profundiza y expande la energía colectiva de tu grupo. Cuando esto suceda, estarás listo para trabajar con los seres angélicos avanzados.

Ejercicio 37:
TRABAJAR CON SERES ANGELICOS MAS ELEVADOS

Para establecer un claro vínculo con estos seres necesitarás otras dos personas, por lo menos, para cimentar vuestras energías individuales a fin de ascender con más facilidad la escalerilla a través de las jerarquías angelicales.

Para hacer este ejercicio los participantes necesitarán un fuerte sentido de sus *chakras*. Y deben estar familiarizados con sus ángeles. Puede hacerse de pie o sentado. También en este caso conviene grabar el ejercicio o elegir a una persona para que lo dirija.

1.   Reuníos en círculo. Cimentaos, sentid que vuestras raíces penetran profundamente en la Tierra y que las fibras de vuestra Coronilla se alargan hacia las estrellas. Sentid todos vuestros *chakras*. Sentid que entráis en un estado de corazón abierto. Ahora desplegad vuestras alas.

2.   Tomaos de la mano, con la palma izquierda hacia arriba y la palma derecha hacia abajo. Sentid la energía del grupo que pasa de mano en mano y de corazón a corazón.

3.   Respirad juntos, aspirando por la nariz y exhalando por la boca. Al exhalar, haced un sonido suave. Eso servirá para que todos respiréis juntos, unificando vuestra energía.

4.   Cerrad los ojos. Sentid a vuestros ángeles acompañantes, de pie tras vosotros, con las alas extendidas. Sabed que estáis a salvo y que se os ama.

5.   Soltaos las manos y volveos hacia el Este, invocando la presencia del arcángel Uriel. Sentid la luz de su presencia.

6. Volveos hacia el Sur invocando la presencia de Gabriel. Sentid el amor de su presencia.

7. Girad hacia el Oeste invocando la presencia de Rafael. Sentid la curación de su presencia.

8. Ahora volved a tomaros de las manos e invitad a vuestro círculo la presencia del principado Eularia, guardián de la nueva realidad emergente. Sentid que su abrazo suave, dorado, amoroso, envuelve a todo el círculo. Hablad con Eularia. Hacedle saber que estáis listos para trabajar con ella para la curación global y la armonía entre la humanidad y toda la vida terrestre. Agradeced a Eularia su amor y la oportunidad de trabajar con ella.

9. Si creéis que en este momento hay en el mundo sitios especialmente necesitados de claridad y curación, pensad en esos sitios. Pronunciad sus nombres en voz alta. Visualizad a los ángeles de la paz, que trabajan a las órdenes de Eularia, rodeando esos lugares y llevándoles compasión y cura.

10. Ahora invocad al Ángel de la Tierra. Sentid que nuestro planeta y todo lo que vive en él flotan en su enorme cuerpo elíptico.

11. Permitíos sentir la armoniosa fusión de tiempo, espacio y resonancia que surge de la conexión con el Ángel de la Tierra. Aspirad juntos todo eso. Y juntos exhaladlo otra vez, con un sonido suave. Haced saber al Ángel de la Tierra que continuaréis conectándoos con él.

12. Agradeced a todos esos ángeles el estar con vosotros. Y desde vuestro corazón, agradeced al Creador por haberos dado el milagro de la vida, el increíble don de un cuerpo físico y la posibilidad de vivir en un tiempo de gran curación en un mundo de gran belleza.

13. Concentraos otra vez en vuestra respiración. Poned vuestra atención en las manos que sujetáis. Abríos para experimentar las amorosas alas de vuestro pro-

pio ángel envueltas a vuestro alrededor. Avanzad hacia el centro del círculo para que cada uno pueda abrazar a todos los demás, y cimentad en los cuerpos las energías que habéis entretejido en vosotros.

Cuanto más afuera os extendáis, más tenéis que cimentaros durante el trabajo y después de él. Si hay en el grupo algunos que se sienten mareados después del ejercicio, deben permanecer de pie, con la punta de los pies algo hacia adentro y las rodillas flexionadas para que la energía baje a sus cuerpos, mientras los otros del grupo les dan unos suaves masajes en los brazos, las piernas, la espalda y la nuca.

Compartid mutuamente vuestras experiencias. ¿Alguien del grupo recibió mensaje de los ángeles? ¿Alguien ha visto o sentido algo que se deba expresar? Abrirnos a estos seres nos permite hacer un trabajo celestial importante; hablar de lo que se ha recibido ayuda a cimentarlo en el mundo.

Ahora que has aprendido a trabajar con grupos y con ángeles más elevados, te ofrecemos un último ejercicio. Así como el telescopio mira hacia el espacio, puedes usar esta visión para mirar hacia adelante en el tiempo.

Ejercicio 38:
UNA VISION DEL FUTURO

Este ejercicio es un presente de Abigrael, quien te invita a grabarlo lentamente, con largas pausas después de cada paso. Puedes utilizarlo en una reunión de tu grupo angelical o a solas, sentado en tu espacio sagrado. Es conveniente cimentarse antes de comenzar. Mantén cerrados los ojos exteriores y bien abierto el ojo de tu corazón para recibir la visión que venga a ti por las palabras de Abigrael.

Degusta esta visión, tócala. Entiende que tú eres parte de su creación. Siente la capacidad de un mundo nuevo que surge de tu relación con los ángeles. Honra la obra que haces en el desarrollo del Plan Divino. Sabe que todos nosotros somos cocreadores.

1. Siente tu respiración y tu ritmo cardíaco. Pon las manos sobre el corazón. Siente la presencia de tu ángel detrás de ti, envolviéndote con sus alas, llenándote de amor divino.

2. Flota fuera del tiempo y el espacio con tu ángel. Así como el primer hombre que pisó la luna cambió nuestra manera de ver el mundo, así cada persona que se conecta con los ángeles crea un cambio aun mayor para toda la humanidad.

3. Siente el cambio que tú y tu ángel estáis haciendo. Oye el sonido de tu vinculación, que despierta ecos en el Cielo. Entiende que la obra que estáis haciendo los dos crea un mundo de amor y armonía.

4. Imagina una sala de partos. Hazla hermosa. Es la sala de tu parto. Estás a punto de renacer. Las luces son suaves. El único sonido que escuchas es el de la regulada respiración de tu madre y las palabras de aliento que susurran tu padre y otros amigos presentes. Al respirar, tu madre siente las alas de su ángel envueltas a su alrededor; también siente la cara presencia de tu ángel. Desde hace nueve meses, ella, tu padre y sus amigos han ido conociéndoos, a ti y a tu ángel.

5. Mira cómo te deslizas hacia el mundo, hacia las manos de una partera y las alas de tu ángel. Siente a ese ángel. Siente también la dorada presencia de los ángeles del nacimiento, suspendidos sobre todos vosotros para daros su bendición.

6. El cielo está despejado en este natalicio. El aire es puro; el agua con que te lavan por primera vez también es limpia y cristalina. Trabajando con Uriel y con grandes equipos de ángeles de la tecnología la humanidad ha limpiado y curado al planeta.

7. Imagínate quedándote dormido en la cuna por primera vez, con tu familia reunida a tu alrededor, en un cuarto lleno de ángeles. Siente esto y sabe que, durante todo tu crecimiento, te ayudarán a que aprendas sobre el mundo físico, al tiempo que mantienes tu relación con los reinos espirituales.

8. Ahora eres un niño y estás sentado con tu familia a la mesa de la cena. En tu familia, cada comida se inicia con una invocación a los ángeles y una plegaria de agradecimiento al Creador. En este mundo hay mucho que agradecer. No hay guerra. Junto con los ángeles, los políticos han creado nuevas formas de interacción global que honran los derechos de todos los habitantes del planeta. Hay respeto para todas las razas, religiones, edades, sexos, tendencias sexuales y capacidades físicas.

9. Mírate crecer y hacerte fuerte, abrirte a la creatividad y a las bendiciones de la vida en un cuerpo. Con tu ángel a un lado, te mueves libre y alegremente por el mundo, cuidando de todo lo vivo, desde lo microscópico hasta lo cósmico.

10. Como sabes que el universo es un lugar seguro, no tienes miedo de cometer errores ni de amar. Mira cómo llegas a la edad adulta, explorando sentimientos y relaciones con un amor claro y amante. Sabes que el amor es la base de todo ser. Los ángeles están presentes en todas tus relaciones.

11. En el trabajo que has elegido, los celestiales te acompañan. Sabes por qué elegiste nacer, sabes para qué has venido y, en armonía con el planeta, te observas cumpliendo esa finalidad.

12. Hay desafíos en toda tu vida. Pero, con amor y coraje, los enfrentas con entusiasmo y una sensación de maravilla por todo lo que la vida brinda. Todos tus sentidos están abiertos; los exploras con gozo y alegría: por el amor, la amistad, el trabajo y la comunidad global.

13. Tras haber vivido, amado y cumplido con la obra de Dios en el mundo, es hora de que completes esta vida. Estás lleno de gozo, por haber tocado y saboreado las maravillas de la Tierra. Con tu último aliento físico, en un cuarto lleno de amigos, buscas otra vez a tu ángel. Envuelto en sus alas, te deslizas fuera de tu cuerpo con el mismo placer que sentiste al nacer.

14. Aspira ahora la alegría que te rodea... y vuelve a exhalarla. Deja que tu mente y tus sentidos te lleven más allá de los ángeles, más allá de los arcángeles, los tronos, más allá de los querubines y los serafines.

15. Retén esta visión en tu cuerpo. Eres sabio, fuerte y lo bastante grande como para contenerlo todo. Siente esa visión en cada célula de tu mente y tu cuerpo. Siente cómo refulge en cada parte de ti.

16. Ahora abre los ojos. Mira el mundo a través de esta visión y comprende que, al hacerlo, la cimentas en tu cuerpo y la haces realidad en el mundo.

Observa cómo te sientes al salir de esta meditación. ¿Te sientes en paz? ¿Jubiloso? ¿Esperanzado? ¿Contento? Estos son los sentimientos que nos darán el poder de crear esta nueva realidad. Este futuro nos pertenece a todos: a nuestros hijos, a nuestros nietos y a todos los seres vivientes de nuestro planeta.

Pero aún no hemos llegado. En medio de la prisa de nuestra vida cotidiana, leyendo los titulares o viendo los informativos por televisión, es fácil perder esta visión. Cuando te ocurra, vuelve y repite la meditación. Luego, sin salir de ese sitio tranquilo, abre tu cuaderno y pide a tu ángel que te diga qué puedes hacer ahora mismo para que esa visión se torne realidad en el curso de tu vida.

Sigue pidiendo, de vez en cuando, más sugerencias, apoyo e información. Observa la paz y la confianza, el amor y la atención que se vuelven parte de tu vida diaria. En sociedad con tu ángel, estás convirtiendo esta visión del futuro en la nueva realidad.

Epílogo

Casi todo este libro fue escrito en el estudio de Alma, veinticinco pisos sobre la ciudad de Nueva York. Desde la ventana se ve Central Park y el horizonte de Manhattan, con el edificio Empire State elevándose por encima de todo.

Desde ese elevado ambiente observábamos el siempre cambiante paisaje de la ciudad: el tránsito que avanzaba de manera notablemente ordenada; la luz que pasaba de sol a luna; las estaciones, de invierno a primavera y de verano a invierno. Y en el proceso de escribir *Descubre a tus ángeles*, veíamos que también nosotros y nuestras relaciones cambiaban.

Nos preguntábamos cómo resumir los cambios que percibíamos en nosotros desde el encuentro con nuestros custodios personales. Luchamos días enteros para escribir este epílogo. Por fin nos acordamos de invocar la presencia de Abigrael y nuestros ángeles. ¡Cualquiera pensaría que, tras haber escrito todo un libro sobre el tema, podríamos haberlo hecho antes!

En el momento en que nos tomamos de las manos para invocar a nuestros ángeles, hubo en el cuarto un palpable cambio de energía. Tal vez nos habíamos olvidado de los ángeles, pero ellos, por cierto nos recordaban bien. Percibimos su presencia como un reacomodamiento de moléculas en el aire, como si a nuestro alrededor se formara un cristal. Después de pasar varios minutos en silencio, vimos con claridad la estructura de esta sección, como si ya estuviera escrita y no hiciéramos nada más que leerla.

Angeles y cambios

Al comparar las notas, descubrimos que, si bien los tres habíamos conocido a nuestros ángeles de diferentes maneras y en circunstancias distintas, existían varios factores unificantes en esas experiencias.

Los ángeles aparecen en momentos de transformación radical. Cada uno de nosotros conoció a su ángel de la guarda cuando estaba en una especie de colapso.

Para Andrew era el colapso de su estructura de creencias. Su filosofía budista-marxista satisfacía a su mente, pero a su corazón le faltaba el calor y el afecto que brindan los ángeles.

Para Timothy fue un colapso físico, una experiencia de cuasimuerte que lo catapultó al contacto con el reino angélico, donde aprendió lo mucho que valoraba su vida.

Para Alma fue el colapso de su tanque de flotación lo que precipitó su apertura al ángel, iniciando una carrera nueva.

Los ángeles no provocan en nuestra vida estas transformaciones radicales. Antes bien, acuden a nosotros en estas ocasiones para ayudarnos a salir del miedo. Vienen a prestar su ayuda para que veamos nuevas oportunidades, vastas y maravillosas.

Los ángeles aumentan nuestra capacidad de confianza. Antes de conocer a su ángel, Andrew trabajaba en una librería. Permaneció allí dos años más de lo que deseaba porque temía abandonar la seguridad de un cheque semanal. Varios años más adelante, después de haber conocido a Sargolais, decidió abandonar una próspera profesión de terapeuta masajista para poder dedicar todo su tiempo a escribir. En esa ocasión sólo tardó dos días, no dos años, en llevar su decisión a cabo. Vendió su primer libro poco después de dar ese salto basado en la fe.

Timothy abrigaba un persistente deseo de alejarse de Nueva York para vivir en un medio más sencillo y natural. Sus ángeles, Alegría y Belleza, lo alentaron a fiarse de sus sentimientos y seguir el impulso, aunque eso significara abandonar una vida que había forjado a lo largo de veinte años o más, separándose de amigos y seres queridos. Ahora divide su tiempo entre los desiertos de Nuevo México y las playas de Australia, haciendo lo que más le gusta: escribir, dibujar y nadar con los delfines.

En cuanto a Alma, antes de comenzar la colaboración con su ángel recibió muchas veces información intuitiva sobre un paciente de psicoterapia, pero siempre se negaba a aprovechar ese esclarecimiento tomándolo por simple *corazonada*. Desde que trabaja con LNO ha aprendido, no sólo a confiar en su sabiduría interior, sino a expresarla. Y cada vez que lo hace, su paciente dice algo así como: "¡Ajá!, ¡ahora entiendo!"

Los ángeles reviven la inocencia y la maravilla que experimentábamos de niños. En la niñez Timothy era un artista dotado. Más adelante canalizó su capacidad hacia la arquitectura, pero con el correr del tiempo su creatividad había cedido paso a las exigencias técnicas de su vocación. Pero, cuando conoció a sus ángeles, toda la maravilla y el deleite que había conocido de niño volvieron a abrirse en él. Los ángeles le inspiraron para que volviera a dibujar. Desde hace varios años trabaja en una serie de dibujos visionarios de sitios sagrados de todo el planeta.

Los ángeles aumentan nuestra capacidad de compasión y perdón. En uno de los seminarios de Alma se presentó una mujer que le inspiraba antipatía. Pero en esa ocasión, antes de caer en el viejo patrón de enojo y resentimiento, Alma se descubrió pensando: "Si ha venido, debe de ser para curarse." Al terminar la velada, la mujer se acercó a ella. Alma la abrazó sin vacilar, sintiendo empáticamente el profundo deseo que esa mujer tenía de su amor, su aceptación y su perdón. En ese momento, su único sentimiento hacia esa mujer fue el amor más puro.

Los tres estamos de acuerdo en que la compasión y la capacidad de perdonar son los dones más grandes que hemos recibido de nuestros amigos angelicales. Una y otra vez, las barreras que existen entre nosotros y el prójimo se disuelven y desaparecen cuando tenemos el corazón abierto, estado que nuestros compañeros celestiales nos ayudan a crea .

Vivir con los ángeles no hace de nosotros personas diferentes. No nos vuelve mejores ni nos perfecciona. Simplemente nos permite ser tal como siempre supimos (o deseamos) ser interiormente. Ese perdido yo interior vive en el corazón. Y es a nuestro mismo corazón donde nos llevan los ángeles.

Algunos creen que quien trata con ángeles debe de ser bastante blando. Por el contrario, los tres consideramos que nos concentramos cada vez más, adquiriendo mayor sustancia. Antes de conocer a nuestros ángeles, eran otros los que dirigían nuestras acciones. Estábamos gobernados por lo que otras personas opinaban que debíamos hacer, desde padres y maestros a socios y amigos. Ahora, sintonizados con los ángeles, nos dirigimos desde adentro; nos motivan e inspiran las indicaciones de nuestro Yo Superior, que se mueve en armonía con toda la vida.

Un libro de texto para la vida

Descubre a tus ángeles es un texto básico para aprender a hablar con los celestes. El texto avanzado es tu propio cuaderno angelical, el libro de texto para tu vida. Usalo para registrar tus cambios y consolidar tus ganancias. Relee las anotaciones y toma conciencia de tu progreso y tu desarrollo.

Observa en qué has cambiado desde que hiciste tu primera anotación. ¿Qué estaba pasando en tu vida cuando comenzaste? ¿Dónde estás ahora? ¿Qué pensabas entonces de los ángeles? ¿Y ahora? ¿Cuáles son tus propias experiencias sobre los factores unificantes que hemos analizado más atrás? Registra tus observaciones en ese cuaderno.

Cuando repases lo que has hecho en un período determinado, leyendo todas tus notas a la vez, comenzará a surgir una imagen más grande. Esto te permite ver con ojos de ángel y te proporciona una visión amplia de dónde has estado y hacia adónde vas.

Pide a tus ángeles orientación para la próxima parte de tu viaje, recordando que los pasos del Proceso de GRACIA, más todos los otros ejercicios de este libro, se pueden usar una y otra vez. Cuanto más practiques, mejor te comunicarás con tus asistentes celestiales, más profunda será la información que recibas. Usa lo que descubras en tu vida cotidiana y comparte los ángeles con otras personas.

El hecho de haber establecido sociedad con tu ángel no significa que todos tus problemas desaparezcan por milagro. Significa, sí, que descubrirás opciones y alternativas para resolverlos creativamente. La vinculación angélica expande nuestra habilidad humana y aumenta nuestra capacidad.

Todos estamos creando el futuro

Abriste este libro para aprender a hablar con los ángeles. Al hacerlo te abriste también a un amor ilimitado. El poder del amor sin límites (algunos lo llaman Dios) es lo que cura hoy a nuestro bienamado planeta.

Nuestros ángeles nos dicen: el futuro es ahora. Cada acción que ejecutamos con gratitud y gracia se entreteje en el diseño que creamos en conjunto para las generaciones venideras. Tú y tu ángel sois parte de una fuerza de trabajo espiritual que crece. Sois tejedores de la luz, que trabajáis juntos para que las más elevadas visiones de nuestro futuro lleguen a una gozosa manifestación.

Hablar con nuestros ángeles, conectarnos con la Divinidad que hay dentro de nosotros, eleva nuestra conciencia personal, lo que a su vez mejora nuestra vida y nuestras circunstancias. Cuando somos capaces de conectarnos con nuestra propia Divinidad interior, se torna más fácil ver a la Divinidad en otros. El día en que cada uno vea a Dios en los demás... habremos llegado al Hogar.

Cuando interactuamos con nuestros ángeles, el intercambio de energía crea dentro de nosotros una radiación especial. La pintura suele representar esa energía con la forma de un halo. En nuestra vida es el fuego que enciende nuestros sueños. Cuando avances a través de tu mundo, deja que tu luz interior se proyecte para que todos la vean. Proclama tu fulgor. Honra tus visiones. Reconoce que tú y todos los que ves sois seres vibrantes y radiantes, vinculados en una red luminosa que rodea a nuestro querido planeta y cuya luz se extiende hasta los más remotos rincones del universo.